Viola Falkenberg

Pressemitteilungen
schreiben

W0020610

Viola Falkenberg

Pressemitteilungen
schreiben

Zielführend mit der
Presse kommunizieren.

► Mit Checklisten und Übungen
zur Kontrolle

Frankfurter Allgemeine Buch
IM F.A.Z.-INSTITUT

Bibliografische Informationen Der Deutschen Bibliothek –
Die Deutsche Bibliothek verzeichnet diese Publikation in der
Deutschen Nationalbibliografie; detaillierte bibliografische
Daten sind im Internet über http://dnb.ddb.de abrufbar.

Viola Falkenberg

Pressemitteilungen schreiben

Zielführend mit der Presse kommunizieren.
Mit Checklisten und Übungen zur Kontrolle

F.A.Z.-Institut für Management-,
Markt- und Medieninformationen,
Frankfurt am Main: 2004
3., aktualisierte Auflage

ISBN 3-927282-98-7

Frankfurter Allgemeine Buch
IM F.A.Z.-INSTITUT

Copyright	F.A.Z.-Institut für Management-, Markt- und Medieninformationen GmbH Mainzer Landstraße 199 60326 Frankfurt am Main
Umschlaggestaltung	Rodolfo Fischer Lückert
Satz Umschlag	F.A.Z.-Marketing/Grafik
DTP	Angela Kottke
Druck	Druckerei Rindt, Fulda

Alle Rechte, auch des auszugsweisen
Nachdrucks, vorbehalten.

Printed in Germany

Inhalt

Vorwort   7

1   Einführung   11
1.1 Rahmenbedingungen   11
1.2 Pressearbeiter und ihre Texte   18
1.3 Journalisten und Pressetexte   23
1.4 Rechtliche Aspekte   25

2   Vorbereitung   31
2.1 Planung   31
2.2 Presseverteiler   35
2.3 Äußere Form   46
2.4 Was die Medien interessiert   58
2.5 Recherche   70

3   Schreiben   77
3.1 Journalistisch Schreiben   77
3.2 Regeln der Schreibweisen   93
3.3 Aufbau   98
3.4 Anfang   103
3.5 Zitieren   110

4   Pressetexte   117
4.1 Terminankündigung   117
4.2 Presseerklärung   122
4.3 Überschrift   127
4.4 Schreibblockade   131

5   Nachbereitung   151
     5.1 Kontrolle   151
     5.2 Wege in die Redaktion   155
     5.3 Intervention nach Veröffentlichungen   159
     5.4 Veröffentlichungen nutzen   165

6   Übungen   173
     6.1 Was die Medien interessiert   173
     6.2 Journalistisch schreiben   177
     6.3 Aufbau   180
     6.4 Anfang   181
     6.5 Zitieren   183
     6.6 Terminankündigung   185
     6.7 Presseerklärung   186
     6.8 Überschrift   189

7   Lösungen   191
     7.1 Was die Medien interessiert   191
     7.2 Journalistisch schreiben   194
     7.3 Aufbau   198
     7.4 Anfang   199
     7.5 Zitieren   204
     7.6 Terminankündigung   206
     7.7 Presseerklärung   210
     7.8 Überschrift   214

Anhang   219

Literatur   219

Stichwortverzeichnis   229

Vorwort

Gründliche Einführungen zum Schreiben von Presseerklärungen gab es bisher nicht. Viele Menschen brachten es sich daher selbst bei oder lernten es von Kollegen – und übernahmen deren Fehler und Irrtümer. Zwar stehen fast in jedem Buch zu PR-Arbeit auch Hinweise zu Pressetexten. Aber wer diese in mehreren Büchern las, war meist ratlos. Zu widersprüchlich sind die Empfehlungen der Autoren. Wer Pech hatte, entschied sich für die falschen Tips: Dann haben Texte keine Überschrift[1] oder solche, die eindeutig nach Werbung klingen[2], sind mindestens drei Seiten lang[3] und unterschrieben[4]. Womöglich wurden Schreibblockaden launig verstärkt oder ausgelöst – durch Hinweise, wie „das Wichtigste Ihrer Botschaft gehört an den Anfang. Der auswählende Redakteur gibt Ihnen nicht mehr als drei Sekunden. Wenn er dann noch nicht weiß, worum es geht, wandert Ihr Herzblut in den ... (raten Sie mal)"[5].

Wer nur den Empfehlungen folgte, bei denen sich die Autoren einig waren, war ein paar Sorgen los. Aber es blieb die Frage, warum die Autoren „tun Sie dies" und „lassen Sie jenes" schrieben, ob einer der Autoren Recht hatte oder doch der eine oder der andere Kollege. Unbeantwortet blieb bisher auch die Frage, wie die Empfehlungen in die Praxis umgesetzt werden konnten und sollten. Gleichzeitig stehen immer mehr Projekte, Organisationen und Firmen vor der Frage: „Wie

---

1   Antje-Susan Pukke/Holger Goblirsch, Der gute Draht zu den Medien, Frankfurt am Main 1996, S. 86.
2   Hans-Peter Förster, Zweitberuf: Pressesprecher, Neuwied/Kriftel/Berlin 1997, S. 87 ff.
3   Karsten Bredemeier, Medienpower, Düsseldorf/Wien 1993, S. 106.
4   Detlef Luthe, Öffentlichkeitsarbeit für Nonprofit-Organisationen, Augsburg 1994, S. 106.
5   o. A., *Pressetexte richtig aufbereiten – Eine Denk- und Arbeitsliste*, in: Hans-Peter Förster (Hg.), Kommunikations- und Pressearbeit für Praktiker, Neuwied/Kriftel/Berlin 1997, Loseblattsammlung, 07172, S. 1.

schreibe ich es für die Presse?" und „Was überhaupt?", „Was muß ich vorher tun?" und „Welche Möglichkeiten habe ich danach?".

Dieses Buch will nun eine Einführung und Arbeitshilfe für Laien und Profis sein – wie es das Buch „Interviews meistern" für Pressegespräche ist[1]. Dabei werden die Regeln für Pressetexte nicht nur aufgezählt, sie werden auch erläutert und begründet. Benannt werden Hintergründe, Zusammenhänge und Forschungsergebnisse, damit die Informationen eingeordnet werden können. Das Buch konzentriert sich auf die Textarten, die für die Pressearbeit am häufigsten benötigt werden: Presseerklärungen und Terminankündigungen. Für diese werden auch Standards praxisorientiert vorgeschlagen, die bisher fehlten. Da jede Redaktion anders arbeitet, gelten alle Hinweise unter dem Vorbehalt: Soweit Ihnen nicht anders bekannt beziehungsweise anders mit der Redaktion abgesprochen.

Das Buch ist so aufgebaut, daß es sowohl als gründliche Einführung genutzt werden kann als auch als Selbstlernbuch. Die Checklisten am Ende der Kapitel ermöglichen die schnelle Prüfung, ob Texte den Standards entsprechen. Wollen Sie wissen, wie sicher Sie in der Anwendung der Standards sind, steht Ihnen der Übungsteil zur Verfügung.

Geschrieben habe ich dieses Buch auch, um herauszubekommen, warum es so schwer ist, Presseerklärungen zu schreiben. Andere Autoren halfen mir bei dieser Frage nicht weiter. Bei Ihnen heißt es beispielsweise: „‚Gute' Presse-Informationen zu schreiben, ist eine ‚Kunst', die man jedoch erlernen kann. Neben dem sich damit Befassen gehören vor allem guter Wille, viel üben und das Beachten einiger Regeln dazu"[2].

Nun, damit befaßt hatte ich mich, guten Willen hatte ich zumindestens zeitweise, kannte mehr Regeln zum Schreiben guter Presseerklärungen, als in den meisten Büchern standen, und hatte das journalistische Schreiben in zehn Jahren als Journalistin hinreichend geübt. Trotzdem gelang es mir nicht, diese „Kunst" zu beherrschen – wenigstens zu den Themen gute Presseerklärungen mit leichter Hand zu schreiben, die ich inhaltlich vertreten konnte. Zu oft war es eine Quälerei. Auch wenn die Texte am Ende den Regeln genügten, war ich mit dem Ergebnis häufig unzufrieden. Daß dies nicht mein privates Pro-

---

1 Viola Falkenberg, Interviews meistern, Frankfurt am Main 1999, ISBN 3-927282-80-4.
2 Gerd Trommer, *Die Presse-Information*, in: Hans-Peter Förster (Hg.), Kommunikations- und Pressearbeit für Praktiker, Neuwied/Kriftel/Berlin 1997, Loseblattsammlung, 07100 S. 2.

blem ist, zeigten mir Gespräche mit Kolleginnen und Kollegen, Teilnehmenden meiner Seminare und deren Texte.

Auch diese schrieben oft mit viel Engagement und Aufwand ihre Texte und waren dennoch mit den Ergebnissen unzufrieden. Eine Ursache sind die zahlreichen Probleme, die beim Schreiben von Pressetexten aufeinandertreffen und unterschiedliche Schreibhemmungen und -blockaden auslösen können. Deren Hintergründe werden deshalb in einem eigenen Kapitel geschildert – mit Hinweisen, wie sie gelöst werden könnten.

Daran hat sich seit der ersten Auflage so wenig geändert wie an der Art, wie Presseerklärungen geschrieben werden: Noch immer beschweren sich Redaktionen, daß diese Werbetexten gleichen und zu wenige Informationen enthalten. Geändert hat sich jedoch, auf welchem Weg Presseinformationen in Redaktionen und bei Journalisten ankommen. Wurde vor wenigen Jahren noch darum gestritten, ob Texte auch per Fax geschickt werden sollen und dürfen, geht es nun um die Feinheiten des E-Mail-Versands. Einige möchten Journalisten am liebsten nur noch ein Paßwort zusenden, damit diese sich auf der Homepage die relevanten Informationen selbst suchen. Oder senden nun statt ehemals umfangreicher Pressemappen zahlreiche Anhänge, welche die Journalisten Online- und Sortierzeit kosten.

In den Redaktionen selbst sind die Meinungen geteilt. Die einen schätzen den schnellen Informationszugang zu Texten mit Verlinkungen zu Hintergrundinformationen, mit denen direkt weitergearbeitet werden kann. Andere möchten Informationen nach wie vor auch per Post bekommen – und haben wenig Verständnis, wenn dieser Wunsch nur widerstrebend erfüllt und als besonderes Entgegenkommen der Pressestellen deklariert wird.

Gleich geblieben ist die Grundregel, an der Sie sich orientieren können: Machen Sie es den Journalisten so einfach wie möglich, mit Ihren Informationen arbeiten zu können. Wenn diese Texte und Fotos vorzugsweise auf Papier benötigen, dann senden Sie die per Post. Brauchen sie dagegen den Text als Datei, dann senden Sie ihn – nicht layoutet – als E-Mail-Text.

Viola Falkenberg

Mai 2004

1 Einführung

1.1 Rahmenbedingungen

Die schriftliche Medieninformation ist die häufigste Form der Pressearbeit. Das Formulieren von Texten nimmt „den ersten Platz in der täglichen Arbeit" bei PR-Beratern in Verbänden und Vereinen, bei Pressesprechern und selbständigen PR-Beratern ein.[1] Aber nicht nur „Geschäfts- und Verbandsleute beklagen sich, daß ihre Pressetexte nicht genügend berücksichtigt werden".[2] Viele beschweren sich, daß das Wichtigste in den Redaktionen gestrichen wird; Veranstalter, daß Termine zu kurzfristig veröffentlicht würden. Viele Klagende vergessen dabei, daß Pressetexte nur eine Möglichkeit aus dem breiten Spektrum der Öffentlichkeitsarbeit sind. Wer versucht, alle seine Zielgruppen preiswert und zuverlässig ausschließlich über die Presse zu erreichen, wird fast zwangsläufig enttäuscht – und macht sich ohne Not von den Medien abhängig.

Denn von den täglich bei der Nachrichtenagentur dpa eingehenden 2.000 Pressemitteilungen werden lediglich 15 Prozent verwendet[3] – und dabei bedeutet „verwendet" nicht, daß die Texte veröffentlicht werden. Manchmal werden lediglich einige Zahlen oder Zitate in Beiträge übernommen.

Die Wirtschaftsredaktion einer Tageszeitung veröffentlicht knapp 20 Prozent des eingehenden PR-Materials, „wobei Kurzmeldungen sowie kleine und mittlere Berichte überwogen".[4] Pressestellen von Ver-

---

1 Professor Klaus Merten, *PR als Beruf. Anforderungsprofile und Trends für die PR-Ausbildung*, in: pr-magazin, 1/1997, S. 47.

2 Der Satz bezog sich auf den Umgang der Lübecker Nachrichten mit Pressetexten; aus: Armin Sellheim, *Mehr Lokales auf Seite eins*, in: sage & schreibe, März/April 1999, S. 39.

3 So der Leiter des Frankfurter dpa-Büros Laszlo Trankovits; zitiert nach: Hermann Meyn, *Seid glaubwürdig*, in: pr-magazin, 6/1997, S. 45.

4 J. Hintermeier, Public Relations im journalistischen Entscheidungsprozeß dargestellt am Beispiel einer Wirtschaftsredaktion (Nürnberger Nachrichten), Düsseldorf 1982; nach: Michael Kunczik, Journalismus als Beruf, Köln/Wien 1988, S. 249.

bänden sehen folglich „vor allem die Überflutung der Redaktionen mit Pressematerial" als selbstverschuldeten Mißstand an.[1] In Pressestellen von Unternehmen sind 23 von 200 Befragten der Ansicht, daß die Unternehmen durch „das Überangebot von meist ‚überflüssigen' Pressetexten … in den Redaktionen an Vertrauen verlieren und ihre Publikationserwartungen zunehmend ignoriert werden. Dem könne entgegengesteuert werden, wenn die Unternehmen nur noch Mitteilungen mit gewichtigem Inhalt und gezielter als bisher verschickten".[2] Auch wegen dieses chronischen Überangebotes „haben nur solche Mitteilungen die Chance eines Abdrucks, die für den jeweiligen Leserkreis interessant sind".[3]

Jenseits des Überangebotes gibt es einen weiteren Mißstand, der nicht selbstverschuldet ist: die fehlende Definition von Presseerklärungen. In Lexika fehlt dieses Wort entweder ganz,[4] oder sie beschreiben, daß eine Presseinformation entweder eine Information für die Presse ist oder eine Information durch die Presse.[5] Die Charakteristika von Presseerklärungen zu ermitteln erschwert außerdem die Vielzahl der Synonyme, die dafür verwendet werden – von Medienmitteilung über Pressemeldung bis zum Waschzettel.[6] Einige Autoren versuchen das Problem zu lösen, indem sie die Synonyme unterschiedlich deuten: Für den einen stehen auf dem Waschzettel Daten und Informationen in Stichworten.[7] Bei dem anderen sind Waschzettel dagegen „Manuskripte, die in Meldungs- oder

1 Frank Böckelmann, Die Pressestellen der Organisationen, München 1991, S. XVIII.
2 Frank Böckelmann, Pressestellen in der Wirtschaft, München 2. Auflage 1991, S. 119.
3 Hans Ludwig Zankl, Public Relations. Leitfaden für Unternehmens-, Verbands- und Verwaltungspraxis, Wiesbaden 1975, S. 107; zitiert nach: Frank Böckelmann, Die Pressestellen der Organisationen, München 1991, S. 6.
4 So stehen im Brockhaus zwar die Stichworte Presserecht, -verbände, -konzentration und Pressekonferenz, aber die Presseerklärung fehlt. Vgl.: Brockhaus Enzyklopädie in 24 Bänden, Band 17, Mannheim 1999, neu bearbeitete Auflage 1992.
5 Duden. Deutsches Universal Wörterbuch, Mannheim/Leipzig/Wien/Zürich 3., neu bearbeitete Auflage 1996.
6 Synonym für Presseerklärung werden unter anderem verwendet: Waschzettel, Pressemeldung, Presseinformation, -mitteilung, -aussendung, -nachricht, -notiz, -ankündigung, -text, -bericht, Medienmitteilung. Beispiel: „Die Presseinformation – auch Pressemeldung, Presseerklärung oder Pressemitteilung genannt – ist die einfachste und sicherlich die universellste Form der Weitergabe von Informationen an die Medien"; aus: Wolfgang Peschel, *Die Klaviatur der Pressearbeit*, in: Deutscher Bundesjugendring (Hg.), Reden ist Silber Schweigen ist Schrott, München 1996, S. 261.
7 Vgl.: Fußnote 6, Wolfgang Peschel, S. 265.

Berichtsform geschrieben sind"[1]. Eine Pressemeldung ist für die einen ein kurzer Hinweis auf Aktivitäten und Tätigkeiten[2], für andere eine Meldung in der Presse[3]. Vor allem Nicht-Journalisten erschweren die – kaum nachvollziehbaren – Definitionen die Pressearbeit. Die Medienredaktionen scheren sich dagegen nicht um das Begriffswirrwarr: Die eingehenden Texte werden thematisch nach Ressorts und Rubriken sortiert; wobei es für Terminankündigungen in vielen Redaktionen eigene Rubriken gibt. Alle anderen Texte – die von Institutionen ohne Absprache zugesendet werden – werden als Informationsangebot angesehen. Ob Sie über Ihren Text Presseerklärung oder Pressemitteilung schreiben, können Sie sich also aussuchen. Insgesamt sind Presseerklärungen und Terminankündigungen:

- schriftliche Mitteilungen an die Presse, deren Veröffentlichung im redaktionellen Teil gewünscht wird,

- so geschrieben, daß der Text ohne Änderung veröffentlicht werden kann,

- ein Informationsangebot an die Redaktion, die über Änderungen und Abdruck frei entscheidet,

- Informationen aus medienrelevantem Anlaß über einen Sachverhalt, ein Ereignis oder eine Einschätzung mittels Fakten und/oder Zitaten.

Die Information muß für die Menschen, an die sich die Redaktion wendet, aktuell von Bedeutung sein. Von Bedeutung ist, wovon die Zielgruppe des Mediums direkt oder indirekt betroffen ist. Je weitreichender die Folgen einer Entwicklung oder eines Ereignisses sind und je größer das Ausmaß eines Ereignisses, um so größer ist die Betroffenheit. Um so näher der Ort eines Ereignisses und um so prominen-

---

1 Edelgard Skowronnek/Klaus Dörrbeker, Pressearbeit organisieren, Herne 1972, S. 83.
2 Eine umfangreichere Meldung ist danach eine Presseinformation, die Presseinformation die klassische journalistische Meldung, eine Presseerklärung eine offizielle Stellungnahme. Die Haltung zu einem Sachverhalt wird dagegen in einer Pressemitteilung verdeutlicht. Vgl.: Wolfgang Peschel, *Die Klaviatur der Pressearbeit*, in: Deutscher Bundesjugendring (Hg.), Reden ist Silber Schweigen ist Schrott, München 1996, S. 261 und 265.
3 Definition nach: Duden. Deutsches Universal Wörterbuch, Mannheim/Leipzig/Wien/Zürich 3., neu bearbeitete Auflage 1996.

ter die Beteiligten, um so mehr interessiert es das Publikum. Relevant können außerdem menschliche und emotionale Aspekte eines Ereignisses sein[1].

Dabei konkurrieren die in der Redaktion eingehenden Texte um die höhere Medienrelevanz. Dieses „Gesetz des Nachrichtengeschäftes" ist auch dann nicht zu überwinden, wenn Sie alle Regeln der Pressearbeit peinlich genau befolgen: Gibt es – nach Einschätzung der Redaktion – Wichtigeres zu vermelden und für das Publikum Relevanteres, wird Ihr Text nicht veröffentlicht werden; auch nicht, wenn er professionell geschrieben ist. Wenn beispielsweise „die Jahrhundertflut an der Oder Nachrichtensendungen, TV-Berichte und die Presse füllt, ist es fast unmöglich, die Medien für Afghanistan zu interessieren"[2].

Liegen in einem Ressort mehrere Pressetexte von ähnlicher Wichtigkeit vor, wird es die Texte bevorzugen, die es ohne große Änderungen abdrucken kann – und dies weniger aus Bequemlichkeit als aus Zeitmangel. Nicht nur in den Lokalredaktionen gewinnen „,fertige', ohne weitere Redigiernotwendigkeit übernehmbare Artikel immer mehr an Bedeutung"[3]. Ihre Texte sollten deshalb journalistisch geschrieben sein.

Daß dies schwerfällt, liegt auch an dem seit der Schulzeit geübten Schreiben von Schul- und wissenschaftlichen Aufsätzen. Denn deren inhaltlicher Aufbau (Einleitung – Hauptteil – Schluß) und als gut bewerteter Stil gelten nicht für das journalistische Schreiben.

Weder ist der grammatikalische Satzbau (Subjekt – Prädikat – Objekt) zwingend, noch sind Schachtelsätze, Floskeln oder Fremdwörter „gefragt". Hinzu kommen „demütigende Schreiberfahrungen in der Schule, besonders im Deutschunterricht", die zu „bleibenden Schreibstörungen" führen können und „überflüssige Schreibblockaden"

---

1 Nach: Siegfried Weischenberg, Nachrichtenschreiben – Journalistische Praxis zum Studium und Selbststudium, Opladen 1988, S. 18 ff.

2 So Wolfram Eberhardt, Sprecher des Deutschen Roten Kreuzes in Bonn; zitiert nach: Dora Klein, *Schlagzeilen bringen Spenden*, in: pr-magazin, 1/1998, S. 44.

3 D. Wolz, Die Presse und die lokalen Mächte, Düsseldorf 1979, S. 190 ff.; nach: Michael Kunczik, Journalismus als Beruf, Köln/Wien 1988, S. 244. „Für PR-Abteilungen heißt das: Je professioneller, auch individueller Informationen angeboten werden, um so größer sind die Abdruckchancen"; Ralf Jaeckel, *Fachzeitschriften*, in: Günther Schulze-Fürstenow/Bernd-Jürgen Martini (Hg.), Handbuch PR, Neuwied/Kriftel/Berlin 2. Auflage 1994, 2.200, S. 7.

verursachen.[1] Entsprechend schwer fällt es vielen, Blockaden zu überwinden und den mühsam antrainierten Stil wieder abzulegen.

Außerdem ist die – aus journalistischer Sicht – optimale Presseinformation schwer herzustellen. Darin erwarten Journalisten angeblich „neutrale und unbeeinflußte Informationen. Hochaktuell, transparent, präzise, knapp und gut dokumentiert sollen sie sein"[2]. Da ist es schon fast ein Trost zu erfahren, daß PR-Informationen von Journalisten bereits dann aufgegriffen werden, wenn diese für ihr Publikum interessant, „glaubwürdig, gut recherchiert und journalistisch aufbereitet sind"[3].

Insgesamt sind journalistisch geschriebene Presseerklärungen und Terminankündigungen weder im Aufbau noch im Schreibstil:

• akademische Aufsätze oder Schulaufsätze,

• Behördenschreiben,

• Rundschreiben an Ihre Mitglieder oder Mitarbeiter,

• literarische Texte,

• „Scherzpakete", die statt Informationen hohle Phrasen bieten,

• „Überraschungspakete", die am Ende mit dem Wichtigsten überraschen oder die belohnt, die bis zum Ende durchgehalten haben,

• Werbetexte, denn „wer eine Zeitung liest, will im redaktionellen Teil etwas anderes lesen als im Werbeteil"[4],

---

1 Lutz von Werder, 1995, S. 14, 18; zitiert nach: Sonja Klug, Bücher für Ihr Image – Leitfaden für Unternehmen und Business-Autoren, Zürich 1996, S. 94.

2 o. A., *Studie: Journalismus in Europa. Ergebnisse einer Befragung unter europäischen Journalisten*, in: Hans-Peter Förster (Hg.), Kommunikations- und Pressearbeit für Praktiker, Neuwied/Kriftel/Berlin 1997, Loseblattsammlung, 01401, S. 17.

3 o. A., *Studie: Journalismus in Europa. Ergebnisse einer Befragung unter europäischen Journalisten*, in: Hans-Peter Förster (Hg.), Kommunikations- und Pressearbeit für Praktiker, Neuwied/Kriftel/Berlin 1997, Loseblattsammlung, 01401, S. 13.

4 Klaus Kocks; zitiert nach: Carl-Josef Kutzbach/Monika Lungmus, *PR braucht Journalismus*, in: journalist, 7/1996, S. 42. Vgl.: Das Ziel des Nachrichtenschreibens ist zu informieren, zu interpretieren und zu unterhalten; das Ziel des PR-Schreibens ist zu informieren, zu fördern und zu überzeugen; und das Ziel des Schreibens für die Werbung ist zu informieren und zu verkaufen: „The purpose of news writing is to inform, interpret and

- Kommentare zum Weltgeschehen, da Kommentare von den Redaktionen geschrieben oder in Auftrag gegeben werden,

- ein der Öffentlichkeit Ins-Gewissen-Reden, denn „journalistische Informationstexte ... verzichten darauf, dem Adressaten zu sagen, was er mit ihren Informationen anfangen soll"[1].

Dabei ist das Wort Presseerklärung wörtlich gemeint; als eine Erklärung an die Presse: Senden Sie eine Presseerklärung an die regionale Presse, dann erhält die gesamte lokale Presse den gleichen Text – ob Zeitung oder Fernsehsender.[2]

Ihr Text für Lokalredaktionen oder Fachzeitschriften sollte sich nicht an dem Schreibstil auf den Politik- und Wirtschaftsseiten orientieren. Denn dort finden Sie vor allem den speziellen Stil der Nachrichtenagenturen. Auch bei überregionalen Themen sollten Sie sich eher nicht an diesem Stil orientieren. Es stimmt zwar, daß Informanten und Journalisten damit zu kämpfen haben, daß viele Redaktionen erst dann die Wichtigkeit und Relevanz von Themen akzeptieren, wenn die „Kollegin dpa" diese verbreitet. Aber deshalb sollten Sie den oft schwer verständlichen Agenturstil nicht unbedingt kopieren[3].

---

entertain; the purpose of PR writing is to inform, promote and persuade and the purpose of copywriting is to inform and sell"; aus: Maria Braden, Getting the Message across. Writing for the Mass Media, Boston/New York 1997, S. 48.

1 Jürg Häusermann, Journalistisches Texten: sprachliche Grundlagen für professionelles Informieren, Aarau/Frankfurt am Main 1993, S. 26. Dagegen schlägt der Werbetext konkret vor: Kommen Sie vorbei, fahren Sie das Auto zur Probe, kaufen Sie es.

2 „Im Regelfall sollte und muß es dem Pressereferenten gelingen, mit ein und derselben Formulierung des Pressetextes aus dem Presseverteiler (Tagespresse, Lokalpresse, Wirtschaftspresse, Publikumszeitschriften, Fachpresse nach Branchen, Agenturen, elektronische Medien) meldungsspezifisch selektierten Journalisten/ Redaktionen zu erreichen. Der aus besonderen Gründen (z. B. lokale Bedeutung, Schwerpunktthema einer Zeitschriftenausgabe) über das normale Maß hinaus interessierte Redakteur fragt gegebenenfalls nach weiteren Informationen"; aus: Dieter Pflaum/Wolfgang Pieper (Hg.), Lexikon der Public Relations, Berlin 1990, S. 37 f.

3 Um eigene Unsicherheiten bei der Einschätzung der Nachrichtenrelevanz abzubauen, orientieren sich Journalisten an den Veröffentlichungen von Nachrichtenagenturen und anderen Redaktionen. Vor allem die Agenturen gelten als glaubwürdige Quellen. „Es entspricht der Praxis des Nachrichtenjournalismus, daß die meistern Ereignisse erst dann die höhere Weihe einer Nachricht empfangen, wenn sie die Schleuse der Agentur passiert

Immer wieder wollen Autoren glauben machen, daß die Zeiten der klassischen Pressearbeit nahezu vorbei sind, auf Presseerklärungen bald verzichtet werden kann. Die Autoren eines „Kommunikations-Monitors" prophezeien: „Die klassischen Aufgabenfelder Presse- und Informationsarbeit werden in Zukunft an Bedeutung verlieren. Es werde eindeutig eine Verschiebung zugunsten der Event- und Sponsoringaktivitäten geben ... Aufmerksamkeit wird sich nur noch über eine zunehmende Erlebnisorientierung der Pressearbeit erreichen lassen"[1]. Andere Autoren meinen: „In der Kommunikationspraxis verliert die Routinearbeit, beispielsweise die Erstellung von Pressemitteilungen oder Mitarbeiterzeitschriften, gegenüber zeitlich befristeten, innovativen und häufig komplexen PR-Projekten immer mehr an Bedeutung. Der Grund ist offensichtlich: Mit dem Pflichtprogramm kann man sich heute kaum noch positiv differenzieren, eine kommunikative Profilierung ist nur mehr mit neuen Ansätzen möglich"[2].

Nur weil die Kür differenzierter wird, ist die Pflicht jedoch nicht überflüssig. Die professionelle Durchführung des Pflichtprogramms ist vielmehr Basis für die Glaubwürdigkeit der Kür. So wie neue Medien beispielsweise „die Funktionen des Buches sowohl als Unterhaltungs- als auch als Informationsmedium mehr ergänzt denn abgelöst"[3] haben, so ergänzen Events und PR-Projekte die Pressemitteilungen. Ersetzen können sie sie nicht. Durch neue Medien kann die Bedeutung glaubwürdiger Pressearbeit sogar steigen. Beispielsweise ins Internet kann ungeprüft Wahres und Falsches gestellt werden. Aber „je dichter der Informationsdschungel

---

haben"; aus: Hans-Joachim Lang, Parteipressemeldungen im Kommunikationsfluss politischer Nachrichten, Frankfurt am Main/Bern/ Cirencester/U. K. 1980, S. 84. Nur, wenn Ihre einzige Chance einer Veröffentlichung darin besteht, daß die Agenturen Ihre Nachricht verbreiten, kann es sinnvoll sein, die Regeln des Agenturjournalismus zu berücksichtigen. Diese finden Sie u. a. in: Siegfried Weischenberg, Nachrichtenschreiben, Opladen 1988, sowie in Rudolf Gerhardt, Lesebuch für Schreiber – Vom journalistischen Umgang mit der Sprache. Ein Ratgeber in Beispielen, Frankfurt am Main 1996.

1 So im Kommunikations-Monitor, erstellt vom Düsseldorfer Institut für Kommunikation und Marketing. Nach: Henry J. Heibutzki, Kein Kommentar! in: ManagerSeminare, Oktober-Dezember 1997, S. 118 f.

2 Ansgar Zerfaß, *Techniken, Tools, Theorien. Management-Know-how für Public Relations*, in: Medien Journal – Zeitschrift für Kommunikationsberufe (Österreich), 3/1998, S. 6.

3 Ute Schneider, *Im Durchschnitt jährlich fünf*, Kursbuch 133 Das Buch, Berlin September 1998, S. 136.

wuchert, desto mehr steigt das Bedürfnis der Konsumenten nach Orientierung und zuverlässigen Nachrichten".[1]

Presseerklärungen müssen nicht nur glaubwürdig sein, sie müssen auch wahr sein. Das ergibt sich nicht nur aus den Gesetzen. Vielmehr sind „konsequente Wahrheit und Genauigkeit Vorbedingungen für Glaubwürdigkeit. Ohne Glaubwürdigkeit sind Organisationen und ihre PR-Praktiker hilflos im Prozeß der öffentlichen Meinungsbildung".[2] Schon den preußischen Regierungen, insbesondere Bismarck, war „bewußt, daß die Glaubwürdigkeit der Presse für deren Wirkung von entscheidender Bedeutung war, denn Informationen, die im Regierungsblatt standen, wurden mit Mißtrauen aufgenommen".[3]

1.2   Pressearbeiter und ihre Texte

Wer Presseerklärungen schreibt, der hofft auf eine breite Veröffentlichung und ist enttäuscht, wenn nicht wenigstens eine Zeitung den Text ungeändert übernimmt. Wer einmal gelesen hat, daß ein Zoo zwei Pressemeldungen in der Woche herausgibt, „die in der Regel wortwörtlich übernommen werden"[4], hofft, daß ihm dies auch gelingen kann – und übersieht dabei, daß Tiere „bei Lesern, Hörern und Zuschauern grundsätzlich gut" ankommen.[5] Die Vermutungen, wie und was bei der Pressearbeit funktioniert, werden beeinflußt von Kollegen, die von ihren Erfolgen berichten, und den eigenen

---

1   Carl-Josef Kutzbach/Monika Lungmus, *PR braucht Journalismus*, in: journalist, 7/1996, S. 42.

2   „Consistent truthfulness and accuracy are prerequisite to credibility. Without credibility, organizations and their public relations practitioners are helpless in the court oft public opinion"; aus: E. W. Brody/Dan L. Lattimore, Public relations writing, New York/Westport/Connecticut/London 1990, S. 82.

3   o. A., *Friedrich Wilhelm IV. und die Entwicklung des preußischen Preßbüros*, in: Michael Kunczik (Hg.), Geschichte der Öffentlichkeitsarbeit in Deutschland, Köln/Weimar/Wien 1997, S. 84 f.

4   Dies gilt für den Duisburger Zoo; zitiert nach: Kathrin Petersen, *Der Marsch der Pinguine*, in: pr-magazin, 2/1999, S. 42.

5   Ilona Zühlke, Marketingassistentin im Münsteraner Zoo; zitiert nach: Kathrin Petersen, *Der Marsch der Pinguine*, in: pr-magazin, 2/1999, S. 42.

Hoffnungen. Die Folge können kleine und auch große Irrtümer sein. Dazu gehören:

- Die Redaktionen müssen nicht jede, aber doch die eine oder andere Presseerklärung veröffentlichen. Daher erscheinen um so mehr Texte, je mehr Pressetexte man schreibt. Richtig ist: Redaktionen entscheiden allein, ob sie einen Text veröffentlichen oder nicht. Die Häufigkeit der Zusendungen ist kein Auswahlkriterium. Eher gilt: „,Vielschreiberei' verdirbt auf Dauer den guten Ruf"[1].

- Der Text muß so veröffentlicht werden, wie er zugesendet wird. Richtig ist: Jeder Pressetext ist ein Informationsangebot an die Redaktion. Sie darf den Text und alle seine Einzelteile kürzen, umschreiben und die Themenreihenfolge umstellen. Nur die den Informanten zugeschriebenen inhaltlichen Aussagen dürfen „weder entstellt noch verfälscht werden".[2] Sie darf außerdem eigene Wertungen, weitere Fakten und Stellungnahmen einfügen – solange sie nicht suggeriert, daß diese von Ihnen stammen.

- Je länger die Presseerklärungen, desto länger ist auch der veröffentlichte Text. Da Journalisten ohnehin kürzen, gewährleisten also nur lange Texte, daß größere Artikel erscheinen. Richtig ist: Die Länge der Presseerklärung hat keinen Einfluß auf die Länge der veröffentlichten Berichte. Diese richtet sich nach der Relevanz der mitgeteilten Fakten. Aus Presseerklärungen machen Journalisten in der Regel Meldungen oder kurze Berichte. Längere Berichte erscheinen vor allem aufgrund von Pressekonferenzen oder eigenen Recherchen der Journalisten.

- „Wichtig für eine Pressemitteilung ist, daß das, was man unter allen Umständen in die Zeitung bringen will, vorne steht, denn hinten wird immer alles weggestrichen".[3] Richtig ist: „Die Journalistinnen

---

1 Hans Ludwig Zankl, Public Relations. Leitfaden für Unternehmens-, Verbands- und Verwaltungspraxis, Wiesbaden 1975, S. 117; zitiert nach: Frank Böckelmann, Die Pressestellen der Organisationen, München 1991, S. 6.

2 Die publizistischen Grundsätze (Pressekodex) des Deutschen Presserates in der Fassung vom 23. 11. 1994; zitiert nach: Wolfgang J. Koschnick, Medien- und Journalistenjahrbuch, Berlin/New York 1996, S. 226.

3 Manfred Rommel, „*Ohne Rücksicht fremde Gedanken stehlen*", in: Initiative Tageszeitung (Hg.), Redaktion 1996 – Almanach für Journalisten, Bonn 1996, S. 78.

und Journalisten kürzen die Pressemitteilungen nicht nur vom Schluß her, sondern auch mittendrin".[1]

- „Wie man eine Pressemitteilung macht, kann man lernen, indem man Meldungen in den Zeitungen liest und sie analysiert."[2] Richtig ist: Meldungen werden von Nachrichtenagenturen anders aufgebaut, als es für Pressemitteilungen sinnvoll ist. Zudem kritisieren auch Journalisten: „Dieser 08/15-Aufbau von Meldungen und Berichten in der deutschen Pressesprache ist kontraproduktiv. Da schläft der Leser doch ein, bevor er den Vorspann hinter sich hat."[3]

Die Ursache vieler Irrtümer über Pressetexte ist: Pressearbeiter entwikkeln im Laufe ihrer Arbeit ein Gefühl dafür, wie Redaktionen mit diesen Texten umgehen – und leiten daraus Regeln ab. Daß Pressearbeiter mit ihrem Gefühl durchaus richtig liegen können, das zeigen Untersuchungen. Diese ergaben, daß

- „Verlautbarungen von Verwaltungen, Unternehmen, Parteien und Vereinen unbearbeitet weiter verbreitet werden"[4];

- „die von außen eingehenden Informationen ... nur selten durch zusätzliche Informationen ergänzt" werden[5];

- „über 50 Prozent der Pressemitteilungen ... abgedruckt" werden und „Mitteilungen in etwa proportional zu ihren Anteilen an den gesamten Pressemitteilungen veröffentlicht werden"[6];

---

1 Cornelia Bachmann, Public Relations: Ghostwriting für Medien: eine linguistische Analyse der journalistischen Leistung bei der Adaption von Pressemitteilungen, Bern u. a. 1997, S. 217.

2 Manfred Rommel, „*Ohne Rücksicht fremde Gedanken stehlen*", in: Initiative Tageszeitung (Hg.), Redaktion 1996 – Almanach für Journalisten, Bonn 1996, S. 77.

3 So Franz-Josef Hanke; zitiert nach: Frank Patalong, Blind Date, in: Insight, Mai 1999, S. 45.

4 Analyse von sieben Zeitungen aus dem Stuttgarter Raum: T. Rombach, Lokalzeitung und Partizipation am Gemeindeleben, Berlin 1983; nach: Michael Kunczik, Journalismus als Beruf, Köln/Wien 1988, S. 133.

5 Analyse der Berichterstattung über Königstein: R. Rohr, Terminjournalimus – und sonst nichts? Tageszeitungen und ihre Berichterstattung über Königstein (Taunus), in: W. R. Langenbucher (Hg.), Lokalkommunikation, München 1980; nach: Michael Kunczik, Journalismus als Beruf, Köln/Wien 1988, S. 244.

6 Untersuchung der Veröffentlichungsrate von Pressemitteilungen der Landesregierung,

- „nahezu dreiviertel der Informationen ... unmittelbar, also innerhalb der ersten möglichen Tage, von Nachrichtenagenturen, Presse sowie Hörfunk und Fernsehen weitergegeben" werden[1];

- „mehr als die Hälfte der Themen, welche die Medien weiterverbreiten ... aus Quellen der PR" stammen und „Informationsstellen einen großen Einfluß auf die Berichterstattung der Medien haben. Sie haben große Chancen, mit ihren Anliegen über die Tagespresse an die Öffentlichkeit zu gelangen, ohne daß diese hinterfragt oder kritisiert würden"[2].

- Am wichtigsten für eine Veröffentlichung in den Massenmedien war, daß eine Pressemitteilung von der Nachrichtenagentur dpa übernommen wurde ... wobei die Agentur die Texte zumeist lediglich kürzte bzw. unter weitgehender Verwendung des im Original benutzten Sprachgebrauches umformulierte. Hat eine Pressemitteilung erst einmal die Agenturhürde überwunden, ist die Wahrscheinlichkeit der Veröffentlichung sehr hoch: Lediglich 14 Prozent der Agenturmeldungen wurden nicht in mindestens einer Zeitung abgedruckt"[3].

---

des Landtags, der Fraktionen und Parteien in drei Tageszeitungen Schleswig-Holsteins vom 12. 4. bis 5. 6. 1976: P. Nissen/W. Menningen, *Der Einfluß der Gatekeeper auf die Themenstruktur der Öffentlichkeit*, in: Publizistik, 1977, S. 22; nach: Michael Kunczik, Journalismus als Beruf, Köln/Wien 1988, S. 246.

1 Untersuchung der Ursprünge tagesaktueller Berichterstattung im April und Oktober 1978 von Funk, Fernsehen, Presse und Nachrichtenagenturen zur Landespolitik von Nordrhein-Westfalen: Barbara Baerns, Öffentlichkeitsarbeit oder Journalismus? Zum Einfluß im Mediensystem, Bochum 1985, S. 101; nach: Michael Kunczik, Journalismus als Beruf, Köln/Wien 1988, S. 251. Für die USA gilt übrigens: „Knapp 60 Prozent der Nachrichten aus der amerikanischen Hauptstadt, die selbst große Blätter wie die ‚New York Times' und die ‚Washington Post' aufgreifen, geraten ganz überwiegend durch Pressestellen in Umlauf, ermittelte vor einigen Jahren der Sozialwissenschaftler Leon Sigal"; aus: Stephan Ruß-Mohl, *Unsichtbare Souffleure*, in: journalist, 3/1991, S. 58.

2 Dabei reduzieren Redaktionen positive Wertungen in 42 Prozent der untersuchten Beispiele; nach: Untersuchung der Verwertung der Pressemitteilungen der Städte Winterthur, Frauenfeld und Bern in den örtlichen Zeitungen vom 22. September 1933 bis zum 20. Oktober 1995; in: Cornelia Bachmann, Public Relations: Ghostwriting für Medien: eine linguistische Analyse der journalistischen Leistung bei der Adaption von Pressemitteilungen, Bern u. a. 1997, S. 219 und 225.

3 Untersuchung von Pressemitteilungen der im Landtag vertretenen Parteien in Baden-Württemberg im November 1977: H. J. Lang, Parteipressemitteilungen im Kommunikationsfluß politischer Nachrichten, Frankfurt am Main 1980; nach: Michael Kunczik,

Aus diesen Ergebnissen kann eines allerdings nicht abgeleitet werden: daß die Journalisten sich künftig so verhalten wie während dieser Untersuchungen. Sie sind nicht moralisch verpflichtet, im Durchschnitt jede zweite Presseerklärung abzudrucken – nur weil Wissenschaftler festgestellt haben, daß sie dies in bestimmten Fällen taten.

Bevor Sie aus diesen Untersuchungen Schlüsse für Ihre Arbeit ziehen, beachten Sie außerdem: Untersucht wurden meist die Pressetexte von politischen Institutionen, Organisationen sowie Verwaltungen – also von Stellen, deren Informationen für die Öffentlichkeit oft relevant sind. Denn wenn die Stadtverwaltung ihre Öffnungszeit ändert, dann ist dies für viele Menschen wichtig und die Veröffentlichung garantiert. Sind die Sprechzeiten Ihres Hauses für weniger Menschen wichtig, so ist deren Veröffentlichung weniger wahrscheinlich. Trotz Untersuchungen, Erfolgsgeschichten von Kollegen und eigenen Hoffnungen gilt daher für Ihre Pressetexte: Die erste Bedingung für eine Veröffentlichung ist, daß die Informationen für das Publikum interessant sind.

Erfahrene Pressearbeiter versenden deshalb nur dann Presseerklärungen, wenn sie Relevantes mitzuteilen haben. Sie wissen: „Über jeden Pieps etwas lesen zu müssen, nervt die Redakteure eher".[1] Dabei sind sie mit Eigenwerbung und -lob zurückhaltend. Denn es ist effektiver, eine Organisation einmal im Nebensatz zu erwähnen, als „in jedem zweiten Absatz dreimal".[2]

Journalismus als Beruf, Köln/Wien 1988, S. 247. Außerdem werden politische Meldungen der Nachrichtenagenturen um so häufiger unredigiert von Zeitungen übernommen um so kleiner deren Auflage ist. Das Institut für Demoskopie in Allensbach ermittelte, daß 35 Prozent der Agenturmeldungen ungeändert von den Zeitungen veröffentlicht werden deren Auflage unter 50.000 Exemplaren liegt. Bei Zeitungen mit einer Auflage über 200.000 Exemplaren sind es nur acht Prozent. Nach: Hermann Meyn, Massenmedien in Deutschland, Konstanz 1999, S. 259.

1 Auslandsbeauftragter Michael Faber vom Auslandsdienst der Malteser in Bonn; in: Dora Klein, *Schlagzeilen bringen Spenden*, in: pr-magazin, 1/1998, S. 45.

2 Jörg Nowak, PR-Sprecher beim Internationalen Katholischen Missionswerk in Aachen; in: Dora Klein, *Schlagzeilen bringen Spenden*, in: pr-magazin, 1/1998, S. 46.

1.3 Journalisten und Pressetexte

Was halten nun Journalisten von den eingehenden Presseerklärungen? Sehen sie dem täglichen Posteingang gespannt entgegen, oder finden sie es lästig, den täglichen Stapel durchzusehen, um Brauchbares von Unbrauchbarem zu trennen – zusätzlich zu den gut 600 Meldungen, die allein die Nachrichtenagentur dpa täglich an die Redaktionen liefert[1]? Untersuchungen ergaben: Journalisten sind weder „überzeugt von der Qualität der Pressemitteilungen, noch lehnen sie diese als vollständig unbrauchbar ab".[2] Journalisten finden Presseerklärungen notwendig „als Informationsquellen und als Anregung für die Berichterstattung ... stufen aber die Qualität von Aufbereitung und Zuverlässigkeit etwas geringer ein".[3] So hält „nur knapp ein Drittel der Journalisten ... die eingehenden Pressemitteilungen für gut aufbereitet".[4]

Rund die Hälfte meint, es gäbe zu viele Pressemitteilungen.[5] Nicht nur bei der Durchsicht des Materials in den Pressezentren auf Messen gilt: Journalisten „lernen, die Information schnell und zielgerichtet zu selektieren, sonst verliert man sich in der Flut von Informationen, die man später nicht mehr verarbeiten kann".[6]

---

1   98 Prozent aller Tageszeitungen werden von dpa beliefert, 66 Prozent von AP und 41 Prozent von reuters. Angaben nach: Medienbericht der Bundesregierung 1998 sowie dpa-Chefredakteur Wilm Herlyn; beide zitiert nach: Günter Frech, *Von der Verlegeragentur zur Agentur der Kaufleute?* in: menschen machen medien, 8.–9. 1999, S. 11. An manchen Tagen umfaßt allein der Hauptnachrichtendienst von dpa 500 DIN-A4 Seiten beziehungsweise 180.000 Wörter; nach: Hermann Meyn, Schleusen-Wärter, in: journalist, 9/1999, S. 46.

2   Armin Scholl/Siegfried Weischenberg, Journalismus in der Gesellschaft – Theorie, Methodologie und Empirie, Opladen/Wiesbaden 1998, S. 138.

3   Armin Scholl/Siegfried Weischenberg, Journalismus in der Gesellschaft – Theorie, Methodologie und Empirie, Opladen/Wiesbaden 1998, S. 138.

4   Frank Hartmann, Studie ‚Journalismus in Deutschland‘: *Gute Chancen für professionelle PR,* in: Günther Schulze-Fürstenow/Bernd-Jürgen Martini (Hg.), Handbuch PR, Neuwied/Kriftel/Berlin 2. Auflage 1994, Ergänzungslieferung vom 8. 3. 1996, 2.430, S. 9.

5   Frank Hartmann, Studie ‚Journalismus in Deutschland‘: *Gute Chancen für professionelle PR,* in: Günther Schulze-Fürstenow/Bernd-Jürgen Martini (Hg.), Handbuch PR, Neuwied/Kriftel/Berlin 2. Auflage 1994, Ergänzungslieferung vom 8. 3. 1996, 2.430, S. 7.

6   So die Deutschlandkorrespondentin der chilenischen Zeitung El Mercurio, Marcia Rehbein; nach: Marcia Rehbein, *Hauptsache Pressefreiheit,* in: sage & schreibe, 1.–2./1999, S. 40.

Je nachdem für welche Redaktion sie arbeiten, schätzen Journalisten Presseerklärungen unterschiedlich ein. So sollen Nachrichtenagenturen und Anzeigenblätter „einen pragmatischen und optimistischen Umgang mit Pressemitteilungen"[1] pflegen – was allerdings nichts darüber aussagt, wie und ob sie diese verwerten.

Lokale und politische Redakteure, „die häufig mit PR-Material konfrontiert werden", sollen dagegen besonders „skeptisch eingestellt"[2] sein. Redakteure bei Fachzeitschriften klagen über „zu stark werbliche Texte", „aufgeblähte Pressemappen statt kurzer, knapper Texte" und „fehlende Service-Informationen, wie Anschrift der Absender, Telefondurchwahl und Name des Ansprechpartners".[3] Anders bei Publikumszeitschriften. Dort gelten Pressemitteilungen schon mal als „der erste Schritt auf dem Weg zu einer Geschichte"[4] – allerdings nur im besten Fall. Sie würden, wenn sie gut und interessant sind, „registriert und als Anregungen aufgenommen, mehr aber nicht"[5]. Manchmal ähnelt der Umgang mit PR-Material bei Zeitschriften auch einem Lottospiel: „Es gibt Pressemitteilungen, die erreichen uns in der richtigen Sekunde, wenn wir gut gelaunt sind. Es gibt aber auch wunderschöne Pressemitteilungen, die erwischen uns an einem schlechten Tag. Die rutschen dann einfach durch."[6]

Auch bei Hörfunk und Fernsehen werden schriftliche Presseerklärungen als Themenanregung genommen. Mit Hilfe eigener Aufbereitung und Recherche werden einige für redaktionelle Beiträge verwendet.

1 Armin Scholl/Siegfried Weischenberg, Journalismus in der Gesellschaft – Theorie, Methodologie und Empirie, Opladen/Wiesbaden 1998, S. 142.
2 Armin Scholl/Siegfried Weischenberg, Journalismus in der Gesellschaft – Theorie, Methodologie und Empirie, Opladen/Wiesbaden 1998, S. 143.
3 Ralf Jaeckel, *Fachzeitschriften*, in: Günther Schulze-Fürstenow/Bernd-Jürgen Martini (Hg.), Handbuch PR, Neuwied/Kriftel/Berlin 2. Auflage 1994, 2.200, S. 6.
4 Ulf Poschardt, Chefredakteur des SZ-Magazins der Süddeutschen Zeitung; zitiert nach: Nina Grunsky, *Ein Kessel Buntes*, in: pr-magazin, 2/1999, S. 39.
5 Ulla Hildebrandt, Chefredakteurin von Amica; zitiert nach: Julia Förch, *Amica und ihre Freunde*, in: pr-magazin, 1/1998, S. 43.
6 Ulf Poschardt, Chefredakteur des SZ-Magazins der Süddeutschen Zeitung; zitiert nach: Nina Grunsky, *Ein Kessel Buntes*, in: pr-magazin, 2/1999, S. 39.

1.4 Rechtliche Aspekte

Gesetze und Vorschriften müssen sowohl diejenigen beachten, die Presseerklärungen herausgeben, als auch diejenigen, die sie weiter verarbeiten. So dürfen Journalisten nicht nur den Wahrheitsgehalt von Pressemitteilungen überprüfen, sie müssen es „mit der nach den Umständen gebotenen Sorgfaltspflicht"[1]. Im Redaktionsalltag verlassen sich die Journalisten meist darauf, daß die Angaben in Pressetexten stimmen – sofern sie glaubwürdig sind. Stellt sich in nur einem Fall heraus, daß Ihre Angaben falsch waren, so müssen Sie damit rechnen, daß Ihre Angaben künftig vor jeder Veröffentlichung geprüft werden. Dies geschieht dann nicht nur aus Mißtrauen. Vielmehr sind die Journalisten haftbar, wenn sie Texte veröffentlichen, die gegen Gesetze verstoßen. Dann schützt sie auch „die getreue, zutreffende Wiedergabe einer Mitteilung unter genauem Quellenhinweis nicht vor straf- und zivilrechtlichen Konsequenzen".[2] Dabei ist „die Vollständigkeit und Wahrhaftigkeit der Information" von Nonprofit-Organisationen „stärker noch als bei Wirtschaftsthemen eine notwendige Voraussetzung für dauerhaften PR-Erfolg. Dies gilt um so mehr, je deutlicher altruistische und gemeinnützige Organisationsziele im Vordergrund der Selbstdarstellung stehen".[3]

Enthält Ihre Presseerkärung Werbung, Diffamierungen oder Beleidigungen, so müssen Journalisten mindestens diese Passagen streichen. Wahrscheinlicher ist, daß der gesamte Text nicht veröffentlicht wird. Denn dann vermuten Journalisten, daß Sie es mit den übrigen Angaben auch nicht so genau genommen haben.

Die Redaktionen gehen davon aus, daß alle in Pressetexten genannten Personen mit einer Veröffentlichung einverstanden sind; ebenso wie die auf Fotos abgebildeten Personen. Wenn Sie eine Fachkraft Ihres Hauses im Pressetext zitieren oder von einer Freizeitgruppe ein Foto mitschicken, so müssen Sie also deren Einwilligung zur Veröffent-

---

1 Die publizistischen Grundsätze (Pressekodex) des Deutschen Presserates in der Fassung vom 23. 11. 1994; zitiert nach: Wolfgang J. Koschnick, Medien- und Journalistenjahrbuch, Berlin/New York 1996, S. 226.

2 Klaus Rost, Die Welt in Zeilen pressen: Wahrnehmen, gewichten und berichten im Journalismus, Frankfurt am Main 1995, S. 59.

3 Michael Krzeminski, *PR der Nonprofit-Organisationen*, in: Günther Schulze-Fürstenow/ Bernd-Jürgen Martini (Hg.), Handbuch PR, Neuwied/Kriftel/Berlin 2. Auflage 1994, Ergänzungslieferung vom 10. 9. 1996, 1.801, S. 5.

lichung in den Medien vorher einholen. Denn „jeder hat das Recht am eigenen Namen und am eigenen Bild; beides darf nur mit seiner Zustimmung veröffentlicht werden".[1]

Bei Pressetexten für Unternehmen muß außerdem das Gesetz gegen den unlauteren Wettbewerb (UWG) beachtet werden. Dieses verbietet irreführende Selbstdarstellungen. Schreiben Sie beispielsweise, daß Ihr Unternehmen seit 130 Jahren besteht, so vermittelt dies „den Eindruck besonderer Erfahrung, Seriosität, wirtschaftlicher Leistungskraft und Ansehen bei der Kundschaft. Irreführung liegt hier insbesondere dann vor, wenn der Geschäftszweig seit der Gründung nicht unverändert fortgeführt" wurde.[2] Wird eine Auszeichnung, die für ein bestimmtes Erzeugnis erfolgte, „nunmehr für das ganze Unternehmen generalisierend benutzt", dann verstößt dies ebenfalls gegen das UWG.[3] Dies gilt auch, wenn sich beispielsweise ein kleines Möbelgeschäft „Möbelhaus" oder „Möbelmarkt" nennt; ein mittlerer Geschäftsbetrieb, selbst wenn er einiges exportiert, sich als „europäisch" oder „international" bezeichnet.[4]

Entscheidend ist dabei „allein das Verständnis der Zielgruppe. Es kommt also nicht darauf an, wie das Unternehmen seine Selbstdarstellung selbst versteht, auch nicht darauf, wie es diese aufgefaßt haben möchte".[5] Und Zeitungsleser verstehen unter einem „international tätigen Unternehmen" eben nicht ein mittelständisches Unternehmen, das dreimal jährlich ins Ausland liefert.

Wird Ihre irreführende Selbstdarstellung veröffentlicht, sollten Sie damit rechnen, daß Mitbewerber juristisch dagegen vorgehen – und die Presse darüber informieren.

1 Ulrike Kaiser, *Rechtlicher Rahmen: Schutz der Person und Pressefreiheit*, in: journalist, 10/1997, S. 23.
2 Dieter Pflaum/Wolfgang Pieper (Hg.), Lexikon der Public Relations, Berlin 1990, S. 132.
3 Dieter Pflaum/Wolfgang Pieper (Hg.), Lexikon der Public Relations, Berlin 1990, S. 132.
4 Vgl.: Dieter Pflaum/Wolfgang Pieper (Hg.), Lexikon der Public Relations, Berlin 1990, S. 132 f.
5 Dieter Pflaum/Wolfgang Pieper (Hg.), Lexikon der Public Relations, Berlin 1990, S. 131.

Abgesehen von der Rechtslage gibt es noch einen guten Grund, Lügen und Irreführungen zu meiden: „Wer immer die Wahrheit sagt, kann sich ein schlechtes Gedächtnis leisten"[1].

Machen Sie Werbung in einem Medium, so ist es wettbewerbswidrig, wenn Sie als Gegenleistung positive Berichterstattung fordern oder diese annehmen (Verbot von Kopplungsgeschäften) .[2] Sie dürfen diesen Medien auch keine redaktionell gestalteten Beiträge zusenden, „die den Anschein einer objektiven Unterrichtung des Lesers erwecken, zugleich jedoch absatzfördernde Hinweise auf das eigene Erzeugnis enthalten"[3].

„Eine sachlich nicht gerechtfertigte, überschwenglich lobende Darstellung" von Anzeigenkunden ist übrigens grundsätzlich unzulässig.[4] Wieviel Geld Sie für Anzeigen und Werbespots auch ausgeben, die Redaktionen dürfen nur dann über Ihr Unternehmen berichten, wenn dies „durch das Bedürfnis der Bevölkerung nach sachlicher, neutraler Information gerechtfertigt"[5] ist – unabhängig davon, ob Sie Waren oder Dienstleistungen verkaufen.

Eindeutig über das Informationsinteresse der Leser hinaus geht es beispielsweise, wenn im „Rezept des Tages" viermal Produkte eines Würzmittelherstellers erwähnt werden.[6] Das ist natürlich auch dann Schleichwerbung, wenn der Hersteller nicht in dieser Zeitung inseriert hat.

Als durch das Informationsinteresse des Publikums gerechtfertigt gelten dagegen Beiträge über:

---

1 Theodor Heuss; zitiert nach: Wissenschaftlicher Rat der Dudenredaktion (Hg.), Duden „Zitate und Aussprüche", Mannheim/Leipzig/Wien/Zürich 1993, Band 12, S. 773.
2 Verbot von redaktionellen Zugaben nach den „Richtlinien für redaktionell gestaltete Anzeigen" des Zentralausschusses der Werbewirtschaft. Vgl. zu Kopplungsgeschäften, Trennung von Programm und Werbung, Schleichwerbung und Product Placement: Wolfgang J. Koschnick, Medien- und Journalistenjahrbuch, Berlin/New York 1996, S. 170–182.
3 Udo Branahl, Medienrecht, Opladen 1996, S. 221.
4 Vgl.: Udo Branahl, Medienrecht, Opladen 1996, S. 223.
5 Udo Branahl, Medienrecht, Opladen 1996, S. 221 f.
6 So der Deutsche Presserat; zitiert nach: Barbara Baerns, *Öffentlichkeitsarbeit versus Schleichwerbung – Eine Problemskizze*, in: Günther Schulze-Fürstenow/Bernd-Jürgen Martini (Hg.), Handbuch PR, Neuwied/Kriftel/Berlin 2. Auflage 1994, Ergänzungslieferung vom 7. 11. 1995, 2.121, S. 6 f.

- kulturelle Veranstaltungen,

- Messen und Ausstellungen,

- gemeinnützige Einrichtungen, Vereine und Verbände sowie öffent-lich-rechtliche Einrichtungen,

- Neuerscheinungen auf den Gebieten Mode, Buch, Musik und Technik.[1]

Darüber dürfen Journalisten also Beiträge veröffentlichen – solange für den Abdruck nicht bezahlt wurde, also keine getarnte Werbung statt-findet.[2] Entscheidendes Kriterium für eine Erwähnung im redaktionellen Teil ist nicht nur, was getan wird, sondern auch, wer etwas tut:

- Organisiert ein Kulturzentrum ein Konzert, so kann dieses in den Medien angekündigt werden. Denn es handelt sich um eine kulturel-le Veranstaltung durch eine gemeinnützige Einrichtung. Dagegen will ein Konzertveranstalter seine „Ware" verkaufen, die Konzertkarten. Macht der einzige Veranstalter am Ort dreimal im Jahr eine große Ver-anstaltung, dann kann das Kriterium „kulturelle Veranstaltung" gel-ten. Wollen dagegen zwei Veranstalter monatlich mit ihren Konzerten im redaktionellen Teil erwähnt werden, so handelt es sich eher um Werbung. Mit einem Benefizkonzert für einen guten Zweck könnte auch der Konzertveranstalter in den redaktionellen Teil kommen.

- Will ein privater Pflegedienst seine Dienstleistung in den Medien prä-sentieren, so ist dafür die Anzeigenabteilung zuständig. Bietet eine Sozialstation die gleichen Dienste an, so können diese auch im re-daktionellen Teil vorgestellt werden – da es sich um das Angebot einer gemeinnützigen Einrichtung handelt.

- Es ist eine Werbemaßnahme, wenn ein Getränkelieferant für eine Messe kostenlos Getränke stellt oder ein Unternehmen Gutscheine für seine Produkte verlost.

---

1 Vgl.: Wolfgang J. Koschnick, Medien- und Journalistenjahrbuch, Berlin/New York 1996, S. 171.
2 Dies ist nach dem Presserecht sowie den „Richtlinien für redaktionell gestaltete Anzeigen" des Zentralausschusses der Werbewirtschaft untersagt; vgl.: Wolfgang J. Koschnick, Medien- und Journalistenjahrbuch, Berlin/New York 1996, S. 172.

- Ein Tag der offenen Tür bei einem großen Industriebetrieb ist für die Öffentlichkeit interessant. Öffnet ein Lampengeschäft zwecks Besichtigung am Sonntag seine Türen, so handelt es sich um eine Werbemaßnahme.

Wo genau die Werbung anfängt, ist nicht in jedem Fall leicht festzustellen. Entscheidungskriterien für die Abgrenzung sind:[1]

Werbung:	Information:
– Leistung wird reklamehaft angepriesen	– Informationsgehalt überwiegt
– überschwenglich lobende Darstellung	– sachliche Information
– privat-wirtschaftliche Interessen	– gemeinnützige Interessen
– es geht ums Markenimage	– es geht ums Firmenimage
– Wünsche nach Waren oder Dienstleistungen sollen geweckt werden	– Vertrauen soll erzeugt werden

Haben Sie den Eindruck, daß manche Redaktionen es mit der Schleichwerbung nicht so genau nehmen? Das ändert einerseits nichts daran, daß sie verboten ist – und auch der Deutsche Presserat das Argument, dies sei „seit langer Zeit" üblich, nicht als Rechtfertigung anerkennt[2].

---

1 Vgl.: Udo Branahl, Medienrecht, Opladen 1996, S. 218–231 sowie Barbara Baerns, *Öffentlichkeitsarbeit versus Schleichwerbung – Eine Problemskizze*, in: Günther Schulze-Fürstenow/Bernd-Jürgen Martini (Hg.), Handbuch PR, Neuwied/Kriftel/Berlin 2. Auflage 1994, Ergänzungslieferung vom 7. 11. 1995, 2.121, S. 8–13. Daß Partei-Veranstaltungen, wie Konferenzen, Sitzungen und Feierstunden, selten in den Medien veröffentlicht werden, kann daran liegen, daß die Grenze zur Parteienwerbung überschritten wird. Vgl.: Hans-Joachim Lang, Parteipressemeldungen im Kommunikationsfluss politischer Nachrichten, Frankfurt am Main/Bern/Cirencester/U. K. 1980, S. 76–79, 113.

2 So im Berichtsjahr 1992; zitiert nach: Ralf Jaeckel, *Pressedienste,* in: Günther Schulze-Fürstenow/Bernd-Jürgen Martini (Hg.), Handbuch PR, Neuwied/Kriftel/Berlin 2. Auflage 1994, 2.300, S. 5.

Und andererseits kritisieren Journalisten sehr deutlich den Werbe-charakter von PR-Arbeit. „Deutlich mehr als ein Drittel der Befragten haben den ‚Marketing-Quark' satt", heißt es.[1]

Insgesamt rentiert es sich eher nicht, wenn Sie Ihre Energie darauf ver-wenden, Gesetze zu umgehen. Nutzen Sie Ihre Zeit doch statt dessen langfristig glaubwürdiger – indem Sie für die Öffentlichkeit Inter-essantes korrekt mitteilen. Gehören Sie zu den auskunftspflichtigen staatlichen Stellen, oder nimmt Ihr Haus staatliche Aufgaben wahr? Dann dürfen Sie weder mündlich noch in Pressetexten Informationen verbreiten aus „Steuer-, Straf- oder Personalakten".[2] Selbstverständlich müssen auch Ihre Texte wahr sein.

Checkliste: Rechtliche Aspekte

Unzulässig sind:

- Die Veröffentlichung von Namen oder Fotos ohne Zustimmung der Person,

- irreführende Selbstdarstellung,

- Schleichwerbung,

- Kopplung von Anzeigenaufträgen und Berichterstattung,

- Bezahlung für redaktionelle Beiträge (getarnte Werbung).

---

1 Ergebnis einer Befragung von 100 Wirtschaftsjournalisten, nach: o. A., *Futter für die Jour-nalisten,* in: pr-magazin, 9/2001, S. 26.
2 Barbara Baerns, Öffentlichkeitsarbeit oder Journalismus? Köln 1985, S. 23. Zur Auskunftspflicht staatlicher Stellen vgl.: Udo Branahl, Medienrecht, Opladen 1996, S. 34 sowie Viola Falkenberg, Interviews meistern, Frankfurt am Main 1999, S. 20 ff.

2 Vorbereitung

2.1 Planung

Viele Presseerklärungen werden in letzter Minute geschrieben, weil jemandem einfällt, „ach, darüber könnten wir eigentlich auch die Medien informieren" oder weil „mal wieder etwas an die Presse gehen muß". Klare Ziele und Konzepte für die Pressearbeit fehlen. Pressearbeit, die je nach interner Stimmung stattfindet, ist oft sprunghaft, unregelmäßig und unnötig teuer. Meist bleibt keine Zeit, den Presseverteiler entsprechend dem Thema zu sortieren und zu aktualisieren, zu prüfen, ob es langfristig sinnvoll ist, gerade jetzt und mit diesem Anlaß nach außen zu gehen. Statt dessen erfolgen die Vorarbeiten, die Abstimmung und das Schreiben unter Zeitdruck. Den Ergebnissen merkt man dies häufig an. Statt fundierter Daten, relevanter Themen und guter Zitate werden Texte voller Hohlfloskeln produziert.

Viele finden die Planung von Presseerklärungen überflüssig, weil sie meinen, die Effizienz von Presse- und Öffentlichkeitsarbeit zu ermitteln entspräche dem „Messen eines gasförmigen Körpers mit einem Gummiband"[1] –, und setzen sich zum Ziel, möglichst oft positiv in den Medien erwähnt zu werden. Die Folge ist bestenfalls, daß Publikum und Medien wissen, daß sich diese Institution in jeder Hinsicht für erfolgreich hält. Öffentliche Glaubwürdigkeit und ein klares inhaltliches Profil sind so jedoch nicht erreichbar.

Es stimmt, daß die Veröffentlichungsrate von Pressetexten nicht sicher vorauszusagen ist, weil sie durch zu viele Faktoren beeinflußt wird, die mit der Qualität des Inhalts nichts zu tun haben. Das bedeutet jedoch nicht, daß auf die Festlegung von Zielen und Konzepte verzichtet werden kann.

---

1   Zitiert nach: Florian Ditges, *Über (Un-) Möglichkeiten der Erfolgskontrolle von Public Relations – Blindflug der Experten*, in: Wirtschaft in Bremen, 12/1996, S. 30.

Nur wenn diese vorhanden sind,

- gibt es Entscheidungskriterien dafür, was wie in Presseerklärungen einfließt,
- zu welchen Themen und Anlässen die Medien informiert werden,
- können Presseverteiler gezielt erstellt und gepflegt werden,
- Zeit- und Finanzplanung erfolgen,
- die notwendigen Zahlen und Daten intern und extern recherchiert werden,
- interne Abstimmungs- und Meinungsbildungsprozesse erfolgen,
- Mitarbeiter durch Anerkennung ihrer Fachkompetenz motiviert und in die Pressearbeit einbezogen werden,
- kann die Erreichung inhaltlicher Ziele überprüft werden,
- wird Pressearbeit nicht als Luxus in guten Zeiten intern diskreditiert oder als Feuerwehr für schlechte Zeiten, die ansonsten jeder machen kann, der reden und schreiben kann;
- gilt Presseerklärung nicht als Synonym für billige Werbemaßnahme[1].

Zahlreiche Institutionen wenden sich so oft wie möglich an die Medien. Ärgerlich ist dies vor allem für diejenigen, die wissen, daß die Mitbewerber seltener die Presse informieren, dafür aber fast alles von ihnen veröffentlicht wird. Die Vermutung liegt nahe, daß die Konkurrenz bevorzugt wird und es von der Laune der Journalisten abhängt, was veröffentlicht wird. In den meisten Fällen ist dies ein Irrtum. Es ist eher so, daß „das Themen-Angebot" der häufig schreibenden Institutionen „das journalistische Interesse bei weitem" übersteigt[2] und das der seltener informierenden nicht.

---

1 1988 hieß es zumindest noch: „Nach wie vor klagen Pressestellenleiter, daß häufig Pressearbeit mit Produktwerbung gleichgesetzt wird, daß Pressestellen als Kostenfaktor angesehen werden und die imageprägende Wirkung unter den Tisch fällt, daß Zeitmangel Kreativität verhindert und daß die Furcht der Geschäftsleitung vor Offenlegung von Produktionsdaten und internen Vorgängen zur ‚Presse-Verhinderungs-Politik' führt." Frank E. Böckelmann, Pressestellen in der Wirtschaft, Berlin 1988; zitiert nach: Ulrike Ramsauer, *Presse-Service plus Verschwiegenheit?*, in: Copy, Heft 21 vom 2. 11. 1988, S. 92.
2 Rainer Klein, Chef der Ludwigshafener Ausgabe des Mannheimer Morgen; zitiert nach: Josef Kaiser, *Global Player vor Ort*, in: pr-magazin, 2/1999, S. 25.

Sind Sie unsicher, wie häufig Journalisten von Ihnen informiert werden wollen? Die Faustregel ist: Neben Ankündigungen öffentlicher Veranstaltungen und eventuell mit der Redaktion vorher abgesprochener Veranstaltungsberichte ist zweimal jährlich pro Themenschwerpunkt in der Regel ausreichend – und dies unabhängig davon, ob Sie dazu eine Pressekonferenz machen oder eine Presseerklärung herausgeben. Das scheint Ihnen dann doch ein bißchen sehr selten? Dann bedenken Sie: Pressearbeit bedeutet nicht nur die aktuellen Medien zu informieren. Dazu gehört auch die Beantwortung von Pressefragen, Vorbereitung von Interviews, die in Krisenzeiten notwendige Zusatzinformation sowie die Information der Fachmedien.

Demnach könnten Sie, wenn Sie beispielsweise für die regionale Pressearbeit eines Wohlfahrtsverbandes zuständig sind: zweimal pro Jahr die regionalen aktuellen Medien über die Verbandspolitik informieren, zweimal im Jahr die Fachpresse über soziale Themen, zweimal im Jahr die Fachmedien für Gesundheitspolitik sowie die für Medizin, die für Krankenpflege, die für Jugendarbeit und die für Senioren – immer vorausgesetzt, Sie haben für das jeweilige Publikum Interessantes mitzuteilen. Berücksichtigt man auch die Fachpresse, so bedeuten zwei geplante Pressekontakte pro Jahr also schon sehr viel Arbeit.

Zweimal pro Jahr kann dann zu selten sein, wenn Ihr Haus zu den für die Region bedeutenden Informanten gehört oder häufig über regional Relevantes aktuell zu informieren hat. Dies gilt beispielsweise für den größten Arbeitgeber der Region, staatliche Stellen und Universitäten – also für Organisationen, unter deren Dach mehrere Abteilungen mit für die Öffentlichkeit Wichtigem beschäftigt sind.

Dann kann die „Zweimal-pro-Jahr-plus-öffentliche-Veranstaltungen"-Regel pro Abteilung gelten. Bei einer Universität wäre dies dann jeder Fachbereich plus die allgemeine Verwaltung sowie das Direktorium; beim größten Arbeitgeber könnten dies Produktion, Verwaltung und Forschungsabteilung sein. Ein statistisches Landesamt würde höchstens zweimal im Jahr über sich selbst informieren. Die regelmäßige Information der Öffentlichkeit über interessante Zahlen bleibt hiervon unberührt. So berichtet beispielsweise die Polizei in der Regel höchstens halbjährlich über sich – informiert jedoch ständig über die aktuelle Arbeit.

Gehören Sie zu diesen wichtigen Dauer-Informanten? Dann treffen Sie sich doch einmal mit den wichtigsten Medienvertretern und klären, welche Wünsche diese an Ihre Presseinformation haben. Das kann Ihnen und den Redaktionen Zeit und Arbeitskraft sparen. Auch für die Journalisten ist es gut zu wissen, daß Sie mit ihnen gemeinsam an der Information der Öffentlichkeit arbeiten – und nicht gegen die Journalisten.

Haben Sie die Themen, über die informiert werden soll, festgelegt, können Sie mit der Zeitplanung beginnen: Entweder verteilen Sie die beiden Pressekontakte pro Themenbereich gleichmäßig über das Jahr und geben die Termine an die Abteilungen weiter. Oder Sie fragen erst in den Abteilungen, welche Termine organisatorisch und inhaltlich favorisiert werden, und verteilen die Kontakte dann gleichmäßig über das Jahr. Denn die Chancen der Veröffentlichung sind höher, wenn beispielsweise zwischen dem Jahresbericht und dem Jubiläum ein halbes Jahr liegt, als wenn Sie binnen drei Wochen über beides informieren.

Bei der Zeitplanung können Sie nicht nur nachrichtenarme Zeiten berücksichtigen. Sie vermeiden damit auch chronische Hektik: Denn nun können Sie alle erforderlichen Vorarbeiten auflisten, deren günstigste Reihenfolge festlegen, den ungefähren Zeitaufwand abschätzen – einen Teil vielleicht delegieren – und rechtzeitig beginnen.

Checkliste Vorarbeiten

1. medienrelevante Themen der Bereiche ermitteln
2. bis zu zwei Themen beziehungsweise Anlässe auswählen
3. Schwerpunkte des Presseverteilers festlegen
4. Versendungstermine gleichmäßig über das Jahr verteilen
5. Presseverteiler aktualisieren beziehungsweise erstellen
6. inhaltliche Tendenzen und Themenaspekte mit den Abteilungen absprechen
7. Recherche der Fakten
8. Recherche der Zitate
9. Text schreiben
10. Text gegenlesen lassen

11. gegebenenfalls Überarbeitung des Textes und erneutes Gegenlesen
12. Text genehmigen lassen
13. Versendung

2.2 Presseverteiler

Presseverteiler gelten als „grundlegende Säule der Pressearbeit"[1], die eine „Schlüsselstellung"[2] haben, sind aber auch die ungeliebteste, weil aufwendigste. Vor allem bei kleineren Organisationen erfolgt die Zusammenstellung der Redaktionsadressen oft nach Zufall und Neigung. Effektiver wäre es, würden Organisationen mit ähnlichen Themen gemeinsam einen Presseverteiler erstellen und pflegen – oder die Dachorganisationen dies für alle machen. Von der Kooperation beim Presseverteiler profitieren alle, auch wenn Sie in anderen Bereichen weiterhin konkurrieren. Beispielsweise benötigen alle sozialen Projekte in Kiel die aktuellen Medienangaben aus Kiel und Umgebung, ein Teil von Ihnen die bundesweite soziale Fachpresse, und sicherlich gibt es Projekte an anderen Orten, die ebenfalls die Anschriften der bundesweiten Fachpresse brauchen könnten.

Aufbau und Pflege von Presseverteilern ist nicht nur ein Problem kleiner Organisationen. Dies zeigt der Datenbestand bei Großkonzernen. Auch dieser gilt oft als mangelhaft: „Vorsichtige Schätzungen bewegen sich in Größenordnungen von 20 Prozent ‚Karteileichen' und 50 Prozent Fehlern im Adreß-Datenbestand."[3]

Welchen Redaktionen Sie Ihre Presseerklärung jeweils zusenden, hängt von Ihrem Thema und Ihrer Zielgruppe ab. Ist das Thema nur regional interessant, dann ist die regionale Presse zuständig, ist es eher ein Fachthema, dann die entsprechende Fachpresse. Der Presseverteiler sollte für alle Themen nutzbar sein, die Sie bearbeiten.

---

1 Wilfried Lindner, Taschenbuch Pressearbeit, Heidelberg 1994, S. 31.
2 Dieter Pflaum/Wolfgang Pieper (Hg.), Lexikon der Public Relations, Berlin 1990, S. 217.
3 Gerd Trommer, *Selektion/Verteiler*, in: Hans-Peter Förster (Hg.), Kommunikations- und Pressearbeit für Praktiker, Neuwied/Kriftel/Berlin 1997, Loseblattsammlung, 05100, S. 8.

Aufbau und Pflege eines Presseverteilers sind schwierig und langwierig. Die wichtigsten Fragen beim Aufbau sind: Welche Redaktionen sollen aufgenommen werden, und woher bekommt man die aktuellen Adressen? Aufnehmen sollten Sie alle relevanten Redaktionen – nicht nur diejenigen, die Sie selber nutzen oder die Ihnen sympathisch sind. Anderenfalls strafen Sie die Menschen mit Informationsentzug, die es wagen, sich an diesem Tag durch andere Medien zu informieren, als Sie es gut und richtig finden. Und bei Redaktionen, die bisher nichts von Ihnen veröffentlichten, könnte der Tag kommen, an dem Journalisten finden „jawohl, das haben wir bisher nie gebracht, und gerade heute ist der richtige Zeitpunkt, es zu tun". Diese Chance sollten Sie sich nicht entgehen lassen.

Beim Aufbau eines Presseverteilers berücksichtigen Sie, über welche Medien sich Ihre Zielgruppen informieren. Sind Sie ein Konzern, der Rheuma-Medikamente herstellt und weltweit vertreibt, könnte Ihr Presseverteiler diese Schwerpunkte haben:

1. die regionalen Medien des Hauptsitzes,
2. die regionalen Medien der jeweiligen Standorte,
3. die bundesweiten Tagesmedien,
4. die bundesweite Wirtschaftspresse,
5. weltweit die Medien von Patientenorganisationen,
6. weltweit die Fachmedien für Ärzte und Apotheker,
7. weltweit die Fachmedien der chemischen sowie der pharmazeutischen Industrie.

Welche dieser Medien eine aktuelle Presseerklärung erhalten, hängt vom Thema ab. Veranstalten Sie einen Tag der offenen Tür an Ihrem Hauptsitz in Wanne-Eickel, so richtet sich dieser an die Menschen aus Wanne-Eickel und Umgebung. Die Ankündigung geht also an die Tagesmedien, Wochen- und Monatspublikationen aus Wanne-Eickel und Umgebung. Ihr neu entwickeltes umweltschonendes Produktionsverfahren ist für die Presse des Produktionsstandortes interessant sowie für die Fachmedien der chemisch-pharmazeutischen Industrie und vielleicht auch für die Medien am Hauptsitz des Konzerns.

Eine Möglichkeit, einen für Sie passenden Presseverteiler zu entwikkeln, ist: Legen Sie eine Tabelle an, in der Ihre Themen und Ihre Zielgruppen aufgeführt sind. Bei neuen Themen oder Anlässen können

Sie dann leichter entscheiden, welche Medien Sie berücksichtigen oder ob Sie weitere Schwerpunkte aufnehmen müssen.

Beispiel:

Als Frauentherapiezentrum in München, spezialisiert auf sexuellen Mißbrauch, sind Ihre presserelevanten Themen in den kommenden zwei Jahren vielleicht: ein Tag der offenen Tür, der Jahresbericht, das neue Konzept, die Finanzsituation und eine Fachtagung zu sexualisierter Gewalt. Die Zielgruppen, die Sie darüber per Pressearbeit informieren wollen, könnten im Groben sein: Menschen aus München und Umgebung, Frauen, Ärztinnen und Ärzte, die Fachleute für Therapie und die auf sexuellen Mißbrauch spezialisierten. Sind Ihre Zielgruppen bekannt, so können Sie tabellarisch darstellen, zu welchem Thema Sie welche Zielgruppen via Medien informieren wollen. Dies könnte dann so aussehen:

	Zielgruppen/deren Medien				
	München und Umgebung	Frauen	Ärzte	Therapeuten	Spezialisten für sex. Mißbrauch
Thema					
Tag der offenen Tür	x				
Jahresbericht	x				
neues Konzept	x		x	x	x
Finanzsituation	x				
Fachtagung sex. Gewalt:					
– Ankündigung	x	x	x	x	
– Ergebnisse	x	x	x	x	x

Die Fachtagung zu sexualisierter Gewalt wendet sich danach an die Fachleute aus Medizin und Therapie. Die Ankündigung der Tagung geht daher nur an deren Medien. Die Ergebnisse der Tagung sind dagegen für alle Zielgruppen interessant – und alle Schwerpunkte des Presseverteilers werden bedient.

Schon dieser erste Überblick führt zu der Frage: Lohnt sich der Aufwand, den Schwerpunkt „überregionale Medien für Frauen" in den Presseverteiler aufzunehmen, wo er doch nur einmal in zwei Jahren genutzt werden kann – nämlich für die Ergebnisse der Tagung. Einerseits finden Sie, der Aufwand lohne sich nicht. Andererseits würden Sie die Chance schon gerne nutzen, sich und die Tagungsergebnisse bundesweit bekannt zu machen. Dann könnten Sie den Schwerpunkt „Frauen bundesweit" reduzieren auf zehn Redaktionen der überregionalen Frauenpresse und die in München ansässigen Nachrichtenagenturen.

Angenommen, bei den ersten Recherchen stellen Sie fest: Es gibt bundesweit nur ein Informationsmedium zum Thema sexuellen Mißbrauch, weltweit sind es 20[1]. Dann sollten Sie prüfen, ob Ihre Fachtagung von internationaler Bedeutung ist. Ist dies der Fall, dann nehmen Sie die internationalen Fachmedien zum Thema sexuellen Mißbrauch in Ihren Presseverteiler auf. Wenn nicht, dann informieren Sie das deutsche Medium mit einer gesonderten Presseerklärung oder sortieren es unter dem Schwerpunkt Therapeuten ein.

Ihre Vorplanung ergibt vielleicht: Ihr neues Konzept ist für bestimmte Ärzte interessant, aber nicht für die bundesweite Medizinpresse. Dann ändern Sie die Presseverteiler entsprechend: Aus ärztlichen Medien werden regionale ärztliche Medien. Da Sie weder die Chirurgen noch die Hals-Nasen-Ohren-Ärzte bundesweit informieren wollen, reduzieren Sie Ihren Verteiler weiter: Sie nehmen die Medien auf, die sich an die regionalen Ärzte richten, sowie diejenigen, die vor allem praktische Ärztinnen und Ärzte erreichen. Daraus ergeben sich nun die Schwerpunkte Ihres Presseverteilers. Es sind dies:

1. Tagesmedien, Wochen- und Monatspublikationen aus München und Umgebung,
2. zehn bundesweite Frauenmedien sowie Nachrichtenagenturen,
3. die regionalen Medien aller öffentlicher Fachrichtungen sowie die bundesweiten Medien für praktische Ärzte,
4. bundesweit die Fachmedien für Therapie,
5. weltweit die Fachmedien zum Thema sexuellen Mißbrauch.

---

1   Diese Zahl hat keine reale Grundlage. Sie dient lediglich der Veranschaulichung.

Sie können die Ausgangstabelle entsprechend ändern – und dabei die Relevanz der Themen für die Zielgruppen neu festlegen: Da Sie jetzt die regionalen Ärzte informieren, könnte für die auch der „Tag der offenen Tür" interessant sein sowie der Jahresbericht. Zwar erreichen Sie diese Ärzte auch über die Medien von München und Umgebung, so daß es sich nicht lohnen würde, diesen Schwerpunkt des Presseverteilers für diese beiden Anlässe extra aufzubauen. Aber Sie benötigen diesen Schwerpunkt ja ohnehin für die Ankündigung der Fachtagung.

	Zielgruppen/deren Medien					
	München und Umgebung	Frauen	Ärzte regional	praktische Ärzte	Thera-peuten	Spezialisten für sex. Mißbrauch
Thema						
Tag der offenen Tür	x		x			
Jahresbericht	x		x			
neues Konzept	x	x	x	x		
Finanzsituation	x			x		
Fachtagung sex. Gewalt:						
– Ankündigung				x	x	x
– Ergebnisse	x	x	x	x	x	x

Angenommen, die Schwerpunkte Ihres Presseverteilers stehen fest. Dann wissen Sie noch nicht im einzelnen, welche Redaktionen Sie jeweils berücksichtigen müssen und woher Sie deren Adressen bekommen. Nun, bei den **aktuellen regionalen Themen** gehören alle regionalen Hörfunk- und Fernsehsender in den Presseverteiler, ob privat oder öffentlich-rechtlich[1], sowie alle Zeitungen. Die BILD-Zeitung gehört ebenso dazu, wie die Regionalausgabe der tageszeitung, die Kirchenzeitung und die kostenlos verteilten Anzeigenblätter. Denn

---

1   „Zwischen elf und 18 Prozent der Bevölkerung nutzten ausschließlich den lokalen Rundfunk, nicht jedoch die vermeintlich fürs Lokale zuständige Abo-Zeitung"; so ein Ergebnis von Joachim Trebbe, Lokale Medienleistungen im Vergleich: Untersuchungen zur publizistischen Vielfalt an den bayrischen Senderstandorten Augsburg, Landshut und Schweinfurt, München 1998; zitiert nach: o. A., *Mehr als nur Zahlen*, in: in medias res, Neues aus der Publizistik an der FU Berlin, April/Mai 1999, S. 8 f.

obwohl Anzeigenblätter keinen guten Ruf haben, werden sie viel gelesen. Einige lesen sie zusätzlich zur Tageszeitung, andere informieren sich ausschließlich darüber[1].

Viele Anschriften können Sie über regionale oder überregionale Nachschlagewerke ermitteln.[2] Andere Möglichkeiten sind: Sie fragen befreundete Organisationen, ob diese über einen regionalen Presseverteiler verfügen – oder die Pressestellen von Landesregierung, Senat oder Ortsamt, ob sie Ihnen diesen zur Verfügung stellen[3].

Im „Stamm" finden Sie beispielsweise fast alle bundesdeutschen Medien, also die Anschriften für zahlreiche bundesweit relevante aktuelle Themen. Ein Sonderband informiert über Internet-Medien.

---

1 Zumindest nach Ansicht des Bundesverbandes deutscher Anzeigenblätter erreichen Anzeigenblätter „mehr Haushalte und mehr Leser als die Zeitungen. Neun von zehn Empfängern bestätigten in Untersuchungen, Anzeigenblätter seien ‚eine gute Ergänzung zur Tageszeitung'"; aus: Wolfgang J. Koschnick, *Kein Grund zur Klage*, in: journalist, 3/1999, S. 25.

2 Willy Stamm (Hg.), Stamm, Leitfaden durch Presse und Werbung, Essen (über 17.000 Adressen deutscher Medien inklusive Bilderdienste, Funk und Fernsehen. Es gibt den Stamm für Deutschland, Österreich, die Schweiz und die Niederlande als Buch und als CD-ROM. Der Verlag verkauft auch Datenbanken zur Erstellung und Verwaltung individueller Presseverwalter. Stamm-Verlag, Goldammerweg 16, 45134 Essen).
Willy Stamm (Hg.), Internet-Medien 2002/3, Essen 2002.
Dieter Zimpel, Zeitungen, Zeitschriften, Funk und Fernsehen, München, Loseblattsammlung in fünf Ordnern und als CD-ROM (Verlag Dieter Zimpel, Postfach 40 20 60, 80796 München).
Jörg Aufermann/Victor Lis/Volkhard Schuster (Hg.), Zeitungen in Niedersachsen und Bremen, Handbuch 2000, o. O. 2000.
o. A., Medienhandbuch (erscheint zum Teil regelmäßig aktualisiert beispielsweise für Baden-Württemberg, Berlin/Potsdam, Hessen, Hamburg, Düsseldorf, Köln, München, Niedersachsen/Bremen, Rhein/Main, Rhein/Ruhr, Wiesbaden), Hamburg oder Berg-Kempfenhausen.
o. A., Schweizer PR- & Medienverzeichnis, Zürich 24. Ausgabe 1997 (Edition Renteria SA, Hopfenstraße 10, Postfach, CH-8045 Zürich).
o. A., Impressum. Schweizerisches Medienhandbuch, Loseblattsammlung, Leutwil 24. Ausgabe 1997 (Medienpublikationen Hildegard Schulthess-Eberle, Ascherweg 20, CH-5725 Leutwil).Verband österreichischer Zeitungen (Hg.), Österreichisches Pressehandbuch 2003, Wien 2003.

3 Außerdem werden Pressemitteilungen unter anderem über den Originaltextservice (ots) der dpa-Tochter News Aktuell übermittelt. „(www.newsaktuell.de). Ähnliche kommerzielle Dienste bieten u. a. an: www.pressaktuell.de, www.pressetext.de, www.prnews-wire.eu.com", www.BusinessWire.com, www.pressline.com und www.presse.com.

Der „Stamm" wird regelmäßig aktualisiert und steht in vielen öffentlichen Bibliotheken. Alle **bundesweiten aktuellen Medien** anzuschreiben wird jedoch nur selten bezahlbar sein; gibt es doch knapp 400 Zeitungen in Deutschland und ebenso viele in der Schweiz.[1]

Günstiger ist es, nur die Redaktionen zu informieren, die besonders viele Menschen erreichen, sowie diejenigen, die ihrerseits die Medien informieren. Dann bestünde Ihr Presseverteiler aus den bundesweiten Nachrichtenagenturen, den Nachrichtenredaktionen der Fernsehsender sowie den überregionalen Tageszeitungen – beispielsweise der Süddeutschen Zeitung, der Frankfurter Allgemeinen Zeitung, der tageszeitung, der Frankfurter Rundschau sowie der Zeitung Die Welt.[2] Auch wenn Sie sich bei der Auswahl der Medien beschränken, sind Computer und Adreßverwaltung schon unvermeidlich, wenn der Umfang Ihres Presseverteilers „in der gängigen Größenordnung von 300 bis 1200 Adressen liegt"[3]. Zumal jährlich Hunderte Sonderhefte erscheinen, Zeitschriften neu auf den Markt kommen und wieder eingestellt werden.[4]

---

1   Stand Deutschland von 1997, davon 114 Zeitungsvollredaktionen. Hinzu kommen 1316 Anzeigenzeitungen. Nach: Albert Oeckel (Hg.), Taschenbuch des Öffentlichen Lebens 1998/99, Bonn 1999, S. 785; vgl. auch: Holger Böning, *Eine kapitale Ente*, in: Die Zeit vom 11. 3. 1999, S. 88 und Nielsen-Werbeforschung/F.A.Z., nach: Günther Rager, *Konzepte gefragt*, in: Sonderausgabe 50 Jahre DJV als Beilage im journalist, 12/1999, S. 67. Stand Schweiz von 1985, inklusive Gratisanzeiger und Amtsblätter; aus: Statistisches Jahrbuch der Schweiz, nach: Waltraut Bellwald/Walter Hättenschwiber/ Roman Würsch, Blätterwald Schweiz, Zürich 1991, S. 22 und 47.

2   Dies sind zugleich die Tageszeitungen, die bei Journalisten als Leitmedien gelten, also von vielen Journalisten gelesen werden; nach: Frank Hartmann, *Studie „Journalismus in Deutschland"*: Gute Chancen für professionelle PR, in: Günther Schulze- Fürstenow/ Bernd-Jürgen Martini (Hg.), Handbuch PR, Neuwied/Kriftel/Berlin, 2. Auflage 1994, Ergänzungslieferung vom 8. 3. 1996, 2.430, S. 3.

3   Benötigen Sie aktuell mehr Anschriften, so können Sie diese kaufen: Unter anderem „der Stamm-Verlag liefert Ihnen zum Beispiel innerhalb von 24 Stunden alle deutschen Presseadressen (unterteilt in mehr als 160 Fachgruppen) in jeder nur erdenklichen Form: Als EDV-Listenausdruck, Selbstklebeetiketten oder Datenträger"; beides zitiert nach: Dieter Pflaum/Wolfgang Pieper, Lexikon der Public Relations, Berlin 1990, S. 219 f.

4   So erschienen 1998 461 neue Zeitschriftentitel, 256 wurden eingestellt; nach: Michael Reidl, *Fluktuation am Zeitschriftenmarkt – Gefährliches Gewässer*, in: journalist, 8/1999, S. 12, 13. Diese Zahlen beinhalten allerdings auch Sonderhefte, kostenlose Kundenzeitschriften, Comics, Rätselhefte und ähnliches, sind also für Presseverteiler wenig aussagekräftig. Nach anderen Angaben gab es 1998 insgesamt 117 Publikums-Zeitschriften; nach: Andreas Vogel, *Eindrucksvoll, aber mißverständlich*, Leserbrief zu „Fluktuation am

Manche finden es „einfacher und zugleich wirksamer", eine Redaktion „exklusiv zu informieren, statt breit zu streuen"[1]. Dabei hoffen die Informanten, daß andere Redaktionen das Thema aufgreifen. Diese Hoffnung erfüllt sich jedoch nur, wenn Ihre Aussagen sehr relevant sind. Kündigt der Bundeskanzler im kleinsten Blatt von Hintertupfingen an, daß er in drei Wochen zurücktritt, dann wissen dies binnen Stunden weltweit die Medien. Selbst mit revolutionären Ergebnissen eines Modellprojektes wird dies schon nicht mehr gelingen. Je unpopulärer Ihr Thema ist, desto umfangreicher wird insgesamt Ihr Presseverteiler sein müssen, um Ihre Informationen bekannt zu machen.

Ist Ihre Presseinformation eher etwas für Fachleute oder interessierte Laien, dann wenden Sie sich an die Fachzeitschriften und die Themensendungen der Hörfunk- und Fernsehredaktionen, also die **Fachmedien**. Über die entsprechenden Printmedien können Sie sich ebenfalls in den Nachschlagewerken informieren – ob Sie nun die Medien für die Textilindustrie suchen, die für Gesang- und Musikvereine oder die für Schwule und Lesben. Da jedes Nachschlagewerk nach unterschiedlichen Themen und Kriterien sortiert ist, muß leider jeder selbst herausfinden, welche Sortierung den eigenen Schwerpunkten am ehesten entspricht.[2]

Für einige große Themen sind die Anschriften von Print-, Funk- und Fachmedien in speziellen Presse-Taschenbüchern zusammengefaßt.[3] Dort finden Sie zusätzlich die Anschriften der Fachjournalisten und Fach-Informationsdienste.

Zeitschriftenmarkt", in: journalist, 9/1999, S. 74, sowie Gert Hautsch, *Zwischen Buch und Börse*, in: menschen machen medien, 10/1999, S. 23.

1 Klaus Rost, Die Welt in Zeilen pressen: Wahrnehmen, gewichten und berichten im Journalismus, Frankfurt am Main 1995, S. 76.

2 Suchen Sie beispielsweise Zeitschriften für Therapeuten, so werden Sie im Stamm auf die Rubrik „Sonstige Heilberufe" verwiesen. Das Spektrum dort umfaßt dann auch die Krankenhaus-Hygiene.

3 Pressetaschenbücher werden für verschiedene Branchen – von Ernährung bis Motor-Presse – alle zwei Jahre aktualisiert herausgegeben vom Kroll-Verlag (Postfach 11 53, 82224 Seefeld), für die Frauen- sowie die Kinderpresse vom Verlag Rommerskirchen (Rolands hof, 53424 Remagen-Rolandseck). Nach Themen sortiert sind auch die Anschriften im Stamm (Goldammerweg 16, 45134 Essen) und in Redaktions-Adress (Media-Daten, Post fach 42 60, 65032 Wiesbaden).

Dabei umfaßt allein die Rubrik Fachpublikationen im Taschenbuch „Geld, Versicherung und Soziales" rund 650 Titel. Hinzu kommen noch die Anschriften aus den Rubriken Illustrierte, Tageszeitungen, Wirtschaftszeitungen, Nachrichtendienste, Funk und Fernsehen.

Zu vielen Themen werden Sie demnach auch für die Fachpresse eine Auswahl treffen müssen. Allein in Deutschland gibt es rund 1.700 wissenschaftliche Fachzeitschriften, 560 Zeitschriften im Bereich Industrie und Handwerk und 328 Titel zum Thema Bildung und Erziehung[1].

Hinzu kommen die Zeitungen mit speziellen Themenseiten zu Ihren Bereichen sowie die Fach-Redaktionen bei Hörfunk und Fernsehen. Die Auswahl erschwert zusätzlich, daß manchmal kaum abschätzbar ist, wie groß das Publikum einzelner Fachzeitschriften ist[2].

Die zentralen Anschriften der rund 300 **Hörfunk- und Fernsehsender** erfahren Sie ebenfalls in Nachschlagewerken[3]. Sie müssen dann allerdings noch recherchieren, welche Sendungen, Redaktionen und Landesfunkhäuser für Ihre Themen zuständig sind. Denn wenn Sie eine Presseerklärung beispielsweise an den Norddeutschen Rundfunk in Hamburg senden, dann wird dieses eine Exemplar bestenfalls an eine Redaktion weitergegeben. Es gibt keine Stelle, die Ihren Text kopiert und an alle in Frage kommenden Redaktionen verteilt (vgl. Kapitel „Der Weg in die Redaktion"). Diese Arbeit müssen Sie machen.

Beim Herausfinden der zuständigen Redaktionen unterstützen Sie bei einigen Fernsehsendern die Zuschauertelefone. Deren Nummern finden Sie in einigen Fernseh-Programmheften. Bei anderen Funkhäusern erfahren Sie dies vielleicht in der Telefonzentrale. Eine andere Möglichkeit ist: Sie hören oder sehen sich die Programme an und

---

1   Stand 1993; nach: Ralf Jaeckel, *Fachzeitschriften*, in: Günther Schulze-Fürstenow/ Bernd-Jürgen Martini (Hg.), Handbuch PR, Neuwied/Kriftel/Berlin 2. Auflage 1994, 2.200, S. 1 f. Auch die Titel-Zahlen für Fachzeitschriften schwanken extrem. Nach anderen Angaben gibt es etwa 3900 Fachzeitschriften; vgl.: Gert Hautsch, Zwischen Buch und Börse, in: menschen machen medien, 10/1999, S. 23.

2   Zumindest hieß es noch 1988, daß die Zahlen von Reichweitenanalysen bestimmter Fachzeitschriften nur „begrenzt wertvoll" seien, „die Reichweitenanalysen bei Fachzeitschriften um ein Vielfaches komplizierter als bei Publikumsmedien seien" und auch in der Schweiz die Fachpresse das „Stiefkind des Printangebots" sei; aus: Wolfgang J. Koschnick, *„Es blüht im Verborgenen"*, in: Copy, Heft 20 vom 17. 10. 1988, S. 50 f.

3   Außer im Stamm und Zimpel beispielsweise in: Wolfgang Posewang, Wörterbuch der Medien, Neuwied/Kriftel/Berlin 1996.

finden so heraus, wie die Sendungen heißen, zu denen Ihre Themen passen. Deren Name wird meist genannt. Heißt es am Anfang oder Ende der Sendung: „Hier ist das Nordwestradio von Radio Bremen mit der Gesprächszeit, dann schreiben Sie auf den Briefumschlag ‚Radio Bremen, Nordwestradio, Redaktion Gesprächszeit‘.“ Bei der Zusendung Ihres Textes müssen Sie sich nicht auf eine Sendung pro Funkhaus beschränken: Paßt Ihr Thema zu drei Sendungen, dann senden Sie den Text in drei Briefumschlägen an jede dieser Sendungen.

Bisher gibt es meines Wissens keinen Dienst, der die komplizierte Arbeit des Zusammensuchens der passenden Medienanschriften komplett übernimmt. Für einige Bereiche und Medien können Sie jedoch vorsortierte Anschriften kaufen[1].

Die relevanten Redaktionen für Ihren Presseverteiler herauszufinden ist ebenso aufwendig wie deren Verwaltung und ständige Aktualisierung. Um den Arbeitsaufwand erträglich zu halten, ist eine Datenbank erforderlich. Damit arbeitet es sich auf Dauer schneller als mit Karteikarten. Unabhängig vom bevorzugten System sind die Mindest-Angaben:

- Name der Redaktion

- Ressort beziehungsweise Sendung

- Anschrift

- Telefonnummer

- Faxnummer

- Ansprechpartner

- Erscheinungsweise

- gewünschte Zustellung (Post, Fax oder E-Mail)

---

1   So beim Stamm-Verlag und bei der Mediathek (PRplus Mediathek, Bahnhofstraße 1, 64579 Gernsheim).

- Sortierkriterien (wie: regionale Tagespresse, überregionale Tagespresse, regionale Fachpresse für den Bereich A, bundesweite Fachpresse für den Bereich B ...)

Haben Sie diese Daten zusammengestellt, so müssen Sie diese permanent aktualisieren – wollen Sie drei, vier Jahre später noch effizient
damit arbeiten: „**Verteilerpflege** bedeutet, bei jeder Nachfrage eines
Mediums nachzuschauen, ob es im Verteiler ist und, falls nicht, es hin-
zuzufügen und ab sofort mit Informationen zu bedienen"[1]. Es bedeutet aber auch, zu prüfen, ob die Redaktionen und die einzelnen Journalisten noch zu Ihren Themen arbeiten. Freie Journalisten, die vor
Jahren zweimal über ein soziales Projekt berichtet haben, arbeiten
jetzt vielleicht ausschließlich für Wirtschaftsredaktionen; wer früher
medizinische Themen bearbeitete, ist womöglich bei der Kultur gelandet; durch die Programmreform des Senders wurden die sozialpoliti-
schen Themen bei der Wirtschaftsredaktion angesiedelt, die Verbrau-
chersendungen erst eingestellt, dann wieder aufgenommen, und die
Online-Redaktion ausgebaut.

Über solche Änderungen informieren Redaktionen und Journalisten
Sie in der Regel nicht von sich aus: Ihnen bleibt daher nur, das Datum
eines Kontaktes mit Journalisten oder einer Veröffentlichung zu ver-
merken. Ist der letzte Eintrag mehrere Jahre her, so können Sie per
E-Mail oder telefonisch nachfragen, ob weiterhin Interesse an der Zusendung Ihrer Materialien besteht und ob die Redaktion diese per
Mail, Fax oder Post erhalten möchte. Erfragen Sie es lieber per Post, so
sollten Sie einen Freiumschlag für die Antwort beilegen, um wenigstens ein paar Reaktionen zu bekommen.

---

1   Wilfried Lindner, Taschenbuch Pressearbeit, Heidelberg 1994, S. 35.

Checkliste: Presseverteiler

1. Zielgruppen definieren
2. Themen finden
3. Schwerpunkte des Verteilers festlegen
4. Effizienz prüfen
5. Schwerpunkte einschränken
6. Kooperationsmöglichkeiten prüfen
7. Festlegung der erforderlichen Daten- und Sortierkriterien
8. Datenbank einrichten oder kaufen
9. Mediendaten recherchieren oder kaufen
10. Eingabe der Mediendaten
11. ständige Aktualisierung des Presseverteilers
12. den Themen entsprechend: Schwerpunkte differenzieren oder neu aufnehmen
13 alle paar Jahre: alle Daten überprüfen

2.3 Äußere Form

Bei Texten für die Presse „zählt nicht die Hochglanzform mit Logo nach allen Erkenntnissen von Corporate Design oder das blumenreich formulierte Anschreiben. Was zählt, ist die Form, mit der die Redaktion sofort weiterarbeiten kann"[1]. Schlecht weiterarbeiten können Redaktionen mit Hochglanzpapier, auf dem Kugelschreiber versagen. Außerdem geht dabei die Warnlampe „Vorsicht Werbung" bei den Journalisten an, da vor allem Werbeabteilungen auf solchem **Papier** arbeiten. Dies gilt auch für teure Prägedrucke und Wasserzeichen. Farbiges Papier, um aus der Masse der Einsendungen hervorzustechen, imponiert Journalisten nicht. Am besten nehmen Sie Ihr übliches weißes Geschäftspapier mit Logo oder besseres Schreibmaschinenpapier.

---

1 Wilfried Lindner, Taschenbuch Pressearbeit, Heidelberg 1994, S. 42.

Dieses wird nur **einseitig** beschrieben. Trotz gestiegenen Umweltbewußtseins ist das in der redaktionellen Arbeit so verbreitet, daß Sie davon nicht abweichen sollten. Anderenfalls riskieren Sie, daß der Text auf der Rückseite übersehen wird oder Journalisten den Aufwand scheuen, die Rückseite zu kopieren. Waren Journalisten noch unentschieden, ob sie Ihren Text veröffentlichen, könnte diese Mehrarbeit den Ausschlag geben.

Von wem der Pressetext stammt, sollte auf den ersten Blick erkennbar sein. Auch Redaktionen wollen nicht bei jedem Papier suchen, ob die Absender dieses Mal oben oder unten auf der Seite stehen, die Angabe im Text versteckt oder am Rand gedruckt ist. Das Logo oder die **Absenderangabe** sollte daher immer auf der ersten Seite rechts oben zu finden sein.

Auf jedem Pressetext muß das **Datum** stehen. Legen Sie Ihrem Pressetext ein Anschreiben bei, so muß auf beiden das aktuelle Datum stehen. Denn wenn das Anschreiben schon beim Öffnen der Post im Papierkorb landet, so weiß zwei Tage später niemand mehr, wie alt der Text ist. Wird ein veralteter Text versehentlich veröffentlicht, ist dies ärgerlich für Redaktionen und Informanten. Davor schützen sich Journalisten, indem sie sich im Zweifelsfall für den Papierkorb entscheiden. Nehmen Sie den Tag als Datum, an dem Sie den Pressetext absenden – unabhängig davon, wann Sie den Text geschrieben haben. Manche meinen, es signalisiere mehr Aktualität auf den Tag vorzudatieren, an dem der Text in der Redaktion ankommt. Nun, auch Journalisten wissen, daß der Postweg in der Regel einen Tag dauert – und runzeln die Stirn ob der durchsichtigen Augenwischerei.

Schreiben Sie als erstes, um welche **Textart** es sich handelt: Ist es eine Terminankündigung, eine Presseerklärung oder die Einladung zu einer Pressekonferenz (vgl. Kapitel „Pressetexte"). Denn Einladungen zu Pressekonferenzen dienen nicht der Veröffentlichung, werden also gesondert sortiert. Landen Terminankündigungen in einer Redaktion stets bei den Meldungen oder bei „Tips und Termine", so brauchen Journalisten den Text nicht zu lesen, um ihn vorsortieren zu können.

Sie wollen Journalisten diese Arbeit gar nicht ersparen? Die sollen Ihren Text gefälligst lesen, bevor sie entscheiden, auf welchen Stapel sie ihn legen? Im Zweifelsfall schaden Sie sich damit – und das nicht, weil Journalisten Ihnen die Mehrarbeit übelnehmen. Es ist vielmehr so: Je mehr Menschen Ihren Text lesen müssen, um ihn zu sortieren, desto eher landet er im Papierkorb. Denn bei jedem Überfliegen zwecks Sortierung wird auch entschieden: Papierkorb ja oder nein? Selbst wenn Ihr Text veröffentlicht würde, wenn er in der richtigen Abteilung und auf dem richtigen Stapel gelandet ist, wächst mit jeder Prüfung die Gefahr, daß er dort nicht ankommt. Das stört Sie nicht so arg, weil dadurch immerhin mehr Journalisten von Ihrer wichtigen Arbeit erfahren? Leider trügt auch diese Hoffnung. Zwar haben die Journalisten Ihren Text gelesen, und die meisten haben – durch ihr tägliches Training – ein sehr gutes Gedächtnis. Aber die Informationen, die sie dem Papierkorb anvertraut haben, sind nach Minuten, spätestens nach wenigen Tagen, aus ihrem Kurzzeitgedächtnis gelöscht.

Wer viel liest, will Augen und Konzentration nicht unnötig belasten durch schlecht lesbare Schrift. Wählen Sie deshalb für alles, was Sie der Presse senden, eine gut **lesbare Maschinenschrift** – beispielsweise Times New Roman oder Arial in einer Größe zwischen 10 und 12 Punkt. Handschriftliche Ergänzungen und Korrekturen sind im Geschäftsverkehr unüblich, folglich auch in Pressetexten.

Orientieren Sie sich bei Ihrer Textgestaltung an den Zeitungen: Dort gibt es weder Unterstreichungen noch fett oder kursiv gesetzte Wörter. Wollen Sie einzelne Wörter besonders betonen, stehen Ihnen bei Pressetexten **optische Möglichkeiten** nicht zur Verfügung. Es bleibt Ihnen nur geschicktes Formulieren.

Pressetexte haben kurze **Zeilen** zwischen 30 und maximal 50 Anschlägen. Dabei ist der rechte Rand besonders breit, da Journalisten immer am rechten Rand redigieren, nie im Text zwischen den Zeilen. Zu oft wurden bei der Eingabe von Texten oder Änderungen schon Redigierzeichen übersehen. Sie können die Journalisten nicht davon abhalten, Ihren Text umzuarbeiten, indem Sie für Änderungen keinen Platz lassen. Diese werden den Text wegwerfen, wenn er durch die Änderungen nicht mehr lesbar ist. Bestenfalls schreiben Sie den Text neu – und prüfen währenddessen permanent, ob sich diese Arbeit wirklich lohnt. Der Abstand zwischen den Zeilen ist daher ebenso breit, wie in normalen Texten, also einzeilig.

Sie sollten Ihren Text so eingeben, daß die Zeilen links immer an der gleichen Stelle beginnen, rechts dagegen je nach Wortenden und

-trennungen variieren. Dieser linksbündige **Flattersatz** ist auch dann vorzuziehen, wenn die Zeitungen im Blocksatz drucken, deren Texte also am linken und am rechten Rand eine gerade Linie bilden. Der Grund: Die Zahl der Zeilen ändert sich beim Blocksatz, je nachdem welche Schrift Sie haben und wie Ihr Trennprogramm arbeitet. Die Abschätzung der endgültigen Zeilenzahl im Druck ist daher beim linksbündigen Flattersatz genauer.

Senden Sie Ihren Text lediglich an eine Zeitung oder Zeitschrift, so hat Ihr Text so viele **Anschläge** pro Zeile wie in den abgedruckten Texten. Der Vorteil: Die Zahl der Zeilen ändert sich nicht durch den Druck. Journalisten wissen also auf die Zeile genau, wie lang Ihr Text ist − und müssen nicht in letzter Minute noch ein, zwei Zeilen streichen. Denn die genaue Zeilenlänge hängt davon ab, wie Wörter getrennt werden können.

Unter Ihrem Text sollten Sie angeben, wie viele Zeilen mit wie vielen Anschlägen Ihr Text umfaßt. Um so einfacher können Journalisten einschätzen, ob der Text gekürzt oder gestreckt ins Blatt paßt. Dafür zählen Sie die Anschläge einer mittellangen Zeile, also alle Buchstaben, Zeichen und Leerzeichen.

Schneller geht dies mit Computern, die unten auf dem Bildschirm die Anschläge pro Zeile angeben, wenn der Cursor am Ende der Zeile ist. Das kostet Sie Sekunden und erspart allen Journalisten, die Ihren Text veröffentlichen wollen, das Auszählen auf dem Papier. Steht unter Ihrem Text beispielsweise 30 Zeilen à 40 Anschläge, dann können Journalisten die Länge des gedruckten Textes schätzen: Hat die Zeitungszeile 36 Anschläge, wird der Text rund 10 Prozent länger − also ungefähr 33 Zeilen umfassen.

Wüßten Sie auf die Schnelle, wieviel 1184 Anschläge durch 36 ist? Journalisten vertrauen ihren Kopfrechenkünsten meist lieber nicht und fahnden nach dem Taschenrechner, wenn die Zahl aller Anschläge angegeben ist. Dabei ist die so errechnete Zeilenzahl auch noch unzuverlässiger als die Umrechnung der Anschläge pro Zeile, die Worttrennungen bereits berücksichtigt. Wie viele Anschläge der gesamte Text hat, sagt daher insgesamt weniger aus als die Anschlagszahl pro Zeile. Anders gezählt wird beispielsweise in Großbritannien: Dort werden Artikellängen mit der Zahl der Wörter angegeben. Im Deutschen macht es jedoch „angesichts solcher Wörter wie ‚Pflegeversicherungsgesetz' keinen Sinn, Artikellängen nach der Wortzahl zu messen".[1]

Anschließend sollten Sie den Journalisten noch mitteilen, wie sie am schnellsten ergänzende Informationen erhalten. Schließlich kann es passieren, daß Sie eine wichtige Angabe im Text vergessen haben oder die Journalisten ein weiteres Zitat von Ihnen einbauen möchten. Sie können beispielsweise schreiben: Wenn Sie weitere Informationen wünschen, wenden Sie sich bitte an: Name, Telefon, gegebenenfalls Telefonzeiten. Denn bei Nachfragen wollen Journalisten nicht erst die Telefonnummer heraussuchen müssen und dreimal verbunden werden, um zu erfahren, daß die Zuständigen in der Mittagspause sind. Ist die **Kontaktperson** nur zwischen sieben und neun Uhr morgens oder abends zuverlässig erreichbar, so ist sie für Pressekontakte ungeeignet. Sie sollte schon zu den üblichen Geschäftszeiten erreichbar sein und vor allem dann, wenn die Journalisten arbeiten.

Steht die Angabe „Wenn Sie weitere Informationen wünschen ..." nach der Angabe der Zeilen und Anschläge, so wissen Journalisten, daß diese Angabe nur für sie bestimmt ist. Wäre die Angabe zur Veröffentlichung bestimmt, stände sie im Text. Allerdings gibt es gelegentlich Journalisten, die mit solchen Angaben großzügig umgehen – und ohne Rücksprache die Kontaktperson und -telefonnummer mit veröffentlichen. Wollen Sie sichergehen, daß dies nicht passiert, dann schreiben Sie noch „Sehr geehrte Redaktion" davor.

---

1   Cordelia Becker, *Ideen statt Schreibe*, in: Der österreichische Journalist, 6/1996, S. 32.

Beispiel:

Logo
mit Anschrift

Datum der Versendung

Terminankündigung

Überschrift

Pressetext, Pressetext, Pressetext, Pressetext,
Pressetext, Pressetext, Pressetext, Pressetext,
Pressetext, Pressetext, Pressetext,
Pressetext.

4 Zeilen à 44 Anschläge

Sehr geehrte Redaktion,

für weitere Informationen steht Ihnen Sabine Schulz
unter Telefon 77 88 99 von 10–12 und 14–19 Uhr zur Verfügung.

Anschließend können Sie noch darum bitten, daß die Redaktion Ihnen die Zeitungs- oder Zeitschriftenausgabe zusendet, in der Ihr Text erscheint. Diese Bitte um ein **Belegexemplar** erfüllen allerdings nur wenige Zeitungen. Am ehesten entsprechen ihr Fachzeitschriften. Sie können sich also nicht darauf verlassen, daß Sie auf diese Weise von allen Veröffentlichungen erfahren. Lesen Sie die Zeitung ohnehin, so sollten Sie auf die Bitte verzichten – denn je mehr Informanten darum bitten, desto weniger sind Redaktionen bereit, sie zu erfüllen. Sie vereinfachen den Redaktionen die Zusendung, wenn Sie einen Aufkleber mit Ihrer Anschrift beilegen. Auf jeden Fall sollte Ihre Bitte auch als Bitte formuliert sein. Mit „Frei zur Veröffentlichung gegen Beleg" diktieren Sie Journalisten eine Bedingung. Die Formulierung „Beleg mit

Rechnung erbeten" ist ein unzulässiger Bestechungsversuch (vgl. Kapitel „Rechtliche Aspekte"). Üblich sind die Formulierungen „Bitte senden Sie uns ein Belegexemplar" und „Wir freuen uns über einen Beleg!"

Haben Sie Ihren Pressetext mit den genannten Elementen bestückt, so enthält er alles, was die Redaktion braucht und haben möchte. Keine Anrede, kein „anbei senden wir Ihnen" oder „hiermit bitten wir um Veröffentlichung" ist zusätzlich erforderlich – nicht im **Begleit-schreiben**, nicht vor und nicht im Anschluß an den Text. Vielen Informanten dünken solch nackte Texte fast barbarisch – zumindestens aber grob unhöflich. Wo bleiben die Begrüßung, die freundlichen Grüße, das Schreiben, warum man schreibt? Nun, sie sind überflüssig, den Journalisten oft sogar lästig.

Wollten Sie täglich zwanzig- bis fünfzigmal lesen: „Sehr geehrte Redaktion, anbei senden wir Ihnen einen Pressetext mit der Bitte um Veröffentlichung, da wir ... (Angaben, die ohnehin im Text stehen). Mit freundlichen Grüßen XY" – also in vielen Worten mitgeteilt bekommen, was auf der folgenden Seite in Kurzform steht? Erhalten Redaktionen ein Papier, auf dem Terminankündigung oder Presseerklärung steht, dann wissen sie, daß er an die „sehr geehrte Redaktion" gesendet wurde, daß er zur Veröffentlichung bestimmt ist und sich die Absender über den Abdruck freuen würden.

Obwohl die meisten Worte vor Pressetexten nur nichtssagende Floskeln enthalten, müssen Journalisten – oder das Sekretariat – sie zumindest überfliegen. Es könnte ja sein, daß der Begleitbrief wichtige Informationen enthält, wie Hinweise auf andere Termine, Themen oder ergänzende Hintergundinformationen. Ärgerlich, wenn der Aufwand fast immer unnötig ist. Einige Informanten schaffen es nie ganz, ihre Höflichkeitserziehung zu mißachten. Der äußerste Kompromiß, den sie übers Herz bringen, ist, vor oder nach dem Text „Mit der Bitte um Veröffentlichung" zu schreiben. Wenn Sie es für sich brauchen, dann schreiben Sie diesen Satz. Die Journalisten brauchen ihn nicht.

Verzichten sollten Sie auf die Formulierung „Abdruck erbeten". Sie ähnelt mehr einem Befehl als einer Bitte. Vermeiden sollten Sie „Abdruck frei" – also ohne daß die Redaktion dafür bezahlen muß. Denn es ist selbstverständlich, daß Redaktionen für die Veröffentlichung von Presseerklärungen nicht bezahlen. Suggerieren Sie also nicht, es sei ein Entgegenkommen von Ihnen.

Und was ist mit dem Satz: „Über eine Veröffentlichung dieses Textes in einer ihrer nächsten Ausgaben (möglichst bis zum 13. 5.) würden wir uns sehr freuen"? Haben Sie für Ihren **Terminwunsch** einen sehr guten Grund, dann nennen Sie ihn. Denn Journalisten mögen sich nicht vorschreiben lassen, wann sie was veröffentlichen – und haben an schlechten Tagen schon mal mimosenhafte Anwandlungen. Natürlich achten sie darauf, Terminankündigungen zu veröffentlichen, bevor die Veranstaltung stattfindet. Aber ob sie dies am Morgen oder eine Woche davor tun, das entscheiden Journalisten anhand der Materialfülle und der redaktionellen Gepflogenheiten. Würden sie sich nach den Wünschen jedes einzelnen Informanten richten, würde ihre eigentliche Aufgabe bald darunter leiden: die interessante und abwechslungsreiche Unterrichtung des Publikums.

Sie meinen, die Menschen benötigten aber eine Woche Zeit, um den Termin einplanen zu können? Nun, viele Journalisten sehen das anders. Sie meinen: Einige Menschen planen eher langfristig, andere eher kurzfristig. Zu welchem Zeitpunkt eine Veranstaltung auch angekündigt wird, erreicht werden immer nur die einen oder die anderen. Sofern Sie alle erreichen wollen, sind Ankündigungen über die Presse ohnehin nicht das Mittel der Wahl. Dann müßten Sie Plakate aufhängen oder täglich eine Anzeige schalten.

Und was ist, wenn Sie keine Veröffentlichung vor einem bestimmten Zeitpunkt wollen; Sie vor den Text schreiben „**Sperrfrist** bis 15. 3. um 15 Uhr"? Nun, auch dafür sollten Sie gute Gründe haben. Wollen Sie durch die Wahl des Zeitpunktes hohe Aufmerksamkeit erreichen, so ist das kein guter Grund. Gute Gründe sind: Ereignisse, die noch nicht eingetreten sind – also Reden, die noch nicht gehalten sind, Messeneuheiten, die erst noch vorgestellt werden, kommende Beschlüsse und Ehrungen. In diesen Fällen dient Ihre frühzeitige Information der Arbeitsvereinfachung der Journalisten, die vorarbeiten und die Berichterstattung planen können. In anderen Fällen sehen Journalisten nicht ein, daß sie vorliegende Informationen nicht veröffentlichen sollen. Schließlich liegt die Zeitplanung ohnehin weitgehend in der Hand der Informanten: Sie entscheiden, wann sie die Medien mit einer Presseerklärung informieren.

Sie wollten nur allen Redaktionen die Chance geben, aktuell zu berichten – den Hörfunknachrichten ebenso wie den Tageszeitungen? Die Redaktionen werden trotzdem vermuten, Ihnen ginge es um die größte Aufmerksamkeit! Denn die Medien wollen den Wettstreit um die aktuellste Berichterstattung unter sich austragen. Entscheidend sind dabei exklusive Berichte durch gute Recherche oder Kontakte; nicht, welche Redaktion auf Grund ihres Produktionszeitraums als erstes Presseerklärungen veröffentlicht.

Der Deutsche Presserat findet Sperrfristen „nur dann vertretbar, wenn sie einer sachgemäßen und sorgfältigen Berichterstattung dienen. Sie unterliegen grundsätzlich der freien Vereinbarung zwischen Informanten und Medien" und sind nur einzuhalten, wenn es „dafür einen sachlich gerechtfertigten Grund gibt".[1] Hat Ihr Text eine Sperrfrist, müssen die Redaktionen diese nicht berücksichtigen. „‚Soll man sich daran halten oder nicht?' lautet eine Frage, die auf Redaktionskonferenzen immer wieder gestellt wird. Fest steht, daß die Antwort immer stärker zu einem ‚Nein' tendiert".[2]

Darf einer Presseerklärung Hintergrund- und Bildmaterial beigelegt werden? Es darf! Sie sollten aber vorher prüfen, ob es auch welches ist. Manche Informanten legen alles bei, was interessant sein könnte – zu einem Konzert beispielsweise den Werdegang der Gruppe und ihrer Mitglieder, Besprechungen anderer Medien, das Konzept des Konzerts sowie die Selbstdarstellung des Veranstalters. Damit wird die Arbeit der Informanten an die Medien delegiert. Solche Zusammenstellungen sagen: „Sehr geehrte Redaktion, wir wissen nicht, was Sie interessiert, also suchen Sie es sich doch selbst zusammen, und schreiben Sie auch gleich den Text". Oft kritisieren Informanten anschließend, daß „das Uninteressanteste" veröffentlicht wurde.

Solche Materialiensammlungen sind kein **Hintergrundmaterial** für die Presse. Die meisten Prospekte, Faltblätter und Plakate sind keine Presseinformation, es sind Werbematerialien – ebenso wie die Fotos von Waren. Hintergrundmaterial enthält die Informationen, die für die Medien interessant sind, aber nicht für die Öffentlichkeit; sonst ständen sie ja im Pressetext. Dazu können Informationen gehören, die Aussagen im Pressetext belegen, wie:

---

1 Pressekodex des Deutschen Presserates in der Fassung vom 15. 5. 1996; in: journalist, 6/1996, S. 56.
2 Antje-Susan Pukke/Holger Goblirsch, Der gute Draht zu den Medien, Frankfurt am Main 1996, S. 86.

- das Konzept eines Projektes oder einer Ausstellung,

- Geschäftsberichte und Studien oder deren Kurzfassung,

- Texte von Reden,

- Themenbroschüren,

- Überblicke zu Aufbau und Geschichte von Firmen, Projekten und Entwicklungen.

Hintergrundmaterial brauchen Sie auf diese Papiere nicht zu schreiben. Denn Journalisten wissen auch ohne diesen Hinweis, daß die Broschüre ihrer Hintergrundinformation dient. Es steht ihnen frei, aus beigelegtem Material Passagen zu übernehmen.

Eine andere Sorte Hintergrundmaterial sind Unterlagen, die zum Archivieren und Nachschlagen geeignet sind. Dazu zählt beispielsweise eine Themenliste, zu denen Ihr Haus die Medien informieren könnte, nebst Ansprechpartnern und deren Durchwahl. Für Hintergrundmaterial gilt insgesamt: „Weniger ist mehr". Denn viel Material imponiert den Journalisten nicht, entlockt ihnen höchstens leises Stöhnen, weil sie auch das noch überfliegen sollen. Ihnen gefallen Informationen, die ihnen die Recherche erleichtern und Themenanregungen geben.

Mitgesendete Karikaturen, Info-Grafiken und Diagramme werden nur selten veröffentlicht. Bevor Sie sich unnötige Arbeit machen, könnten Sie die Redaktionen fragen, ob sie daran interessiert sind. Gute Fotos werden schon eher verwendet – sofern es sich nicht um Schleichwerbung handelt, wie bei Sponsorennamen im Vordergrund und Aufnahmen von Produkten, bei denen der Firmenname deutlich zu lesen ist. Gute Aufnahmequalität ist ein Muß, ein aussagekräftiges und interessantes Motiv von Vorteil. Uninteressant sind Standardmotive, wie Menschen am Redepult und gestellte Gruppenbilder. Fotografieren Sie die Seniorengymnastikgruppe also eher bei der Gymnastik als aufgestellt in zwei Reihen.

Heuern Sie Pressefotografen[1] an, so ist dies Ihre Sache. Redaktionen übernehmen nur in Ausnahmefällen und nach vorheriger Ansprache deren

---

1   Industrie- und Werbefotografen arbeiten nach anderen Kriterien als Pressefotografen. Für die Erstellung von Pressefotos sollten Sie deshalb Pressefotografen nehmen.

Honorare. Unaufgefordert brauchen Sie also Fotos mit Honorarhinweisen nicht mitzusenden. Mittlerweile gilt auch für Fotos, daß viele Redaktionen Dateien bevorzugen. Manches Mal läßt sich nun der früher erforderliche Aufwand reduzieren, indem mit den Pressetexten die genaue Internetadresse mitgesendet wird, von der die dazu gehörigen Bilddateien heruntergeladen werden und als Vorschau in kleinem Format angesehen werden können. Den Service, Bilder in verschiedenen Dateiformaten (BMP, JPEG, GIF, TIF) dort abholen zu können, schätzen Redaktionen weitaus mehr als unerwünschte Dateianhänge mit langen Ladezeiten. Senden Sie Fotos als Papierabzug, dann sollten diese so aussehen: Format 13 x 18 cm, schwarz-weiß, randlos, hochglänzend. Farbfotos sollten Sie nur dann mitsenden, wenn die Redaktion fast ausschließlich Farbfotos veröffentlicht. Denn die meisten Farbaufnahmen können nur mit Qualitätsverlust schwarz-weiß gedruckt werden. Außerdem müssen Farbfotos spezielle Kriterien erfüllen, um im Zeitungs- oder Zeitschriftendruck noch brillant auszusehen. Arbeiten Sie mit einigen Redaktionen regelmäßig zusammen, so können Sie gezielt fragen, was diese brauchen: Manche wollen Abzüge, andere Negative oder Dateien. Das hängt von der jeweiligen technischen Ausstattung ab.

Für alle Fotos wird eine **Bildunterschrift** benötigt. Diese steht entweder auf einem gesonderten Blatt oder auf der Fotorückseite – am besten beides. „Genauso wie bei einer Nachricht müssen auch in einer Bildlegende die Fragen Wo? und Wann? und unter Umständen weitere W-Fragen beantwortet werden. Man sieht auf dem Bild nicht einfach Michael Jackson, sondern Michael Jackson bei einem bestimmten Anlaß an einem bestimmten Datum"[1]. Die Regel ist, „daß die Legende erklärt, was das Bild zeigt" – denn die Lesenden wollen eine Bestätigung dafür, „daß sie das Bild richtig gedeutet haben".[2]

Haben Sie einen **Interviewmitschnitt** in Sendequalität für die Hörfunk oder Fernsehredaktionen – beispielsweise die Stellungnahme einer Wissenschaftlerin –, so sollten Sie die Redaktion darauf hinweisen, daß Sie die Aufnahme zur Verfügung stellen können. Um sich und den Redaktionen unnötige Arbeit zu ersparen, sollten Sie die Abschrift des **Originaltons** in voller Länge der Presseerklärung bei-

1 Jürg Häusermann, Journalistisches Texten: sprachliche Grundlagen für professionelles Informieren, Aarau/Frankfurt am Main 1993, S. 199.

2 Jürg Häusermann, Journalistisches Texten: sprachliche Grundlagen für professionelles Informieren, Aarau/Frankfurt am Main 1993, S. 201.

fügen. Geben Sie außerdem dessen genaue Länge an. Die Redaktionen können dann direkt prüfen, ob sie den Ton einsetzen können. Sofern Ihnen Filmausschnitte in Sendequalität vorliegen, sollten Sie angeben, was darin zu sehen und zu hören ist.

Möchten Sie, daß Journalisten eine Veranstaltung nicht nur ankündigen, sondern zusätzlich darüber berichten, so sollten Sie gesondert dazu **einladen**. Denn in zahlreichen Redaktionen landen die zur Veröffentlichung bestimmten Ankündigungen und die zu besetzenden Termine auf unterschiedlichen Schreibtischen. In der Rubrik „Tips und Termine" ihrer eigenen Zeitung informieren sich die Journalisten kaum über interessante Veranstaltungen. Sie gehen davon aus, daß Sie über alle wichtigen Termine direkt informiert werden.

Checkliste: Äußere Form

Was sein muß:

- Logo und/oder Absenderangabe
- Datum der Versendung
- Art des Textes
- Text in Maschinenschrift 10 bis 12 Punkt
- kurze Zeilen (30 Anschläge, maximal 50)
- breiter rechter Rand
- linksbündiger Flattersatz
- Papier einseitig beschrieben
- Zahl der Zeilen und Anschläge
- Kontaktperson für weitere Information

Was Sie vermeiden sollten:

- höfliche und unhöfliche Floskeln
- handschriftliche Korrekturen und Ergänzungen
- sehr teures oder Hochglanzpapier
- Sperrfristen

2.4 Was die Medien interessiert

„Was wirklich in die Medien kommt, ist oft ein großes Rätselraten. Im Regelfall kommt das, was man so gar nicht mitteilen wollte"[1]. Die reine Willkür wird vermutet, daß die Hobbys der Journalisten ausschlaggebend sind, ihre Lieblingsthemen oder persönliche Beziehungen zu Ihnen. Andere beschweren sich, daß – beispielsweise – „aus den Berichten der Wohlfahrtsverbände oder aus den Armutsberichten der Kommunen … nur die vermeintlichen Sensationen herausgepickt" werden, „vielschichtige Untersuchungen … auf den Aspekt reduziert" würden: „Jeder fünfte arm!"[2]. Erst „wenn die Katastrophe da ist"[3], werde berichtet. Andere mutmaßen, daß Journalisten insgeheim doch alle das gleiche wollen: Sex and crime, am liebsten Blut. „Beliebt" ist auch die Beschwerde, daß über konkurrierende Organisationen viel mehr berichtet wird als über die eigene.[4]

Dennoch ist es in der Regel „falsch, einer Verschwörungstheorie im Journalismus anzuhängen. Der Redaktionsbetrieb ist letztlich ein Markt wie viele andere auch – allerdings ist hier die gängige Währung eher ein interessanter Gedanke, ein neues Projekt oder eine ungewohnte Verbindung von Bekanntem"[5].

Ursache für viele Vermutungen und Vorwürfe ist, daß die Auswahlkriterien der Journalisten einheitlich und uneinheitlich zugleich sind. Einerseits orientieren sie sich an den **Nachrichtenfaktoren** und dem, was sie glauben, was ihr jeweiliges Publikum interessiert. Andererseits an der Nachrichtenlage und der Glaubwürdigkeit der Absender. Die Kriterien variieren dabei nicht nur von Redaktion zu Redaktion, son-

---

1 So der medienpolitische Sprecher der PDS Lothar Bisky, zitiert nach: o. A., *„Nur noch Werbung und Marketing"*, in: menschen machen medien, 5/1998, S. 26.

2 So Karsten H. Petersen vom Evangelischen Sozialpfarramt Frankfurt; zitiert nach: Maria Kniesburges, *Der Riß – Armut im Wohlstandsland*, in: Informationen aus dem Gemeinschaftswerk der Evangelischen Publizistik, Info 4/1998 vom Dezember 1998, S. 7.

3 Zum Umgang der Medien mit Menschenrechtsverletzungen; nach: Harald Gesterkamp/Peter Lange, *Zwischen Propaganda, Zensur und Kommunikation per Internet. Die vielschichtigen Abhängigkeiten von Medien und Menschenrechten*, in: menschen machen medien, 5/1999, S. 17.

4 Vgl.: Barbara Platvoetz, *Vom Umgang mit „lästigen" Lesern*, in: Initiative Tageszeitung (Hg.), Redaktion 1994 – Almanach für Journalisten, Bonn 1993, S. 199 ff.

5 Roland Schatz/Matthias Vollbracht, *Image-Bildung durch Medien: Themen als Märkte begreifen*, in: Günther Schulze-Fürstenow/Bernd-Jürgen Martini (Hg.), Handbuch PR, Neuwied/Kriftel/Berlin, 2. Auflage 1994, Ergänzungslieferung vom 11. 11. 1996, 3.920, S. 1.

dern auch zwischen den verschiedenen Ressorts und den einzelnen Journalisten. Ein Journalist, der die Scheidung eingereicht hat, findet das neue Scheidungsgesetz vielleicht relevanter als die Kollegin, die gerade heiratet. Die Lokalredaktion wird das Jubiläum der einzigen Metzgerei am Ort eher beachten als die Wirtschaftsredaktion der Zeitung. Eine 1.000-Euro-Spende ist für die regionale Presse und ihr Publikum vielleicht noch interessant, aber nicht für die Fernsehnachrichten.

Dennoch haben Journalisten zur Frage „medienrelevant ja oder nein?" ein Standardbeispiel: „Hund beißt Mann" ist keine Nachricht, „Mann beißt Hund" ist eine Nachricht. Je häufiger etwas schon passiert ist, um so weniger interessiert es folglich die Medien – und ihr Publikum. Oder wollten Sie alle paar Tage lesen, daß wieder passiert ist, was nun schon seit Jahren alle paar Tage passiert? Interessant wäre eher, wenn es künftig nicht mehr passiert. Konkret heißt dies:

• Bei dem einzigen Museum in der Region kann jede Sonderausstellung und jede größere Anschaffung eine Nachricht wert sein. Gibt es zehn Museen, die ständig etwas anschaffen, dann hat eine weitere Anschaffung keinen Nachrichtenwert.

• Gibt ein Kindergarten zum erstenmal ein Buch heraus, so wird vielleicht in einem großen Beitrag darüber berichtet. Machen dies jährlich mehrere Kindergärten in der Region, so ist es nichts Ungewöhnliches mehr. Die Artikel werden mit jedem weiteren Buch kleiner ausfallen – und irgendwann berichten die Medien nur noch über preisgekrönte Bücher.

• Der 34ste Kleinbetrieb, der Konkurs anmelden muß, interessiert – so bitter das ist – die Medien meist ebensowenig, wie das 27ste Projekt, das aufgrund von Sparbeschlüssen die Arbeit einstellen muß.

Bei der Entscheidung, ob ein Thema medienrelevant ist, berücksichtigen Journalisten die Nachrichtenfaktoren. Diese setzen sich zusammen aus dem Publikumsinteresse und der Bedeutung einer Information. Eine Information ist um so bedeutender, je weitreichender die Konsequenzen für das Publikum des jeweiligen Mediums sind. Das Interesse des Publikums steigt – so die Regel in journalistischen Lehrbüchern – mit der örtlichen Nähe eines Ereignisses, dem Bekanntheitsgrad einbezogener Personen, dem Neuigkeitswert sowie den menschlichen und emotionalen Aspekten eines Ereignisses[1]. „Nach journalistischem Selbstverständnis hat Nachrichtenwert, was aktuell oder neu ist, was sich von der Norm unterscheidet, was in irgendeiner Form dramatisch oder kurios ist, was für wichtig oder bedeutsam gehalten und deshalb als interessant angesehen wird"[2]. Journalisten fassen dies schon mal plakativ zusammen und benennen eine „klare Linie für die Berichterstattung vor Ort: ‚Wir nehmen nur das ins Blatt, was den Leser interessiert'"[3].

So klar, wie manche behaupten, ist die Entscheidung „medienrelevant ja oder nein?" allerdings nicht. So pflegte der Journalist in einer amerikanischen Nachrichtenagentur „Besuchern zu antworten, er könne das nicht erklären, er könne es allenfalls demonstrieren"[4]. Auch deutsche Kollegen meinen, daß zur Erfahrung hinzu ein „möglichst untrügliches Gespür für die Nachricht" kommen müsse[5]. Nicht-Journalisten stellen fest, daß es für die Auswahl von Nachrichten „keinen explizit ausgearbeiteten Kriterienkatalog" gibt, „sondern lediglich mehr oder weniger auf informelle Weise übermittelte Verfahren, hinsichtlich deren Angemessenheit man sich ständig rückversichern muß. Die Folge ist eine weitgehende Homogenität des Meinungsspektrums der Journalisten"[6].

Sie können die Medienrelevanz Ihrer Information zumindest grob abschätzen, indem Sie diese auf die enthaltenen Nachrichtenfaktoren hin prüfen:

---

1 Vgl.: Siegfried Weischenberg, Nachrichtenschreiben, Opladen 1988, S. 18–24.
2 Harald Gesterkamp/Peter Lange, *Zwischen Propaganda, Zensur und Kommunikation per Internet. Die vielschichtigen Abhängigkeiten von Medien und Menschenrechten*, in: menschen machen medien, 5/1999, S. 17.
3 Rainer Klein, Chef der Ludwigshafener Ausgabe des Mannheimer Morgen; zitiert nach: Josef Kaiser, *Global Player vor Ort*, in: pr-magazin, 2/1999, S. 25.
4 Ulrich Renz, *Vom Kansas City Milkman und anderen Aspekten des Agenturjournalismus*, in: menschen machen medien, 8.–9./1999, S. 8.
5 Ulrich Renz, *Vom Kansas City Milkman und anderen Aspekten des Agenturjournalismus*, in: menschen machen medien, 8.–9./1999, S. 9.
6 Michael Kunczik, Journalismus als Beruf, Köln/Wien 1988, S. 128.

- Wie viele Menschen betrifft die Information?
- Gehören sie zur Zielgruppe dieses Mediums? Sind die Informationen für die Region bedeutend, in der das Medium erscheint (örtliche Nähe)?
- Was und wie weitreichend sind die Folgen und Konsequenzen der Information für diese Zielgruppe (Ausmaß/Bedeutung)?
- Sind bekannte Personen einbezogen (Prominenz)?
- Welche Informationen sind neu (Aktualität/Häufigkeit)?
- Enthalten diese ungewöhnliche Aspekte (Originalität)?

Um die Nachrichtenfaktoren zu erfüllen, benötigen Sie also: etwas für das Verbreitungsgebiet des Mediums Bedeutendes, das für die Zielgruppe interessant und neu ist. Haben Sie bereits ein Thema, so suchen Sie danach, welche Nachrichtenfaktoren mit diesem erfüllt werden können: Angenommen, Sie haben eine bundesweite Studie durchgeführt und dabei auch die Kreisstadt B untersucht. Den Pressetext für die Kreisstadt B beginnen Sie dann mit den Ergebnissen aus B – um den Nachrichtenfaktor „örtliche Nähe" zu erfüllen. Dabei stellen Sie die Aspekte in den Vordergrund, die konkrete Folgen/Konsequenzen für die Bewohner von B haben – auch wenn dies in Ihrer Studie nur ein Randaspekt ist. Erst im weiteren Verlauf des Pressetextes kommen Sie dann zu den bundesweiten Ergebnissen. Dabei muß das Thema zum jeweiligen Medium und dessen Zielgruppe passen: Versuchen Sie also nicht, mit einem Text für die regionale Tagespresse die überregionalen Fachleute zu informieren – oder eine Veranstaltung für die regionale Öffentlichkeit in überregionalen Medien anzukündigen.

Der Nachrichtenfaktor **„Neuigkeit/Aktualität"** bedeutet, daß etwas noch nicht bekannt ist: Wird eine Studie gerade veröffentlicht, so ist diese neu – auch wenn sie bereits seit drei Monaten fertig in der Schublade liegt. Ein halbes Jahr nach der Veröffentlichung ist die Studie nicht mehr neu. Sind deren Zahlen veraltet, so ist die Studie nicht neu genug, damit groß über sie berichtet wird – auch dann nicht, wenn sie gerade erst veröffentlicht wird.

Dabei ist die Aktualität „ein wichtiges, aber auch subjektives Kriterium. So gibt es die Tagesaktualität, die zum Beispiel durch eine Urteilsverkündung vor Gericht gegeben ist. Maßgeblich sind aber häufig auch Themen, über die zur Zeit gesprochen wird. So zog zum Beispiel das ICE-Unglück in Eschede Berichterstattung über Sicherheitsprüfungen nach sich, wochenlang wurde über jede entgleiste Straßenbahn berichtet ... Die allgemeine Stimmung für ein Thema beeinflußt also auch die Auswahl von Themen in der Redaktion. Zunächst nicht sonderlich beachtete Angelegenheiten werden erst durch eine öffentliche Diskussion interessant".[1]

Je bedeutender eine Organisation für die Region ist, desto einfacher werden ihre Pressetexte veröffentlicht. Denn die Nachrichtenfaktoren **„Bedeutung"** und „regionale Nähe" sind dann schon vorab erfüllt. Beim größten Arbeitgeber der Region entscheidet sich die Redaktion dann im Zweifelsfall für die Berichterstattung. Denn „Informationen über dieses Unternehmen interessieren die breite Masse".[2] Da sind Journalisten sogar „mit Schleichwerbung schon mal nachsichtiger, denn wenn die etwas sagen, hat das ein ganz anderes Gewicht".[3]

Auch Studien bestätigten, daß „neben der mediengerechten Gestaltung des PR-Materials ... die wirtschaftliche Bedeutung des jeweiligen Unternehmens für das Selektionsverhalten von Bedeutung"[4] war. Sogar die Bedeutung von Ländern wird unterschiedlich eingeschätzt: „Je bedeutender und mächtiger ein Land, je näher es der Bundesrepublik in geographischer, politischer und kultureller Nähe ist, desto häufiger kommt es auch in den Nachrichten vor."[5] Im Umkehrschluß heißt dies: Je unbedeutender eine Organisation für die Region ist, um so wichtiger ist es, daß die Informationen medienrelevant sind – und die Texte mediengerecht.

---

1 Tatjana Kimmel, *Sex und Crime als Nachrichtenfaktoren – Erfahrungen aus dem redaktionellen Alltag*, in: Dokumentation der Tagung zur Darstellung sexualisierter Gewalt in der öffentlichen Berichterstattung „Tatort Medien", Mainz 1998, S. 37 f.

2 Thorsten Wagner, Chef vom Dienst bei Radio Gütersloh zur Berichterstattung über Bertelsmann; zitiert nach: Josef Kaiser, *Global Player vor Ort*, in: pr-magazin, 2/1999, S. 24.

3 Thomas Stridde von der Thüringischen Landeszeitung zur Berichterstattung über Jenoptik; zitiert nach: Josef Kaiser, *Global Player vor Ort*, in: pr-magazin, 2/1999, S. 23.

4 J. Hintermeier, Public Relations im journalistischen Entscheidungsprozeß dargestellt am Beispiel einer Wirtschaftsredaktion (Nürnberger Nachrichten), Düsseldorf 1982; nach: Michael Kunczik, Journalismus als Beruf, Köln/Wien 1988, S. 249.

5 Studie von Winfried Schulz aus den 70er Jahren für die Bundesrepublik; zitiert nach: Harald Gesterkamp/Peter Lange, *Zwischen Propaganda, Zensur und Kommunikation per Internet. Die vielschichtigen Abhängigkeiten von Medien und Menschenrechten*, in: menschen machen medien, 5/1999, S. 17.

Wie bedeutend eine Organisation ist, hängt dabei auch von der Region ab, in der sie tätig ist. Ein Verein ist in einer Großstadt bedeutend, wenn er zu den größten zählt. In ländlichen Regionen hat das Vereinsleben dagegen eine „überragende gesellschaftliche Bedeutung ... dementsprechend gilt ihren Aktivitäten der größte Teil der lokalen Berichterstattung. Ob nun Vereinsfeste, Feuerwehrübungen oder Schützenfeste, alles wird immer und immer wieder ... dargestellt".[1] In ländlichen Regionen verstehen es Redaktionen als Leserservice, Mitgliederversammlungen in der Zeitung anzukündigen.

Anders die Zeitungen in Großstädten. Dort gilt: Mitgliederversammlungen sind nicht von allgemeinem öffentlichen Interesse. Selbst die brillant verfaßte Ankündigung einer Mitgliederversammlung wird daher nicht im redaktionellen Teil veröffentlicht – auch dann nicht, wenn Sie hinzufügen, daß Gäste willkommen sind.

Damit Ihre öffentliche Mitgliederversammlung dort erwähnt wird, benötigten Sie erheblich stärkere Nachrichtenfaktoren. Würde der Bürgermeister (Prominenz) dort seine erste öffentliche Rede halten (Bedeutung, Publikumsinteresse, Neuigkeit), dann würde diese Rede auf Ihrer Versammlung schon eher von den Medien angekündigt.

Welche Nachrichtenfaktoren Sie besonders berücksichtigen sollten, hängt außerdem vom Thema ab: Bei den sogenannten „harten Nachrichten", die vor allem in den Ressorts Politik und Wirtschaft erscheinen, dominiert als Auswahlkriterium die „Bedeutung".

Das vermutete Publikumsinteresse an menschlichen und emotionalen Aspekten, Dramatischem und Kuriosem ist eher ausschlaggebend bei den „weichen Nachrichten", die auf den Seiten „Aus aller Welt" und „Buntes" veröffentlicht werden.

---

1 Carolin Hermann, Im Dienste der öffentlichen Lebenswelt – Lokale Presse. Untersuchung des Lokalteils der Zeitung „Fränkischer Tag", Opladen 1993; zitiert nach: Carolin Hermann, *Die permanente Wiederholung des Immergleichen*, in: Ländlicher Raum – Agrarsoziale Gesellschaft, Januar/Februar 1996, S. 22.

Auf keinen Fall sollten Sie versuchen, die Nachrichtenfaktoren „lediglich vorzutäuschen", da Ihre Informationen dann künftig von den Journalisten ignoriert werden[1] oder öffentlich gegen Ihre Informationspolitik protestiert wird[2].

Neben den Nachrichtenfaktoren gibt es noch ein weiteres Kriterium: den **Anlaß**. „Bevorzugt werden in den Informationsmedien Dinge, die sich ereignen (Beispiel: Der Schiefe Turm wurde für Touristen gesperrt) im Gegensatz zum allgemeinen Sachverhalt (Beispiel: In Pisa steht ein schiefer Turm)" – professionelle Akteure kreieren daher einen Anlaß, „der Ereigniswert hat (Besuch eines prominenten Gastes, Neuanstrich eines Fabrikgebäudes, Verleihung eines Preises an eine lokale Institution)"[3]. Ereigniswert können dabei Jubiläen und Veränderungen bei wichtigen regionalen Organisationen auch dann haben, wenn dazu keine öffentliche Veranstaltung stattfindet – wenn beispielsweise das Mädchenhaus zehnjähriges Jubiläum hat.

Manche Organisationen wollen so oft wie möglich in der Presse erscheinen. Damit jedesmal über sie berichtet wird, müssen sie immer aufwendigere Anlässe schaffen und immer mehr Nachrichtenfaktoren bieten. Reichte es die ersten Male aus, daß die Organisation eine öffentliche Veranstaltung machte, benötigt sie bald schon Prominenz. Findet monatlich eine Veranstaltung mit Prominenz statt, so muß diese bald Spektakuläres erzählen oder das Rahmenprogramm besonders originell sein. Zwischen Aufwand und Ergebnis gibt es bald ein krasses Mißverhältnis. In diesen Fällen kann weniger mehr sein – zumal Sie sich sonst bald ärgern, daß konkurrierende Organisationen mit weniger Aufwand mehr Medienresonanz erreichen.

Um sicherzugehen, daß berichtet wird, bedienen sich manche des Gießkannenprinzips: Alle möglichen Nachrichtenfaktoren werden zu einem Anlaß präsentiert, um Medienrelevanz sicherzustellen: So

---

1   Dieter Pflaum/Wolfgang Pieper (Hg.), Lexikon der Public Relations, Berlin 1990, S. 37.

2   „Die Landespressekonferenz Sachsen hat gegen die Presse- und Öffentlichkeitsarbeit des Landeskriminalamtes (LKA) protestiert. Das LKA habe in einer Pressemitteilung über eine Aktion gegen die internationale Kinderporno-Szene den Eindruck erweckt, als handele es sich um ein Ereignis in unmittelbarer zeitlicher Nähe. Tatsächlich habe der geschilderte Sachverhalt bereits ein Dreivierteljahr zurückgelegen"; aus: o. A., *Irreführende Pressemitteilung*, in: journalist, 8/1999, S. 23.

3   Jürg Häusermann, Journalistisches Texten: sprachliche Grundlagen für professionelles Informieren, Aarau/Frankfurt am Main 1993, S. 29.

machte eine Künstlerin zu ihrem 40. Geburtstag eine Ausstellung, die Exponate verschenkte sie für gemeinnützige Zwecke und ließ prominente Gäste die Ausstellung eröffnen. Sind Sie die erste Künstlerin, die dieses macht, werden die Medien berichten – die einen wegen des Geschenks, die anderen wegen der Prominenz, die dritten wegen des Gemeinwohls, die vierten wegen der Kombination der Faktoren. Wiederholbar sind solche Ereignisse jedoch nicht, da es immer weniger Steigerungsmöglichkeiten gibt.

Ungünstig ist es auch, alle Aspekte zu erwähnen, die die Journalisten möglicherweise interessieren könnten: Anläßlich einer Arbeitsschutzaktion erwähnte eine Gewerkschaft die Themen Waldsterben, Arbeitsplätze und lobte die Unternehmen – anstatt die Erfolge ihrer Arbeit mit konkreten Zahlen in den Mittelpunkt zu stellen. In den Medien wurde daraus eine Umweltschutzaktion, die vor allem Dank der Unternehmen erfolgreich war[1]. Denken Sie bei der Auswahl der Nachrichtenfaktoren langfristig: Bündeln Sie nicht mehr Nachrichtenfaktoren als nötig! Es kann sonst passieren, daß ausschließlich über die Aspekte in den Medien berichtet wird, die Sie nur zusätzlich – quasi vorsichtshalber – mit eingebaut haben.

Über die Veröffentlichung eines Textes wird in erster Linie nach dessen Medienrelevanz entschieden, also nach den Nachrichtenfaktoren und dem Anlaß der Information. In zweiter Linie nach:

- Nachrichtenlage,

- Thema,

- Glaubwürdigkeit der Absender und

- Disposition der einzelnen Journalisten.[2]

---

1 Viola Falkenberg, Ist Arbeitsschutz ein Tabuthema der Medien? Untersucht anhand der Aktion „Tatort Betrieb" der IG Metall in Baden-Württemberg, Berlin 1993, unveröffentlichte Abschlußarbeit im Rahmen des Journalisten-Weiterbildungsstudiums an der FU Berlin.

2 Andere Autoren unterscheiden den absoluten Nachrichtenwert, der sich aus Aktualität, Ausmaß etc. zusammensetzt, und den relativen Nachrichtenwert. Dieser ergebe sich aus dem aktuellen Wert plus den Faktoren Konkurrenznachrichten und Sendezeit beziehungsweise dem zur Verfügung stehenden Platz; vgl.: Karl-Ernst Jipp, Wie schreibe ich eine Nachricht, Stuttgart 1990, S. 12. Da Nachrichtenfaktoren wie Bedeutung, Ausmaß und Originalität keine – im Sinne naturwissenschaftlich möglicher Festlegung – absoluten Werte sind, sondern permanent variieren, scheint mir die Unterscheidung „absolute" und „relative" Faktoren mißverständlich.

Da die eingegangenen Texte miteinander um die Veröffentlichung konkurrieren, ist die **Nachrichtenlage** ein Auswahlkriterium in den Redaktionen. Je mehr Texte Journalisten zur Auswahl haben, desto höher muß also die Medienrelevanz sein, damit ein Text veröffentlicht wird. „Wenn die Jahrhundertflut an der Oder Nachrichtensendungen, TV-Berichte und die Presse füllt, ist es fast unmöglich, die Medien für Afghanistan zu interessieren"[1] – denn die Jahrhundertflut ist ein Anlaß für Berichterstattung und erfüllt die Kriterien „regionale Nähe/Ausmaß/emotionale Aspekte". Stehen keine Jahrhundert-ereignisse auf der medialen Tagesordnung, konkurrieren meist die Informationen eines Ressorts miteinander: Der Skandal in der Bundes-politik beeinflußt also nicht den Umfang der Berichterstattung über den lokalen Kulturpreis, der Kulturpreis jedoch die Berichte über kul-turelle Veranstaltungen. Der Wettbewerb ist um so stärker, je weniger Platz das Ressort beziehungsweise je weniger Minuten die Sendung hat[2]. Haben Sie medienrelevante Informationen, die der Konkurrenz nicht gewachsen sind, dann prüfen Sie, ob Sie auf nachrichtenärmere Zeiten ausweichen können – wie Sommerferien und Jahreswechsel.

Die Einschätzung der Medienrelevanz variiert außerdem mit den **The-men**: „Wenn zum Beispiel eine Schwulengruppe sehr professionell Pressearbeit macht, die christlich-konservative Lokalzeitung aber schon das Wort ‚schwul' für eine Sünde hält"[3], dann müssen deren Texte mehr Nachrichtenfaktoren erfüllen als die der konservativen Partei am Ort. Die Aktionen müssen spektakulärer sein, Veran-staltungen besser besucht und die Referenten prominenter. Auch für Ergebnisse aus den Geistes- und Sozialwissenschaften gelten höhere

---

1 Wolfram Eberhardt, Sprecher des Deutschen Roten Kreuzes in Bonn; zitiert nach: Dora Klein, *Schlagzeilen bringen Spenden*, in: pr-magazin, 1/1998, S. 46. Pressetexte unterliegen damit den gleichen Bedingungen wie andere Produkte: "Selbst wenn eine repräsentative Anzahl von Testlesern von einem Roman begeistert ist, verheißt das nicht mit Sicherheit Verkaufserfolge. Der Leser kann von einem anderen Buch im Augenblick begeisterter sein. Und wenn er sich mit einer Pilcher in seinen Ohrensessel zurückzieht, bleibt ein noch so packender Grisham eben liegen. Entscheidend ist also nicht allein die Qualität des Tex-tes, sondern die Situation im unmittelbaren Konkurrenzumfeld", aus: Helmut Dähne, Das Buch als Ware, in: Kursbuch 133 Das Buch, Berlin September 1998, S. 72 f.

2 Ob ein Ressort viel oder wenig Platz hat, variiert je nach redaktionellem Konzept und aktuellem Anzeigenaufkommen.

3 Norbert Franck, Presse- und Öffentlichkeitsarbeit, Köln 1996, S. 158.

Anforderungen als für die aus den Naturwissenschaften[1]. Nur selten erörtert werden in den tagesaktuellen Medien weltanschauliche und Glaubensthemen. Zu den sozialen Problemen herrscht in den Redaktionen „allenthalben Ratlosigkeit, wie mit dem schwierigen Themenbereich journalistisch umzugehen sei"[2].

Ein weiteres Kriterium ist die **Glaubwürdigkeit** derjenigen, die den Text herausgeben. „Ein Individuum ohne eine besonders herausgehobene Stellung in der Gesellschaft hat nur eine geringe Chance als Nachrichtenquelle zu dienen"[3]. Von unbekannten Einzelpersonen verschickte Presseerklärungen werden von kaum einer Redaktion veröffentlicht.

Wird derselbe Text im Namen einer Bürgerinitiative, eines Vereins oder einer Firma versendet, ist eine Veröffentlichung schon wahrscheinlicher – sofern Thema und Informant zueinander passen: Protestiert der Betriebsrat einer Bank gegen die Arbeitsbedingungen im Gartenbau, dann wird dessen Pressetext nicht veröffentlicht. Demonstrieren dagegen die Beschäftigten im Gartenbau gegen ihre Arbeitsbedingungen und die Bank solidarisiert sich mit ihnen, dann wird der Text vielleicht veröffentlicht.

„Je unwahrscheinlicher ein Bericht klingt, desto vertrauenswürdiger muß der Berichter sein, damit man ihm trotzdem Glauben schenkt"[4]. Je Spektakuläreres Sie mitzuteilen haben und je kleiner Ihre Organisation oder unbekannter Sie sind, um so mehr müssen Sie also darauf achten, glaubwürdige Quellen anzugeben – wie Aussagen aus Gutachten oder von anerkannten Experten. Zumal Redakteure permanent Nachrichten veröffentlichen, „die sie nicht prüfen, sobald sie die Quelle für glaubwürdig halten ... dpa, Reuter, AP, AFP, ein zuverlässiger Mitarbeiter oder Informant meldet, ‚Ein bekannter

---

1   Vgl.: Stephan Ruß-Mohl, *Was ist überhaupt Wissenschaftsjournalismus?* in: Stephan Ruß-Mohl (Hg.), Wissenschaftsjournalismus, München 1986, S. 12 f. sowie Burckhard Wiebe, *Sozialwissenschaften – zu Unrecht vernachlässigt*, in: Stephan Ruß-Mohl (Hg.), Wissenschaftsjournalismus, München 1986, S. 208.

2   So die Berliner Journalistin Vera Gaserow; zitiert nach: Maria Kniesburges, *Der Riß – Armut im Wohlstandsland*, in: Informationen aus dem Gemeinschaftswerk der Evangelischen Publizistik, Info 4/1998 vom Dezember 1998, S. 7.

3   Michael Kunczik, Journalismus als Beruf, Köln/Wien 1988, S. 228.

4   Klaus Rost, Die Welt in Zeilen pressen: Wahrnehmen, gewichten und berichten im Journalismus, Frankfurt am Main 1995, S. 51.

Politiker soll aus seiner Partei ausgetreten sein' – dann veröffentlichen sie sofort".[1]

Haben Journalisten all diese Kriterien geprüft und über die Veröffentlichung noch immer nicht entschieden, dann könnte ihre **persönliche Disposition** den Ausschlag geben – also ihre Stimmung oder Interessen, ihre berufliche oder private Situation. Schließlich sind auch sie Menschen. Und kein Mensch kann alle Nachrichtenfaktoren objektiv abwägen, ohne seine eigene Subjektivität mit einzubringen. Dies ist ein Grund, warum sich Journalisten bei der Nachrichtenauswahl an der Berichterstattung anderer Medien orientieren. Dadurch wird „Unsicherheit bezüglich der Angemessenheit der eigenen Selektionskriterien reduziert"[2]. Wählen Journalisten Nachrichten dauerhaft anders aus, als es der Chefredaktion oder der Linie des Hauses entspricht, riskieren sie obendrein ihren Arbeitsplatz.

Natürlich können bei der Wahl der Themen auch Journalisten nicht „von eigenen Ängsten und Befürchtungen absehen"[3] und haben „blinde Flecken" – ob bei den Risiken der Gentechnologie, sexualisierter Gewalt oder gesundheitsgefährdenden Arbeitsbedingungen. Daher wird die „Frage ‚ist das ein Thema – ist das kein Thema'… in den Redaktionen nicht ausschließlich nach streng rationalen Kriterien beantwortet".[4] Die Entscheidung wird zusätzlich beeinflußt durch das Vorwissen der Journalisten. In ihrem Spezialgebiet erkennen sie Medienrelevanz auch dann, wenn diese hinter einer minimalen Neuformulierung eines Gesetzes versteckt ist – oder im Nebensatz am Ende einer Presseerklärung. In diesen Fällen machen die Journalisten das, was eigentlich Ihr Job ist: Informationen en détail auf ihre Medienrelevanz prüfen.

Haben Sie medienrelevante Informationen, so sollten Sie – bevor Sie sich an die Presse wenden – noch prüfen: Ist die Bekanntmachung

---

1 Klaus Rost, Die Welt in Zeilen pressen: Wahrnehmen, gewichten und berichten im Journalismus, Frankfurt am Main 1995, S. 58.

2 Michael Kunczik, Journalismus als Beruf, Köln/Wien 1988, S. 128.

3 Gaby Schuylenburg, *Gibt es eine Diskussionskultur beim Thema „Risiko" in den Medien?* in: Petra Gurn/Olaf Mosbach-Schulz (Hg.), „Risikokommunikation in den Medien" – Workshopdokumentation der Universität Bremen vom März 1998, S. 91.

4 Gaby Schuylenburg, *Gibt es eine Diskussionskultur beim Thema „Risiko" in den Medien?* in: Petra Gurn/Olaf Mosbach-Schulz (Hg.), „Risikokommunikation in den Medien" – Workshopdokumentation der Universität Bremen vom März 1998, S. 89.

genau dieser Informationen wirklich in Ihrem Sinne? Denn was nützt es Ihnen, wenn Ihre internen Konflikte medienrelevant sind, Sie aber mit den Erfolgen Ihrer inhaltlichen Arbeit in der Öffentlichkeit präsent sein wollen? Sind die Informationen medienrelevant und in Ihrem Sinne, dann müssen Sie mit diesen den Pressetext beginnen. Sie können aus Anlaß des 50. Jubiläums auch über die strukturellen Probleme Ihrer Organisation schreiben – den Text damit beginnen können Sie nicht.

Ist der Anlaß hinreichend medienrelevant, so kommt gelegentlich eine Pressekonferenz in Frage, um Ihre Stellungnahme und neue Fakten mitzuteilen.[1] Dies erspart Ihnen allerdings nicht, eine Presseerklärung zu schreiben. Denn diese sollten Sie den Journalisten zusätzlich zur Verfügung stellen.

Checkliste: Was die Medien interessiert

Beachten Sie bei der Wahl der Themen:

- Haben Sie einen Anlaß, beispielsweise ein Ereignis, wie eine öffentliche Veranstaltung oder ein Jubiläum,
- interessiert oder betrifft das Thema die Zielgruppe des Mediums,
- wie weitreichend sind Ausmaß und Bedeutung der Information,
- was ist neu oder aktuell,
- ist Prominenz einbezogen,
- wie ist die Nachrichtenlage,
- wie die Akzeptanz des Themas,
- sind Sie als Absender eine glaubwürdige Quelle zu diesem Thema.

---

1 Vgl.: Viola Falkenberg, Interviews meistern, Frankfurt am Main 1999, S. 225–233, F.A.Z.-Institut, ISBN 3-927282-80-4.

2.5 Recherche

Um Ihre Texte auf die erforderlichen Fakten und Zitate stützen zu können, müssen Sie diese erst einmal haben. Die Prinzipien der journalistischen Recherche helfen Ihnen da nur bedingt weiter: Die Recherche von außen nach innen – von den unabhängigen Experten zu den Hauptbeteiligten – ist oft ebensowenig möglich wie bohrend zu fragen oder Tricks[1] anzuwenden. Denn Basis Ihres Rechercheerfolges ist – neben aktuellen schriftlichen und externen Quellen – die vertrauensvolle Zusammenarbeit mit allen hausinternen Informanten. Diese erfordert manches Mal viel Diplomatie. Denn Sie müssen dazu nicht nur die offizielle Hierarchie beachten, sondern auch die informellen Kommunikationsstrukturen kennen. Gleichzeitig müssen Sie bei Konflikten neutral bleiben sowie persönliche Interessen und Empfindlichkeiten berücksichtigen. Es entspricht um so eher der Quadratur des Kreises, mit allen vertrauensvoll zusammenzuarbeiten und gleichzeitig gute Rechercheergebnisse zu erzielen, je größer das Haus ist und je weniger sich die Beteiligten über Sinn und Ziel der Pressearbeit einig sind. Um langfristig gut mit den Informanten arbeiten zu können, werden Sie diese immer wieder motivieren müssen, sie außerdem so umfassend wie möglich informieren und so aktiv wie möglich beteiligen müssen.

Die Basis dieser Arbeit kann eine systematische Auflistung aller sein, die als Informanten in Frage kommen. Notieren Sie dazu – oder, sofern vorhanden, ins Organigramm –, zu welchen Themen wer informieren kann und darf, wo wessen fachliche Kompetenzen und Interessen liegen. Das erleichtert Ihnen, die richtige Kontaktperson rasch zu ermitteln. Es unterstützt Sie außerdem beim Motivieren: Denn so können Sie die Entscheidungs- und Fachkompetenzen in persönlichen Gesprächen ansprechen; was Respekt vor Ihrem Gegenüber bezeugt.

---

1 Beispielsweise: „Bieten Sie sich als Blitzableiter an! Dazu ist es wichtig, die Position des Unterlegenen, zumindest des Angeklagten einzunehmen. Erzählen Sie von Ihren Kopfschmerzen ... geben Sie Schwächen preis (oder erfinden Sie welche): körperliches Unwohlsein, Überlastung, Unfähigkeit, das Thema in den Griff zu bekommen"; aus: Matthias Brendel/Frank Brendel, Richtig recherchieren, Frankfurt am Main 1998, S. 225. Solche Tricks anzuwenden verbietet sich schon deshalb, weil Informanten oft ein feines Gespür für Tricks haben. Auch wenn sie zunächst darauf „hereinfallen", fühlen sie sich im nachhinein oft manipuliert und ausgenutzt und informieren künftig noch zurückhaltender. Mit Tricks zerstören daher mittelfristig nicht nur Pressesprecher die Basis Ihrer Arbeit.

Beachten Sie außerdem: Ihr Anruf und Ihre Fragen kommen für die Informanten im Zweifelsfall ungelegen. Diese stecken meist bis über beide Ohren in Arbeit, sind gerade auf dem Weg in eine Besprechung, tüfteln an einem komplizierten Problem oder haben die ersten Minuten am Tag ein bißchen Ruhe. Fragen Sie daher als erstes, ob der Zeitpunkt Ihres Anrufes den Informanten paßt. Vielleicht beantworten die in einer halben Stunde Ihre Fragen gerne und gründlich, möchten Sie aber in dieser Minute nur möglichst schnell wieder loswerden. Rufen Sie also möglichst frühzeitig an, damit Ihren Informanten Zeit bleibt, sich auf das Gespräch einzustellen und inhaltlich vorzubereiten. Dann sind diese, wenn Sie unter Zeitdruck sind, auch mal bereit, alles stehen- und liegenzulassen, um Sie zu informieren.

Ist diese Hürde genommen, stellen Sie noch nicht gleich Ihre Fragen: Erzählen Sie zunächst, was Sie genau wollen und wozu Sie dies brauchen. Im besten Fall liefern Sie Ihrem Gegenüber einen guten Grund, Ihre Fragen zu beantworten. Die Frage „was habe ich davon, daß ich antworte?" steht ohnehin im Raum – und lenkt Ihr Gegenüber ab, bis es eine Antwort darauf hat.

Ein allgemeines „die Veröffentlichung dient dem Image der Organisation" „macht übrigens niemanden redselig ... weil es die versteckte Botschaft transportiert, die eigenen Interessen des Befragten hätten dahinter zurückzutreten"[1]. Setzen Sie besser bei den Interessen Ihres Gegenübers an – ob bei der Finanzierung des Projektes, das die Befragten betreuen, bei der Information einer breiten Öffentlichkeit zu deren Fachthema oder bei viel Publikum auf deren Veranstaltung.

Informieren Sie Ihre Informanten außerdem möglichst umfassend und frühzeitig über den Hintergrund des Gespräches. Beantworten könnten Sie beispielsweise die Fragen:

• Wo soll der Beitrag veröffentlicht werden?

Benennen Sie beispielsweise, an wieviel und welche Medien Sie den Beitrag senden, an welche Ressorts und welche davon erfahrungsgemäß veröffentlichen. Diese Information ist schon für die fachliche Vorbereitung Ihres Gegenübers wichtig – und hilft überhöhte Erwartungen und deren Enttäuschung zu vermeiden. Interne Informanten

---

1 Matthias Brendel/Frank Brendel, Richtig recherchieren, Frankfurt am Main 1998, S. 219.

gehen oft davon aus, daß ihr fundiertes Fachwissen gefragt ist, und sind enttäuscht, wenn sich erst im Laufe des Gespräches herausstellt, daß es um drei Sätze für die lokale Presse geht.

- Was wollen Sie?

Benennen Sie eindeutig, was Sie wollen: Benötigen Sie Zahlen, Zitate oder Beispiele, eine fachliche Einschätzung des Themas oder Hintergrundinformationen?

- Was ist das Thema des Beitrages? Um welche Themenaspekte geht es?

Diese Information benötigt Ihr Gesprächspartner ebenfalls, um sich inhaltlich vorbereiten zu können. Außerdem müssen diese sich bei bestimmten Themenaspekten womöglich erst mit Kollegen oder Vorgesetzten abstimmen.

- Wen werden Sie außerdem befragen?

Sie sollten Ihre Informanten informieren, wenn Sie außer bei ihnen auch an anderen Standorten, Abteilungen oder bei der Geschäftsleitung recherchieren. Glauben die Informanten, sie seien die einzigen Befragten, und stellen durch Gespräche mit Kollegen zufällig fest, daß Sie noch andernorts recherchierten, sind sie verärgert. Im schlimmsten Fall fühlen sie sich ausgenutzt und geben Ihnen künftig nicht mehr Informationen als nötig.

- Wie lang soll der Text werden?

Für eine kurze Terminankündigung ist es nicht erforderlich, die aktuellen Studien mit Ihnen durchzugehen. Geht es dagegen um eine Presseerklärung oder Hintergrundmaterialien für eine Pressekonferenz, müssen womöglich noch Fakten oder Einschätzungen geklärt werden.

- Wann soll der Pressetext verschickt werden? Wann muß er demnach fertig sein?

Ihr Gegenüber weiß dann, wieviel Zeit für die Vorbereitung bleibt, ob es seine Zeitplanung kurzfristig ändern muß. Er oder sie kann Sie außerdem vorab über Einzelheiten informieren, die erst am Tag der Versendung verbreitet werden sollen.

- Wie und wo soll das Gespräch stattfinden, soll es telefonisch oder persönlich geführt werden?

Für das erste Gespräch sollten Sie vorschlagen, es persönlich und am Arbeitsplatz Ihres Gesprächspartners zu führen. Damit signalisieren Sie Wertschätzung und dokumentieren, daß Ihr Gegenüber für Sie keine anonyme Datenbank ist, mit der Sie nach Belieben zu verfahren gedenken. Kurze Gespräche können anschließend auch telefonisch geführt werden, ohne daß sich Informanten schlecht behandelt fühlen. Bei längeren Gesprächen können Sie anbieten, zu den Informanten zu kommen oder diese in Ihr Büro einladen, damit die auch Ihr Arbeitsumfeld zwanglos kennenlernen können. Überlassen Sie die Ortswahl möglichst Ihren Informanten, damit diese sich wohl fühlen. Vielleicht wollen die auf Unterlagen zurückgreifen, Kollegen kurz hinzuziehen können oder lieber ungestört und unbeobachtet mit Ihnen in einem anderen Raum reden. Beachten Sie: Nur Informanten, die sich wohl fühlen, geben gerne Auskunft.

- Wie lange wird das Gespräch schätzungsweise dauern?

Unnötigen Zeitstreß und Enttäuschungen vermeidet, wer vorher klärt, wieviel Zeit beide Gesprächspartner einplanen können. Glaubt Ihr Gegenüber, Ihre drei Fragen wären in zehn Minuten geklärt, wird die gesamte Tagesplanung gestört, wenn Sie eine Stunde bleiben. Womöglich kann das Gespräch nicht in Ruhe zu Ende geführt werden, weil Ihr Gegenüber abgelenkt ist durch die sich auftürmende Arbeit, störende Anrufe oder Kollegen, die schnell etwas klären wollen. Bleiben Sie andererseits nur zehn Minuten und Ihr Gegenüber hat sich auf eine Stunde eingestellt, kann dies als mangelnde Wertschätzung aufgefaßt werden. Vermeiden Sie Gespräche von mehr als 90 Minuten, da spätestens dann die Konzentration auf beiden Seiten nachläßt.

- Was passiert vor der Veröffentlichung?

Informieren Sie Ihr Gegenüber über den Ablauf nach dem Gespräch: Bekommen die Informanten den Text vor der Aussendung und können Formulierungen dann noch ändern? Wird der Text der Geschäftsleitung oder Vorgesetzten zur Genehmigung vorgelegt? Manche Verfasser von Pressetexten scheuen sich, Informanten den fertigen Text vorzulegen – weil diese das Beste und Interessanteste manches Mal wieder streichen wollen. Wenn es Ihnen nicht gelingt, Ihre Informanten von Ihren Formulierungen wirklich zu überzeugen – nicht etwa sie zu überreden oder mit Zeitdruck zu erpressen –, dann denken Sie an die langfristige gute Zusammenarbeit. Um diese zu gewährleisten, ist es manchmal effektiver, Änderungswünsche zu akzeptieren. Sie sollten Ihren Informanten den Text möglichst immer vor der Veröffentlichung geben – trotz Ihres Mehraufwandes bei Änderungswünschen. Die Vorteile für Sie sind: Fehler werden rechtzeitig korrigiert; Ihr Gegenüber informiert Sie umfassender, weil es weniger Angst vor Mißverständnissen und Fehlinterpretationen hat; Sie trifft nachweislich keine Schuld, wenn der Text in den Redaktionen entstellt wird.

• Was passiert nach der Veröffentlichung?

Erzählen Sie Ihren Informanten, wenn diese Kopien oder Originale aller Veröffentlichungen von Ihnen automatisch erhalten und was sonst noch mit den Veröffentlichungen passieren soll. Vielleicht sind die Informanten einverstanden, in der Presse zitiert zu werden, aber ein Aushang am „Schwarzen Brett" wäre ihnen peinlich (vgl. Kapitel „Veröffentlichungen nutzen"). Informieren Sie Ihr Gegenüber über die Möglichkeiten – und richten Sie sich möglichst nach deren Wünschen. Schließlich sollen die auch künftig gerne mit Ihnen zusammenarbeiten. Dies werden sie um so eher tun, je mehr ihre persönliche und fachliche Reputation durch die Zusammenarbeit mit Ihnen steigt. Wodurch die Reputation steigt und was sie schmälert, können die Informanten besser beurteilen als Sie, die Sie nicht in deren Abteilung arbeiten. Hängen Sie ohne Absprache einen Beitrag ans „Schwarze Brett", könnten Informanten Ihnen lange böse sein – egal, wie „gut" Sie es gemeint haben.

Sind die Verfahrensfragen geklärt, dann lassen Sie Ihren Informanten im Gespräch selbst Zeit zu antworten. Denn die Antworten, die Zeit brauchen, sind oft besser als schnelle Standardantworten. „Je komplizierter der geschilderte Sachverhalt, desto unvorbereiteter haben Sie Ihren Gesprächspartner in der Regel erwischt"[1] – und um so größer ist dessen Befürchtung, sich mißverständlich auszudrücken und falsch zitiert zu werden. Sofern dies zeitlich möglich ist, sollten Sie in sol-

---

1 Matthias Brendel/Frank Brendel, Richtig recherchieren, Frankfurt am Main 1998, S. 228.

chen Fällen erwägen, das Gespräch zu vertagen – um sich noch einmal Gedanken zu machen, was Sie genau wissen wollen. Teilen Sie diese Fragen Ihrem Informanten rechtzeitig vor dem nächsten Gespräch mit, damit dieser die Antworten vorbereiten kann. Bedenken Sie im Gespräch: Ihre Informanten sind es, die sich nach der Veröffentlichung gegenüber Kollegen und Vorgesetzten dafür rechtfertigen müssen, wenn Sie ihnen polemische Formulierungen entlockt oder in den Mund gelegt haben.

Am Ende des Gespräches können Sie sich nicht nur dafür bedanken, daß sich Ihr Gegenüber die Zeit dafür genommen hat. Sie können es auch aktiv in die weitere Presse- und Öffentlichkeitsarbeit einbeziehen. So könnten Sie gemeinsam überlegen, wie weitere Themen in die PR-Arbeit eingebettet werden können, ob das Thema auch als Beitrag für die Mitarbeiterzeitung geeignet ist oder als Aufsatz in einer Fachzeitschrift. Sie können konkrete Vorschläge machen, beispielsweise einen weiteren Pressetext zu verbreiten, wenn das Projekt in eine neue Phase eintritt – und nach Ideen und Vorschlägen Ihres Gegenübers fragen. Dies dient nicht nur der Motivation Ihres Gegenübers, es bringt vielleicht auch Sie auf weitere gute Ideen.

Geben Sie nach dem Gespräch nicht nur den veröffentlichten Text weiter. Informieren Sie auch umgehend über alle offiziellen und positiven Reaktionen – beispielsweise wenn Journalisten Sie wegen näherer Informationen ansprachen oder sich Kollegen aus anderen Häusern zur Veröffentlichung äußerten. Leiten Sie die Zeitungen und Reaktionen möglichst persönlich weiter, und nutzen Sie dies zur Kontaktpflege. Vielleicht erfahren Sie bei der Gelegenheit Neues zum Thema – zumindest wird registriert, daß Sie nicht nur vorbeikommen, wenn Sie Informationen brauchen.

Bei allem Eingehen auf die Wünsche und Bedürfnisse Ihrer Informanten, vergessen Sie nicht, auch für Ihre Interessen einzutreten: Stellen Sie regelmäßig die Vorteile und Erfolge der Pressearbeit dar. Benennen Sie auch Ihre Kompetenzen und berichten von Ihren Erfahrungen im Umgang mit der Presse und mit Pressetexten – schon damit niemand auf die Idee kommt, Ihre Fairneß als Schwäche oder Mangel an Kompetenz auszulegen.

Checkliste: Motivieren und informieren beim Recherchieren

Motivieren Sie, indem Sie:

- unnötigen Zeitstreß vermeiden,
- erste Gespräche persönlich führen, an dem Ort, an dem sich Ihre Informanten wohl fühlen,
- deren Fachkompetenz dezidiert anerkennen,
- konkrete Motive benennen, Ihre Fragen zu beantworten,
- Zeit für gute Antworten lassen,
- Informanten in die Planung der weiteren Pressearbeit aktiv einbeziehen,
- veröffentlichte Texte und Reaktionen weiterleiten,
- Ihre Arbeit darstellen.

Informieren Sie darüber:

- wo der Beitrag veröffentlicht werden soll,
- was Sie konkret wollen,
- was das Thema des Beitrages ist und um welche Themenaspekte es geht,
- wen Sie außerdem befragen,
- wie lang der Text werden soll,
- wann er verschickt werden soll,
- wie lang das Gespräch schätzungsweise dauert,
- wie der Ablauf vor der Veröffentlichung ist und
- was danach passiert.

3　Schreiben

3.1　Journalistisch Schreiben

Gehören Sie zu den Menschen, die sich darüber ärgern, daß Journalisten Texte schneller, flüssiger und pointierter schreiben als Sie, obwohl diese thematische Laien sind? Dann bedenken Sie: Je mehr Sie von einem Thema wissen und je stärker Sie inhaltlich engagiert sind, um so schwerer ist es, Wesentliches von Nebensächlichem zu unterscheiden. Denn schon bald sehen Sie den Wald vor lauter Bäumen nicht. Journalisten, die sich privat für etwas engagieren, geht es nicht anders.

Formulierungen und Sätze zu finden, die kristallklar sind und allen Menschen beim ersten Lesen genau das vermitteln, was Sie meinen, ist schwer – zumal ohne Hilfsmittel wie akustische oder optische Betonungen, ohne Pausen und ohne Gelegenheit zur Wiederholung und Erläuterung. Für Texte, die veröffentlicht werden sollen, gilt deshalb: Stimmt ein Satz schon bei der ersten Niederschrift, so ist das ein Glücksfall. Für alle anderen Fälle gilt: Schreiben ist harte Arbeit. Am Eingang einer Journalistenschule steht: „Qualität kommt von Qual". Der Leiter der Schule mag diesen Spruch, „weil er sagt – im Unterschied zum typischen Deutschunterricht: Einer von beiden muß sich immer plagen, entweder der Schreiber oder der Leser".[1]

Beim Schreiben von Pressetexten beginnt die Qual oft schon mit der Frage: Welches ist der richtige Schreibstil? Sollen Sie sich an der Spiegel-Schreibe orientieren oder am Feuilleton, am Stil der Nachrichtenagenturen oder der Boulevardzeitung? Nun, an diesen vier Möglichkeiten sollten Sie sich auf keinen Fall orientieren. Denn Sie schreiben

---

1　Paul-Josef Raue, *Interview mit Wolf Schneider*, in: Initiative Tageszeitung (Hg.), Redaktion 1995 – Almanach für Journalisten, Bonn 1994, S. 116.

eine Presseerklärung an die gesamte Presse und keinen Beitrag für einzelne Medien[1].

Außerdem hat jedes Zeitungsressort „seine besondere Gefährdung: Die Wirtschaft durch schiefe Bilder. Das Lokale durch abgestandene Wendungen: ‚Der Landrat ließ es sich nicht nehmen...‘ Der Sport durch Vergleiche aus der Sprache des Krieges: bomben, einkesseln etc. Die Politik durch die Sprache des Sports und des Krieges: Durchmarsch, Einmarsch, auf den Punkt getroffen etc. Das Feuilleton durch ‚in etwa‘-Wortgeklingel“.[2] All diesen Gefährdungen sollten Sie in Ihrem Text widerstehen. Glauben Sie nicht, daß alles, was in den Medien formuliert wird, gut ist: „Die Sprache der Medien ärgert selbst die Medien. ‚Jeden Tag dieselbe fade Sauce, gnadenlos‘“[3].

Wie aber sollte ein guter journalistischer Text sein? In einigen Punkten sind sich Journalisten und Leserschaft einig. Beide schätzen Artikel, „die inhaltlich vollständig, verständlich geschrieben, gut aufgebaut und kurz gehalten sind“[4]. Machen Sie es nicht denjenigen Journalisten nach, die meinen „‚Unsere Leser verstehen das schon‘ oder gar ‚Wenn nicht, dann sollen sie's eben zweimal lesen‘ – was erstens weltfremd und zweitens schamlos ist. Weltfremd, denn zweimal liest man nur Liebesbriefe oder Drohbriefe eines Rechtsanwaltes; schamlos, denn es drückt ... Gleichgültigkeit und Hochmut gegenüber den Lesern aus“[5].

Prüfen können Sie die Qualität von Texten anhand von zwei Kriterien:

1. Verstehen die Lesenden den Text auf Anhieb, und
2. ist der Text interessant beziehungsweise weckt er Interesse?

---

1   Die Ausnahmen sind: Ihr Text wird nur dann von den Medien veröffentlicht, wenn die Nachrichtenagenturen ihn verbreiten, oder Ihr Text geht ausschließlich an die einzige lokale Zeitung. In diesen Fällen kann es sinnvoll oder notwendig sein, sich am jeweiligen Schreibstil zu orientieren.

2   Helmut Herles, *Sprachkritik im Glashaus*, in: Initiative Tageszeitung (Hg.), Redaktion 1997 – Almanach für Journalisten, Bonn 1997, S. 157.

3   Klaus Natorp in der Frankfurter Allgemeine Zeitung; zitiert nach: Hans Werner Stürzer, Sprache im Entsafter, in: journalist, 4/1999, S. 14.

4   So das Ergebnis einer Leserbefragung; nach: Günter Rager, *Qualität in der Zeitung – Ergebnisse erster Untersuchungen*, in: Initiative Tageszeitung (Hg.), Redaktion 1994 – Almanach für Journalisten, Bonn 1993, S. 165.

5   Wolf Schneider, *Wer liest denn schon noch die Tageszeitung*, Rede in Hannover am 3. 9. 1995, http://www.jonet.org/archiv/texte/schneiderges.html vom 14. 11. 1997, S. 7.

Allerdings gibt es „kein für alle Leser einheitliches Verständlichkeitsoptimum. Wichtig: Derselbe Text kann bei Lesern mit unterschiedlichen Vorkenntnissen, Fähigkeiten, Interessen und Bedürfnissen zu verschiedenen Verarbeitungseffekten führen".[1] Deshalb müssen Sie sich beim Formulieren auf die Zielgruppe des Mediums einstellen: Zeitungen wenden sich an die breite Öffentlichkeit, Fachzeitschriften an das jeweilige Fachpublikum. Setzen Sie dabei das Niveau der Verständlichkeit lieber etwas niedriger an als zu hoch. Beim Schreiben journalistischer Texte gilt: Immer müssen Sie „vor Augen haben, daß der Leser keine Zeit für ihn hat, durch etwas anderes abgelenkt werden" könnte[2], müde oder unkonzentriert ist.

Widerstehen Sie der Verlockung, öffentlich zu zeigen, daß Sie das Vokabular Ihres Fachgebietes beherrschen. Nur weil dies als Ritual auf Fachkongressen und in Fachaufsätzen erforderlich ist, ist es noch nicht in Pressetexten sinnvoll. Journalisten klagen, daß Pressemitteilungen ein Einfallstor sind „für schwer verständliche, oft aus dem Behördendeutsch entlehnte Fachausdrücke"[3]. und fordern ihre Kollegen beispielsweise auf: „Verlautbarungen aus der Bürokratie und den Parteien nur mit größter Behutsamkeit übernehmen oder zitieren, stets redigieren! Deren Sprache ist eine ansteckende Krankheit"[4].

Formulieren Sie daher so einfach wie möglich: Denn das Publikum hat „im allgemeinen ein feines Gespür für die Mühe, die sich einer macht, um einen komplizierten Zusammenhang so aufzubröseln, daß er begriffen werden kann, ohne an Substanz verloren zu haben"[5]. Das erst ist wirklich kompetent. Nicht nur einzelne Ressortchefs sind der Meinung: „Was die Leute nicht verstehen, das brauchen wir gar nicht erst zu drucken. Das lesen sie nämlich nicht."[6] Sie müssen also „die Sprache der Bürokraten, der Experten, der Wissenschaftler auf Zumut-

---

1 So die Heidelberger Psychologin Ursula Christmann; zitiert nach: Astrid Schwamberger, *Gliedern, gestalten, stimulieren*, in: journalist, sage & schreibe Werkstatt, 7/1999, S. 13.
2 Otto Groth, Die Zeitung. Ein System der Zeitungskunde (Journalistik), in vier Bänden, Mannheim/Berlin/Leipzig 1929, Band 1, S. 1017.
3 Norbert Jonscher, *Notizen aus der Provinz*, in: journalist, 6/1999, S. 14.
4 Helmut Herles, *Sprachkritik im Glashaus*, in: Initiative Tageszeitung (Hg.), Redaktion 1997 – Almanach für Journalisten, Bonn 1997, S. 157.
5 Hanns Joachim Friedrichs, *Vom „Handwerk" der Sprache*, in: Gesellschaft für deutsche Sprache (Hg.), Wörter und Unwörter, Niedernhausen/Ts. 1993, S. 22.
6 Hanns Joachim Friedrichs, *Vom „Handwerk" der Sprache*, in: Gesellschaft für deutsche Sprache (Hg.), Wörter und Unwörter, Niedernhausen/Ts. 1993, S. 20.

barkeit abklopfen und alles Nichtzumutbare – das heißt: Nichtver-
ständliche, Nichtlebendige" aus ihrem Text „verjagen. Das Postwert-
zeichen heißt natürlich Briefmarke"[1]. Daß dies schwer ist, liegt – so
Henry Nannen – auch daran, daß „wir in einem Lande leben, in dem
Langeweile und Seriosität als Synonyme gelten".[2]

Bedenken Sie: Ein guter Pressetext findet keine Gnade vor Deutsch-
lehrern. Wiederholungen würden rot unterstrichen, Wechsel im Ausdruck angemahnt, der Satzbau kritisiert, die fehlende Einleitung
bemängelt. Für journalistische Texte gilt: „Viele Stilnormen, an die wir
uns aus der Schule zu erinnern glauben, taugen wenig. Sie ... orien-
tierten sich an Texttypen der schönen Literatur."[3] Außerdem sollten
Sie, anders als in der Schule oder im Studium, nicht viel schreiben,
um wenig mitzuteilen. Haben Sie in 15 Zeilen alles Wichtige prägnant
und anschaulich mitgeteilt, dann ist das ausgezeichnet. Die viele
Arbeit am Text sollte sich nicht in dessen Länge spiegeln – zumal
kurze Meldungen mehr gelesen werden als lange Beiträge.

Satzbau

Der klassische deutsche Satz hat die Reihenfolge Subjekt – Prädikat –
Objekt. Schon in meiner ersten Lesefibel hieß es entsprechend „Peter
fährt ein Auto". Aber der allererste Satz hieß „Tut, tut fährt ein Auto".
Die Autoren wollten die Kinder wohl nicht als erstes langweilen – mit
einem grammatikalisch korrekten „ein Auto fährt tut, tut". Wollen
Sie die Lesenden nicht langweilen, müssen Sie immer mal wieder
Sätze mit dem Objekt beginnen – vorzugsweise kurze Sätze. Der Satz
„der Vorsitzende des Vereins X fordert mehr Zuschüsse für den Abenteuerspielplatz" (Subjekt – Prädikat – Objekt) ist langweiliger, als
„mehr Zuschüsse für den Abenteuerspielplatz fordert ..." (Objekt –
Prädikat – Subjekt). Da es alltäglich ist, daß jemand mehr Zuschüsse
fordert, könnte der Satz auch mit dem Besonderen beginnen: „Für
den Abenteuerspielplatz mehr Zuschüsse fordert ..." Denn an die Spit-

---

1 Wolf Schneider, *Für lesefaule Journalisten*, in: Initiative Tageszeitung (Hg.), Redaktion
   1994 – Almanach für Journalisten, Bonn 1993, S. 182.
2 Henry Nannen auf die Frage „Warum haben es Reporter so schwer in Deutschland?"
   Zitiert nach: Cordt Schnibben, *Eine Art Wahn*, in: spiegel special, 10/1996, S. 72.
3 Jürg Häusermann, Journalistisches Texten: sprachliche Grundlagen für professionelles
   Informieren, Aarau/Frankfurt am Main 1993, S. 17.

ze journalistischer Sätze „rückt durch Umstellung der Satzglieder das, was sofort die Aufmerksamkeit des Lesers auf sich zieht"[1]. Schreiben Sie deswegen aber nicht gleich „das Feuer entdeckte eine Fußstreife". Denn damit dürften Sie Spott ernten. Hat doch das Feuer freudig die Fußstreife entdeckt. Nicht besser ist es, wenn Polizisten von Trickdieben festgenommen werden: „Eine Gruppe von Trickdieben konnte die Polizei festnehmen"[2]. Die Satzglieder dürfen natürlich nur dann umgestellt werden, wenn die inhaltliche Aussage erhalten bleibt.

Bei langen Sätzen sollte das Subjekt am Anfang stehen, damit sich die Lesenden orientieren können und sich nichts unnötig merken müssen. Umgeschrieben werden müßte folglich dieser Satz: Größere Anstrengungen zur Gewährleistung einer hohen inneren Sicherheit (sind nötig? Nein:) hat der amerikanische Präsident verlangt[3]. Machen Sie es den Lesenden insgesamt so einfach wie möglich den Inhalt zu erfassen – lenken Sie davon nicht durch komplizierten Satzbau und Verschachtelungen ab. Selbst wenn Ihr Satzbau literarisch ist, dankt es Ihnen das Publikum nicht. In den Medien will es sich schnell über das Wichtigste informieren. Wer Literarisches möchte, wird entsprechende Bücher lesen.

In journalistischen Texten sollte jeder Satz nur eine Idee enthalten, die Sätze entsprechend schlicht sein. Schlichte Sätze bedeutet dabei nicht, im Telegrammstil zu schreiben. Es bedeutet, komplexe Sätze sparsam einsetzen.[4] „Woran liegt es, daß die Sätze in der geschriebenen Sprache so oft zu ‚Schachtelmonstern' geraten? Ein Grund dafür ist sicher, daß man beim Schreiben dazu neigt, in einem einzigen Satz mehrere Gedanken unterzubringen. Wenn der Schreiber versuchte, in Sinneinheiten zu schreiben und nach jeder Sinneinheit einen neuen

---

1   Otto Groth, Die Zeitung. Ein System der Zeitungskunde (Journalistik), in vier Bänden, Mannheim/Berlin/Leipzig 1929, Band 1, S. 1018.

2   Beide Beispiele aus: Gerhard Illgner, *Neusprech in Babylon*, in: journalist, 4/1999, S. 21.

3   „Aus dem rücksichtslosen Nach-vorn-Ziehen des Aufregenden folgt jener Satzbau, in dem ein vielgliedriges Objekt sich vor das Subjekt drängt und ein Dutzend abstrakter Substantive ihren Kegelabend feiert"; aus: Wolf Schneider, Deutsch für Profis, Hamburg 4. Auflage 1983, S. 139.

4   „Clarity of language and simplicity in sentence structure are essential"; aus: E. W. Brody/ Dan L. Lattimore, Public relations writing, New York/Westport/Connecticut/ London 1990, S. 15.

Satz zu beginnen, könnte er dem Leser viel mühsame Decodierarbeit ersparen"[1].

Weitere Gründe sind: Kompliziertes Formulieren wurde in Schule und Universität lange mühsam eingeübt und dann für gut befunden. Einfachen, verständlichen, kurzen Sätzen haftet seitdem der Ruf des Banalen, Naiven, Kindlichen an. Dennoch sind genau solche Sätze guter journalistischer Stil. Und so gibt es „zu dem Satz ‚Die Welt ist untergegangen' ... keine Alternative – weder ‚Beim Weltuntergang kamen alle 5,7 Milliarden Menschen ums Leben' noch ‚Er werde auch den Weltuntergang aussitzen, unterstrich der Bundeskanzler'"[2].

Verständlich formuliert, wer den Schreibstil dem Stil der gesprochenen Sprache annähert. „Annähern bedeutet hier, die Züge und Merkmale der gesprochenen Sprache übernehmen, die die Sprache verständlich machen. Annähern bedeutet aber nicht, die gesprochene Sprache ungefiltert zu übernehmen."[3]

Blähdeutsch

Blähsätze und -formulierungen sagen mit vielen Worten wenig aus: „Die Veranstaltung wird von der Sozialstation durchgeführt" heißt knapper „Veranstalter ist die Sozialstation" oder „die Sozialstation veranstaltet". Besucht ein Ortsamtsleiter die Phoenix AG, dann sollte daraus nicht werden: „Der Ortsamtsleiter stattet der Phoenix AG einen Besuch ab". Es bleibt vielmehr dabei, daß „der Ortsamtsleiter die Phoenix AG besucht".

Wann immer Sie etwas kürzer schreiben können, sollten Sie dies in Pressetexten tun. Dies gilt für Sätze ebenso wie für Worte. Überprüfen Sie die Texte auch auf Silben, die sie streichen können: Rückantwort – Antwort, telefonischer Anruf – Anruf, dergestalt – so, erlag seinen schweren Verletzungen – erlag seinen Verletzungen. Wären die Verletzungen leicht gewesen, wäre er ihnen vermutlich nicht erlegen.

---

1   Walter Hoffmann/Werner Schlummer, Erfolgreich beschreiben – Praxis des Technischen Redakteurs, München 1990, S. 79.

2   Wolf Schneider, *Wer liest denn schon noch die Tageszeitung*, Rede in Hannover am 3. 9. 1995, http://www.jonet.org/archiv/texte/schneiderges.html vom 1. 1. 1999, S. 7.

3   Walter Hoffmann/Werner Schlummer, Erfolgreich beschreiben – Praxis des Technischen Redakteurs, München 1990, S. 79.

Können Sie keine Silben streichen, dann können Sie womöglich kürzere Worte einsetzen: Aus „neuen audiovisuellen Kommunikationsmitteln" werden „neue Medien", aus einer „Zusammenkunft" ein „Treffen". Ist das Wetter „nicht eben regnerisch", dann ist es vielleicht schlicht sonnig; haben Sie „keine unangenehme Erfahrung gemacht", dann war sie womöglich angenehm? Prüfen Sie also, ob Sie Verneinungen – gar doppelte – ersetzen können.

Natürlich können Sie „ich bin Kummer gewöhnt" auch so formulieren: Die addierten Enttäuschungen in zwischenmenschlichen und anderen Bereichen haben bei mir zu einer entsprechenden Gewöhnung geführt mit der Folge, daß auch Erfahrungen wie diese keine nennenswerte Störung meiner Befindlichkeit verursachen.[1] Aber das Publikum wird nicht genügend Zeit und Konzentration investieren wollen, um Ihren Satz zu übersetzen. Es wird den Satz überlesen – oder glauben, Sie seien kompliziert.

Stammt ein ähnlich diffuser Satz von Experten und Sie übersetzten diesen für einen Pressetext, dann behaupten manche: Das trifft nun aber wirklich nicht den Kern, ist sachlich falsch, und das Wesentliche ist verlorengegangen. Es folgen lange, komplizierte Argumentationen sowie Erklärungen der fachlichen Grundlagen; unterlegt mit offenen Zweifeln an Ihrer Kompetenz. Leuchten Ihnen die Argumente nicht ein, dann lassen Sie sich nicht beirren! Meist ist den Experten die verständliche Übersetzung lediglich zu banal, alltäglich, zu wenig wissenschaftlich. Womöglich steht das Ergebnis jahrelanger Arbeit plötzlich nackt da – in nur einem einfachen, kurzen Satz. Verständlich, daß Experten dies als Abwertung ihrer Arbeit und Kompetenz empfinden. Wer Pressetexte verfaßt, dem bleibt da letztlich nur, mit der Verständlichkeitsschwelle der Zielgruppe zu argumentieren – und die fachliche Kompetenz der Experten im Gespräch ausdrücklich anzuerkennen.

---

1 Beispiel aus: Dagmar Gaßdorf, Das Zeug zum Schreiben – Eine Sprachschule für Praktiker, Frankfurt am Main, 1996.

Bilder

„Wenn ein Gegenstand (Vorgang, Begriff) besonders schwierig zu beschreiben ist, kann es nützlich sein, ihn mit einem ähnlichen, weniger komplizierten Gegenstand zu vergleichen. Es ist eine gute Strategie, auf Bekanntes zurückzugreifen, wenn man Unbekanntes einführen will."[1] Dabei dürfen Vergleiche jedoch nicht aus „schiefen" Bildern bestehen. Ein sprachlich richtiges Bild erkennen Sie daran, daß Sie es sich konkret vorstellen können – ohne über die unfreiwillige Komik zu lächeln. Sie werden feststellen, daß es schon deshalb schwierig ist, schwarzen Schafen das Handwerk zu legen, „weil Schafe meist kein Handwerk ausüben".[2] Bei einer wankenden Währungsschlange hat es einen eigenen „anatomischen Reiz, sich bei einem Wesen, das nicht von einem Fuß zum anderen treten muß, ein Wanken vorzustellen".[3]

Unfreiwillige Komik können Sie auch entdecken, wenn Sie das Bild skizzieren. Malbar ist die „Konjunktur, die bei der Höhenwanderung leichte Ermüdung zeigt". Schwer malbar sind dagegen „Füße, die man nicht auf die leichte Schulter nehmen darf" oder wenn jemand „in den sauren Kelch bis zur Neige beißt". Merke: Gutes PR-Schreiben zeichnet sich mehr durch beeindruckende Klarheit als durch den Einsatz brillanter Bilder aus.[4]

---

1 Walter Hoffmann/Werner Schlummer, Erfolgreich beschreiben – Praxis des Technischen Redakteurs, München 1990, S. 80.

2 Wolf Schneider kritisierte diese Formulierung aus Die Zeit in einer Sprachkolumne in Die Zeit; zitiert nach: Hans Werner Stürzer, *Durchgeknalltes aus der „Zeit"*, in: journalist, 4/1999, S. 18.

3 Dagmar Gaßdorf, Das Zeug zum Schreiben – Eine Sprachschule für Praktiker, Frankfurt am Main, 1996, S. 53.

4 „Good public relations writing is characterized by remarkable clarity rather than brilliant imagery"; aus: E. W. Brody/Dan L. Lattimore, Public relations writing, New York/Westport/Connecticut/London 1990, S. 83. Übrigens wird über Sprachschlampereien und -klischees nicht nur in der deutschen Presse geklagt. Vgl. die Serie „Writing Clinic" in der Zeitschrift Quill, 1997, herausgegeben von der Society of Professional Journalists in Greencastle, Indiana, USA.

Substantive/Verben

Je mehr Substantive in einem Text stehen und je länger diese sind, um so schwerer ist der Text zu verstehen. Lange Substantive müssen deshalb in Pressetexten getrennt werden. So werden „Wirtschaftlichkeitsüberlegungen" zu „Überlegungen zur Wirtschaftlichkeit". „Die Unternehmenszielsetzung lautet" wird geändert in „die Unternehmensziele sind". Noch besser schreiben Sie gleich von den „Zielen des Unternehmens".

Prüfen Sie, ob Sie Substantive durch Verben ersetzen können. Statt von „technischer Realisierbarkeit" können Sie davon schreiben, „was technisch machbar ist". Statt jemandem „Informationen zukommen zu lassen", können Sie schlicht „informieren". Interessierte können sich „anmelden" statt Ihnen „die Anmeldung übersenden".

Verständlicher als passiv formulierte Verben sind die aktiv eingesetzten: „Die Architektin, die das Haus baute" ist daher besser, als „das Haus, das von der Architektin gebaut wurde". „Allerdings ist das Passiv als Leideform angebracht, wenn tatsächlich über einen Leidevorgang berichtet wird"[1] – beispielsweise „der Mann vom Affen gebissen wurde".

Da in Pressetexten häufig Zitate verwendet werden, werden oft Synonyme für das Verb „sagen" gesucht. Auch für dieses Wort gilt jedoch: „Für den gleichen Begriff sollen ohne Not nicht unterschiedliche Wörter verwendet werden."[2] Schreiben Sie lieber fünfmal „sagen" oder „mitteilen" in Ihren Text, als daß Sie jemanden etwas einräumen oder feststellen lassen, erklären oder Stellung nehmen, bekannt geben oder wissen lassen. Denn die Bedeutung ist jeweils eine andere. Sie bewerten Aussagen, wenn Sie etwas behaupten oder rufen lassen oder wenn jemand „versucht, eine Erklärung abzugeben".

Leserbevormundung

Hüten sollten Sie sich vor Formulierungen, mit denen Sie die Lesenden bevormunden. Denn es ist das Recht des Publikums, ein Thema wichtig

---

1 Karl-Ernst Jipp, Wie schreibe ich eine Nachricht, Stuttgart 1990, S. 48.
2 Jürg Häusermann, Journalistisches Texten: sprachliche Grundlagen für professionelles Informieren, Aarau/Frankfurt am Main 1993, S. 99.

oder unwichtig zu finden, einzelne Aspekte langweilig oder spannend. Beginnt Ihr Text mit „gibt es etwas Schöneres als Blumen auf der Fensterbank wachsen zu sehen?", dann wehren sich die Lesenden dagegen, indem sie diese Frage innerlich beantworten mit einem „klar gibt es Schöneres: Füße hochlegen, in Urlaub fahren ..." Heißt es in Ihrem Text „die Berliner wollen", dann denken viele Berliner „also, ich will das schon mal nicht" oder „was ich will, kann ich ja wohl selbst entscheiden".

Was Sie in Briefen machen sollten und in der Werbung machen können, dürfen Sie in Pressetexten übrigens nicht tun: die Lesenden persönlich ansprechen. „Sie sind herzlich eingeladen" und „Sie können sich anmelden unter" gehört folglich nicht in Pressetexte. Dort schreiben Sie von der „öffentlichen Veranstaltung" – womit alle wissen, daß sie willkommen sind – und ein knappes „Anmeldung unter". Die Formulierung „sicher haben Sie sich schon gewundert" enthält gleich beide Fehler auf einmal: Die Lesenden werden persönlich angesprochen und bevormundet.

Checkliste: Journalistisch schreiben

Ja	Nein
verständlich für die Zielgruppe	Expertenjargon
kurze Sätze, unterschiedlicher Satzbau	lange komplizierte Sätze
kurze Worte	lange Worte
Verben	viele Substantive
Silben/Worte/Sätze ohne Aussage streichen	Lesende ansprechen/bevormunden
Vergleiche und malbare Bilder	schiefe Bilder

Exkurs: Frauen und Männer in der Sprache

Helmut, von den Schultern abwärts zur Fülle neigend, lovely Hans, Salvador-Bilder zu Rekordpreisen, die Direktorin und der Junge – schreiben Redakteure nicht. Lovely Rita[1], Paula-Bilder zu Spitzenpreisen[2], der General und das Mädchen[3] und Hillary, „hüftabwärts schon immer etwas zur Fülle neigend ... überschwere Beine, ausladendes Hinterteil, Mondgesicht"[4] formuliert sich offensichtlich leichter. Kein Klischee scheint zu platt, keine Platitüde zu abgegriffen, kein Kosewort zu niedlich, als daß es nicht noch für Frauen verwendet werden kann. Seit Jahren wird dies untersucht und kritisiert[5] – und weitergemacht, als gäbe es weder die fundierte Kritik noch den Satz „Frauen und Männer sind gleichberechtigt" im Grundgesetz.

Wer den – nach wie vor in den Medien aktuellen – Trend nicht mitmachen will, stößt bald an Grenzen. Die groben Abwertungen von Frauen mittels Sprache lassen sich noch leicht vermeiden. Frauen und Männer konsequent gleichrangig zu beschreiben ist jedoch nicht nur in der deutschen Sprache schwer – was manche als Freibrief ansehen, darauf zu verzichten.[6]

---

1   Bezeichnung für die ehemalige Bundestagspräsidentin Dr. Rita Süssmuth, die insbesondere in Zeitungen und Nachrichtensendungen des privaten Fernsehens verbreitet wurde, wann immer kritikwürdiges Verhalten vermutet wurde.

2   Gemeint waren Werke der Malerin Paula Becker-Modersohn.

3   Gemeint waren die international anerkannte 44jährige Politikerin Petra Kelly und Gerd Bastian; nach: Anja Kusenberg, *„Nicht alle Utopien sterben eines natürlichen Todes": Der Tod von Petra Kelly*, in: Petra Henschel/Uta Klein, Hexenjagd – Weibliche Kriminalität in den Medien, Frankfurt am Main 1998, S. 150.

4   Spiegel vom 18. Januar 1993, zitiert nach: Brigitta Huhnke, *Spiegelgefechte*, in: journalist, 8/1995, S. 41, über eine Untersuchung frauenpolitischer Themen bei dpa, tageszeitung, Zeit und Spiegel von 1980–1994 an der Hamburger Universität.

5   Vgl. u. a.: Ulla Lessmann, *Der Spiegel und die Dame. Wie die Männermedien es so treiben – streng wissenschaftlich gesehen*, in: Emma, 11.–12./1999, S. 72 f.; Brigitta Huhnke, *Macht, Medien und Geschlecht – Sprachliche Inszenierung subtiler Denunziation*, in: menschen machen medien, 3/1995; K. M. Shrivastava, Radio und TV Journalism, New Delhi in India 1989, S. 222 ff.

6   In einigen Dialekten wird Frauen beispielsweise auch als Erwachsene kein weibliches Adjektiv zugestanden. So bleibt im schweizerischen Grete „das Gretchen" und Amalia „das Amali". Im Hochdeutschen haben es Frauen diesbezüglich besser. Wenn sie älter werden als „das" Mädchen, erhalten sie mit „die" Frau auch ihr grammatikalisches Geschlecht. Sie werden auch nicht mehr erst durch eine Heirat von ihrem Status als „das"

Daß die Einwände gelegentlich vorgeschoben sind, zeigen Journalisten, die immer noch von „Frauen in der Blüte ihrer Jahre" reden und schreiben, daß die Teilnehmenden „aus aller Herren Länder" kamen – wo es doch kürzer, korrekter und prägnanter geht: „Aus vielen Ländern" könnten sie schließlich kommen, „weltweit" oder „aus der ganzen Welt" angereist sein; die Frauen 30, 60 oder 90 Jahre alt sein[1].

Einige einfache, korrekte und elegante Möglichkeiten des geschlechtsneutralen Formulierens bietet also auch die deutsche Sprache. Sie so häufig wie irgend möglich anzuwenden kann eine Frage der Ehre sein. Das Gegenargument, Frauen seien doch selbstverständlich immer mitgemeint, wurde von der Linguistin Luise F. Pusch längst entkräftet: „Ein Akt des Meinens ist, sofern er auf Personen zielt, ganz offenbar dann mißlungen, wenn diese Personen sich trotz aller guten Absichten der/des Meinenden nicht gemeint fühlen und dafür handfeste Gründe ... angeben können."[2] Wenn Sie die Überschrift lesen „Die

---

Fräulein erlöst. „Der" Junge hat diese Ehre allerdings schon, wenn er dem Kleinkindalter entwachsen ist. Vgl. auch: Senta Trömel-Plötz, Frauensprache: Sprache der Veränderung, Frankfurt am Main 1982, S. 32 ff. und 91 ff. „The Englisch language lacks a third person singular pronoun or possessive adjetcive applying neutrally to both sexes. The older convention was to use he, him, his for both sexes ... but this is now often felt to exclude women and girls. Acceptable alternatives include rephrasing in the plural ... using both pronouns or possessives ...."; aus: Della Thompson (Hg.), The Concise Oxford Dictionary of Current Englisch, New York/USA 9. Auflage 1995, S. 1663. Vgl. auch: Übungen zum nicht-diskriminierenden Sprachgebrauch in: Leo Jones, Progress to Proficiency. Student's Book, Cambridge/United Kingdom 2. Auflage 1993, S. 42 f.

1 Der Ehrenkodex der amerikanischen sowie der australischen Journalisten ächtet neben Sexismus und Rassismus auch Altersdiskriminierung, Behinderten-, Schwulen- und Lesbenfeindlichkeit. Dies wird zurückgeführt auf die entsprechenden sozialen Bewegungen, wie die Grauen Panther in den USA und die Frauenbewegung; vgl. Betty Friedan, Mythos Alter, Hamburg 1997, S. 852 f. sowie Martin Hirst, *MEAA Code of Ethics for Journalists. An historical and theoretical overview*, in: Media International Australia, No. 83 von 2/1997, S. 72. Im Ehrenkodex der amerikanischen Journalisten steht ausdrücklich: Vermeiden Sie Stereotypen aufgrund von Rasse, Geschlecht, Alter, Religion, ethnischer oder nationaler Herkunft, sexueller Orientierung, Behinderung, äußerem Erscheinen oder sozialem Status. „Avoid stereotyping by race, gender, age, religion, ethnicity, geography, sexual orientation, disability, physical appearance or social status"; aus: Society of Professional Journalists Sigma Delta Chi, *Code of Ethics*, www.cincinnati_spj.org/ethics.html vom 21. 10. 1999, S. 2. Der Ehrenkodex der Deutschen Presse verurteilt dagegen lediglich Diskriminierung aufgrund von Geschlecht, „Zugehörigkeit zu einer rassischen, ethnischen, religiösen, sozialen oder nationalen Gruppe"; aus: Deutscher Presserat, Jahrbuch 1997, o. O. o. J., S. 379.

2 Luise F. Pusch, Das Deutsche als Männersprache, Frankfurt am Main 1984, S. 30; vgl. auch: Senta Trömel-Plötz, Frauensprache: Sprache der Veränderung, Frankfurt am Main 1982, S. 200 ff.

Mongolen haben eine oder mehrere Frauen", erwarten Sie dann einen Beitrag über mongolische Frauen, die mehrere Frauen haben? Vermutlich nicht. Denn Sie wissen, daß in diesem Fall Frauen nicht mitgemeint sind. „Weil so viele Sätze Männersätze sind", wirken solche Sätze „noch nicht einmal seltsam".[1]

Entscheidend für geschlechtsneutrales Formulieren ist, welche Assoziation bei den meisten Menschen ausgelöst wird. Beschränkt sich die Assoziation auf das männliche Geschlecht oder umfaßt diese Männer und Frauen? Bei „jeder, der ein Auto besitzt", denken wohl die meisten Menschen an Männer. Bei dem Ausdruck „alle, die ein Auto besitzen", assoziieren einige sowohl Männer als auch Frauen. Die Verwendung des Plurals ist also eine Möglichkeit.

„Menschen, die wählen gingen", „Leute, die Rente beziehen" und „100 Beschäftigte, die arbeitslos wurden", das könnten auch Frauen sein. „Wähler", „Rentner" und „Arbeitslose" verknüpft sich dagegen eher mit Männern. „Auch die Formulierung ‚der eine oder andere' läßt sich unaufdringlich um das weibliche Geschlecht ergänzen: ‚der eine oder die andere'. Konsequente Gleichberechtigung heißt aber auch, daß etwa Rita Süssmuth nicht als ‚Frau Süssmuth' sondern nur als ‚Süssmuth' zitiert wird. Schließlich wird Helmut Kohl in den Medien auch nicht ‚Herr Kohl' genannt"[2].

In zahlreichen Fällen kann vom Geschlecht abstrahiert werden, wodurch Männer seltener zum Maß aller Dinge werden. „Das Bundesverfassungsgericht" kann ebenso urteilen wie „die Richter des Bundesverfassungsgerichtes", der „ärztliche Rat" besser sein als der „Rat des Arztes". Ein Seminar kann ebensogut „Teilnehmende" haben wie „Teilnehmer". Wenn Mitarbeiter zu Beschäftigten werden und Lehrer zu Lehrkräften, dann wird der Anteil von Frauen in diesen Gruppen ein klein wenig transparenter.

Indem die Studentenvertretungen gegenüber der Presse stets von „Studierenden" sprachen, kam „der Student" zunehmend aus der Mode. Diejenigen, die Pressetexte schreiben und mit der Presse reden, beein-

---

1 Zitat und Beispiel aus: Peter Linden, Wie Texte wirken, Bonn 1998; zitiert nach: Peter Linden, *Kamera im Kopf*, in: sage & schreibe, März/April 1999, S. 34.
2 Eckhard Stengel, *Mitglied oder Mitklit?* in der Reihe Mediendeutsch für Fortgeschrittene, in: journalist, 4/1994, S. 48.

flussen also die Mediensprache. Ärzte, die konsequent von „Praxispersonal" statt von „Arzthelferinnen" reden, verändern auf Dauer das Image eines Berufes. Allen Menschen steht es frei, von „Ratsmitgliedern" statt von „Ratsherren" zu reden, „Fachleute" statt „Fachmänner" zu schreiben, die „Rednerliste" durch die „Redeliste" zu ersetzen und „Brüderlichkeit" durch „Mitmenschlichkeit". Statt Ihren „Arzt oder Apotheker" zu fragen, könnten Sie sich schließlich auch in Ihrer Arztpraxis oder Apotheke informieren.

Nicht vom Geschlecht abstrahiert werden sollte, wenn dadurch die Realität verschleiert wird. Wenn eine Frau „erschlagen wurde", dann kann dies durch einen im Sturm umgestürzten Baum passiert sein. Der Satz „Mann erschlug Frau" macht dagegen deutlich, daß es ein handelndes Subjekt gibt, das für ihren Tod verantwortlich ist.

Um in den Medien nicht weiter Klischees zu transportieren und damit zu verfestigen, empfehlen Journalisten: „Schrecke nicht davor zurück, eigene Worte zu erfinden, andere tun es auch"[1]. Wie wären männliche Krankenschwestern sonst wohl – statt zu Krankenbrüdern – zu Krankenpflegern geworden und männliche Stewardessen zu Flugbegleitern? In diesen und ähnlichen Fällen wurde der Satz ernst genommen: „Die Sprache braucht nicht hinter der gesellschaftlichen Realität herzuhinken, sondern kann ihr auch ein Stück voraus sein"[2].

Daß es nicht dasselbe ist, wenn zwei das gleiche tun, wird besonders deutlich durch unterschiedliche Verben, mit denen Handlungen von Männern und Frauen beschrieben werden. Wenn Männer „feststellen",

---

[1] Empfehlung der Arbeitsgruppe „Ausländer, Asyl, Gewalt" eines Modellseminars der Bundeszentrale für politische Bildung. Als Synonym für Flüchtlinge und Asylsuchende entschied sie sich für „Heimatlose". Statt des ausgrenzenden Wortes Ausländer schlugen die Teilnehmenden unter anderem vor: Weltbürger, Internationale, Mitlebende, Extradeutsche und Noahisten. Nach: Bernd Seger, *Wenn Sprache das Denken verdirbt*, in: Initiative Tageszeitung (Hg.), Redaktion 1994 – Almanach für Journalisten, Bonn 1993, S. 91 ff. vgl. auch: Siegfried Jäger/Jürgen Link (Hg.), Die vierte Gewalt. Rassismus und Medien, Duisburg 1993 sowie: Duisburger Institut für Sprach- und Sozialforschung (Hg.), Medien und Straftaten – Vorschläge zur Vermeidung diskriminierender Berichterstattung über Einwanderer und Flüchtlinge, Duisburg 1999.

[2] Senta Trömel-Plötz, Vatersprache Mutterland, München 1993, S. 137.

„Forderungen aufstellen" und „ihren Standpunkt klarmachen", dann „finden, meinen und behaupten" Frauen oft angeblich nur. Weibliches Schweigen wird oft als Unsicherheit interpretiert, männliches Schweigen dagegen als innere Stärke und Überlegenheit[1].

Auch bei den Verben muß also darauf geachtet werden, Frauen nicht durch die Wortwahl abzuwerten, ihre Handlungen lächerlich zu machen und Klischees zu transportieren. Denn eine Professorin, die lediglich „Behauptungen aufstellt", statt „Thesen zu vertreten und ein Resümee zu ziehen", die hat offensichtlich keine Ahnung vom Fach und ist als „Quotenfrau" zu ihrem Job gekommen.

Daß solche Wortwahl wertet, wird spätestens dann deutlich, wenn Männer ausnahmsweise so beschrieben werden. Ein Mann, der auf einer öffentlichen Veranstaltung Behauptungen aufstellt – wer denkt dabei nicht an wilde Behauptungen, die jeder Grundlage entbehren –, der kann parallel unmöglich nur etwas „meinen", soll er nicht als unfähig dargestellt werden. Der vertritt mindestens die Meinung, daß ... Um beispielsweise SED-Chef Walter Ulbricht durch die Wahl der Verben systematisch abzuwerten, war es in den 60er Jahren einigen bundesdeutschen Redaktionen untersagt, ihn etwas „erklären" oder gar „feststellen" zu lassen. Er durfte grundsätzlich nur „behaupten".[2]

Außer mit Verben und Substantiven wird auch mit so unscheinbaren Worte wie „nur" gewertet: Außer drei Männern kamen nur Frauen. Damit ist die Anwesenheit der drei Männer bedeutend, denn das andere waren ja „nur" Frauen. Das Wort „ausschließlich" wertet weniger als die Worte „nur", „lediglich" oder „bloß": Abgesehen von drei Männern waren ausschließlich Frauen dort.

Eine Möglichkeit, den eigenen Text auf versehentliche Abwertungen hin zu prüfen, ist, alle erwähnten Männer durch Frauen und alle Frauen durch Männer zu ersetzen. Wollen Sie den berufstätigen Ehemann, Hausmann und Vater dann durch den gelernten Mechaniker, Vater

1 Vgl.: Senta Trömel-Plötz, *Weiblicher Stil – männlicher Stil*, in: Senta Trömel-Plötz (Hg.), Gewalt durch Sprache – Die Vergewaltigung von Frauen in Gesprächen, Frankfurt am Main 1984, insbesondere S. 358 und 384.
2 So die Vorgabe für die Nachrichtenredakteure des Berliner Senders RIAS; vgl.: Hermann Meyn, *Korpsgeist der Insel*, in: journalist, 7/1998, S. 36.

und Hausmann ersetzen, dann sollten Sie die berufstätige Ehefrau[1], Hausfrau und Mutter ebenfalls durch die Angabe des erlernten oder ausgeübten Berufes ersetzen. Denn eine „Aussage, die bei einer Übertragung auf Männer komisch, bizarr oder beleidigend wirken würde, ist frauenfeindlich"[2].

---

1 Zu den Konsequenzen der Bezeichnung von Frauen als berufstätige Frau vgl.: Senta Trömel-Plötz, Frauensprache: Sprache der Veränderung, Frankfurt am Main 1982, S. 198 ff.

2 Sigrid Löffler, in: Die Zeit vom 4. 12. 1981, S. 57; zitiert nach: Luise F. Pusch, Das Deutsche als Männersprache, Frankfurt am Main 1984, S. 148. Zumindest deplaziert wirkt es, wenn als einziges Beispiel für den Satzbau im Nachrichtenjournalismus männliche Verhütung herhalten müßte: Kondome benutzen Männer oft widerwillig. Man weiß, was gemeint ist. Doch richtig muß es heißen: Kondome werden von Männern oft widerwillig benutzt. Oder: Männer benutzen Kondome oft widerwillig. Das Originalbeispiel lautet: „Die Pille schluckt die Frau oft widerwillig. Man weiß, was gemeint ist ..." Daß ein Autor, der ein solches Beispiel verwendet, für die Erklärung von Passivkonstruktionen – an Dummheit leidende – Frauen wählt, ist konsequent. Er schreibt: „Allerdings ist das Passiv als Leideform angebracht, wenn tatsächlich über einen Leidevorgang berichtet wird, also: Das Mädchen wurde vom Löwen in den Arm gebissen, als es sich dem Käfig näherte." Originalbeispiele aus: Karl-Ernst Jipp, Wie schreibe ich eine Nachricht? Stuttgart 1990, S. 76 und 86.

Checkliste: Geschlechtsneutral formulieren

Ja	Nein
Männer und Frauen austauschen, um Abwertungen aufzuspüren	Frauen mitmeinen
berufliche Position und Kompetenzen von Frauen klar benennen	Koseworte, Beschreibungen des Äußeren, Verschweigen oder Ersetzen der beruflichen Kompetenzen durch Benennung des Familienstandes
Plural verwenden: alle, die ein Auto besitzen	jeder, der ein Auto besitzt
vom Geschlecht abstrahieren: ärztlicher Rat	Rat des Arztes
handelnde Personen benennen: Mann erschlug Frau	Frau wurde erschlagen
Einsatz von Verben entsprechend der Kompetenz	Einsatz von Verben nach Geschlecht (Mann stellt fest, Frau meint)

3.2 Regeln der Schreibweisen

Pressetexte werden so geschrieben, daß sie ohne Änderung veröffentlicht werden können; also als hätten ihn die Journalisten geschrieben. Natürlich schreiben nicht alle Journalisten und Redaktionen gleich. Aber es gibt einige Regeln und Übereinkünfte in der Branche, an die sich die meisten Redaktionen halten. Zu den üblichen Schreibweisen gehören:

- In journalistischen Texten werden Namen und berufliche Position der Informanten dezidiert genannt sowie die mitteilende Organisation, also die **Informationsquelle**. Auch wenn Sie Ihren Text auf dem

Briefpapier Ihrer Organisation absenden, muß die Informations-quelle im Text stehen. Denn das Logo wird in der Presse ja nicht abgedruckt.

- Pressetexte kennen üblicherweise kein Herr oder Frau. Von allen Menschen werden daher **Vor- und Nachname** geschrieben. Anschließend können Sie den Vornamen weglassen und schreiben: „so Meyer weiter". Haben Sie geschrieben, „Ernst Meyer, Vorsitzender des Vereins Trimm", können Sie anschließend formulieren: „so der Vorsitzende".

- Haben die in Ihrem Text erwähnten oder zitierten Menschen besondere **Positionen**, Funktionen oder Qualifikationen, so müssen Sie diese benennen. Denn es macht einen großen Unterschied, ob Sabine Schmidt einen Vortrag hält oder ob Prof. Dr. Sabine Schmidt als Fachärztin für Neurologie am Universitätskrankenhaus tätig ist und einen Vortrag über ein neurologisches Thema hält. Manch hochkarätige Veranstaltung fand schon vor peinlich wenig Publikum statt, weil in der Presseankündigung nur der Name stand. Die Menschen wollen wissen, ob bei der Veranstaltung mit Dr. Helmut Kohl der ehemalige Bundeskanzler über die deutsch-französischen Beziehungen redet, der gleichnamige Journalist oder der Vereinsvorsitzende.

- In journalistischen Texten gibt es keinen Text, der in **Klammern** steht. Lediglich bei der Einführung von Abkürzungen – und bei manchen Zeitungen für die Angabe des Lebensalters – sind diese zulässig.

- „Mit **Abkürzungen** sollte man in der Nachricht sparsam sein ... Jeder weiß, was unter CDU und SPD zu verstehen ist ... Nichtgängige Abkürzungen stören aber den Lesefluß. Daran ändert auch eine am Anfang der Nachricht stehende Erläuterung nichts."[1] Der Leser sucht, stößt er auf eine nichtgeläufige Abkürzung, „am Meldungsanfang nach der Lösung des Rätsels. Dies hat zur Folge, daß er das inzwischen Gelesene vergißt, denn das Ultrakurzzeitgedächtnis schaltet bei Unterbrechung des raschen Lesens einfach ab!"[2] Verwenden Sie in einem Text häufiger das selbe lange Wort, können Sie beim ersten

1 Karl-Ernst Jipp, Wie schreibe ich eine Nachricht, Stuttgart 1990, S. 83.
2 Karl-Ernst Jipp, Wie schreibe ich eine Nachricht, Stuttgart 1990, S. 83.

Mal die Abkürzung in Klammern dahinter schreiben und im weiteren Text die Abkürzung verwenden. Erscheint dieses Wort nur ein- oder zweimal im Text, sollten Sie auf die Einführung der Abkürzung verzichten. Anderenfalls merken sich die Lesenden kurzfristig die Abkürzung, weil sie davon ausgehen, daß diese im Text wieder auftaucht. Wird die Abkürzung dann nicht weiter verwendet, wurde die Aufmerksamkeit unnötig vom Inhalt abgelenkt.

- Die **Kosten**, beispielsweise von Veranstaltungen und Broschüren, sollten Sie stets angeben. Denn kaum jemand macht sich auf den Weg zu einer Veranstaltung, um dort zu erfahren, daß der Eintritt zu teuer ist. Den Preis sollten Sie selbst dann nennen, wenn Sie für weitere Informationen eine Telefonnummer veröffentlichen. Hier gilt: Machen Sie es dem Publikum so einfach wie möglich. Es ist unnötig kompliziert, wenn Interessierte erst bei Ihnen anrufen müssen, um zu erfahren, ob der Eintritt frei ist, fünf oder 50 Euro kostet. Denn während Ihrer Telefonzeiten mußten die Interessierten womöglich ihren täglichen Verpflichtungen nachgehen. Als endlich Zeit war, bei Ihnen anzurufen, waren Sie nicht mehr erreichbar. Sie muteten den Interessierten zu, den ganzen Tag im Hinterkopf zu behalten „anrufen und den Preis erfragen!" und die Telefonnummer dabeizuhaben. Die Gefahr ist groß, daß der unterschwellige Ärger – über den von Ihnen verursachten Streß – dazu führt, daß der heimische Sessel doch verlockender ist als die Teilnahme an Ihrer Veranstaltung. Sie meinen, die wirklich Interessierten störe dies nicht und die anderen könnten ruhig zu Hause bleiben? Nun, dann sollten Sie erwägen, ob Sie den harten Kern der Interessierten spätestens nach drei Veranstaltungen per Brief persönlich einladen. Übrigens orientiert sich die Reihenfolge von Zahl und Währungsangabe an der gesprochenen Sprache: Wer spricht schon von einem Preis von Euro fünf – statt von einem Preis von fünf Euro?

- Veranstaltungsorte werden in den Medien eindeutig bezeichnet, also mit **Straße und Hausnummer**. Alle anderen Angaben – wie im Spritzenhaus oder Siemens-Hochhaus – machen es neu Hinzugezogenen und Nicht-Insidern unmöglich teilzunehmen. Da Medien öffentliche Veranstaltungen ankündigen, sollte es selbstverständlich sein, allen Interessierten die Teilnahme zu möglichen. Jeder, der einen Stadtplan lesen kann, kann zu Ihrer Veranstaltung kommen, wenn die Postanschrift angegeben ist. Das Siemens-Hochhaus findet nur, wer im Telefonbuch ermittelt, wo die Firma überall Gebäude hat – und muß dann raten, welches davon ein Hochhaus ist. Das Spritzenhaus finden nur diejenigen, die wissen, daß es zur Freiwilligen Feuerwehr gehört und wo deren Haus steht.

- Bei Terminen wird der **Wochentag** stets mit angegeben. Es heißt also: am Dienstag, dem 3. Oktober. Die Jahreszahl sollten Sie dagegen weglassen. Niemand erwartet in der Zeitung die Ankündigung eines Termins, der erst in zwölf Monaten stattfindet. Der Monat wird ausgeschrieben, um den Lesenden das Nachrechnen zu ersparen. Denn nicht alle Lesenden übersetzen 3. 8. automatisch in 3. August. Müssen die Lesenden erst den Wochentag oder Monat errechnen, wird ihre Konzentration vom Thema des Textes auf unwesentliche Formalien gelenkt. Ein Teil der Lesenden geht dann direkt zum nächsten Artikel über – und die Chance, sie für den Inhalt zu interessieren, ist vertan.

- In journalistischen Texten wird die **Zeit vor dem Ort** genannt. Es heißt also: „Die Veranstaltung findet am Mittwoch, dem 3. Juni, in Kleinkleckersdorf statt". Unüblich ist die umgekehrte Reihenfolge: „Die Veranstaltung findet in Kleinkleckersdorf statt, am Mittwoch, dem 3. Juni".

- **Zahlen** bis zwölf werden ausgeschrieben[1] – sofern es sich nicht um Zahlenangaben handelt, wie bei Kosten, Haus- und Telefonnummern. Es heißt also: am 12. Juni, aber: die Zwölfjährigen. Haben Sie Von-bis-Angaben, dann gilt es, diese Regel lesefreundlich anzuwenden. Verwirrend zu lesen wäre: „Zehn bis 20 Neun- bis 15jährige". Klarer ist: „10 bis 20 Neun- bis Fünfzehnjährige". Zahlenreihen werden möglichst vermieden beziehungsweise übersetzt. Statt: „Der Gewinn stieg um drei Prozent in 1999 und um vier Prozent in 2000" könnte es heißen: „Der Gewinn stieg in den vergangenen beiden Jahren um durchschnittlich 3,5 Prozent".

---

1 Die Nachrichtenagenturen bleiben auch nach der Rechtschreibreform dabei „die Ziffern ,eins' bis ,zwölf' als Wort zu schreiben"; aus: o. A., *Rechtschreibung der deutschsprachigen Nachrichtenagenturen. Beschluß zur Umsetzung der Rechtschreibreform*, in: journalist, 3/1999, S. 67.

- **Hervorhebungen** durch Fettschrift, kursiv oder Unterstreichungen gibt es in den Medien nicht. Wollen Sie etwas besonders betonen, dann müssen Sie solche optischen Betonungen durch sprachliche ersetzen. Vollständig deplaziert sind in Pressetexten eingetragene Warenzeichen hinter Produktnamen und das Zeichen für Copyright.

- Weder die Namen von Firmen noch die von Initiativen werden in **Großbuchstaben** in den Printmedien veröffentlicht – auch dann nicht, wenn dies Ihrem Logo oder der im Hause üblichen Schreibweise entspricht. Die einzige Ausnahme ist: Die Großbuchstaben sind die Abkürzung eines längeren Namens. Daher wird BASF in Großbuchstaben in der Zeitung geschrieben; als Abkürzung für Badische Anilin- und Sodafabrik. Heißt Ihre Firma Neutron Feinmechanikanalyse und -herstellung GmbH und Co. KG, so schreiben Sie vielleicht kurz NEUTRON. Trotzdem sollten Sie in Pressetexten darauf verzichten und Neutron schreiben. Journalisten vermuten sonst womöglich, sie wollten für sich werben anstatt über sich zu informieren. Würden Redaktionen alle von Werbeabteilungen, Grafik- und Textbüros kreierten Schreibweisen in ihre Texte übernehmen, gäbe es in Zeitungen bald eine babylonische Schreibverwirrung.[1]

- **Internationale** Zeitschriften, die in englischer Sprache erscheinen, erhalten den Pressetext in englisch; auch wenn ihr Hauptsitz in Deutschland ist. Dies gilt natürlich auch für alle anderen Sprachen. Anderenfalls müßten die Redaktionen den Text erst übersetzen, bevor sie ihn veröffentlichen können. Diese Ausnahme ändert nichts an der Grundregel, daß alle Medien eines Schwerpunktes Ihres Presseverteilers den selben Pressetext erhalten – gegebenenfalls in verschiedenen Sprachen.

---

1 Dies kann sich in den kommenden Jahren ändern, da die Nachrichtenagenturen angekündigt haben künftig Firmennamen und Abkürzungen von Organisationen genau so zu schreiben „wie die Firmen und Organisationen es vorgeben. Bisher hatten sie die Übernahme ausgefallener Schreibweisen abgelehnt, um sich nicht zum Träger von Werbebotschaften zu machen. Diese Position sei inzwischen überholt, hieß es"; aus: o. A., *Firmennamen in Großbuchstaben*, in: journalist, 2/2000, S. 8.

Checkliste: Regeln der Schreibweise

1. Informationsquelle im Text
2. Vorname, Nachname und Position bzw. Qualifikation der Zitierten
3. Veranstaltungsorte mit Straße und Hausnummer
4. Klammern nur bei Einführung von Abkürzungen
5. nur echte Abkürzungen erscheinen in Großbuchstaben
6. keine unnötigen Abkürzungen und Zeichen
7. keine optischen Hervorhebungen oder Sonderzeichen
8. Zahlen bis zwölf ausschreiben (außer bei Datenangaben wie Preise, Datum, Hausnummer)
9. Schreibweise von Zahlenreihen an Übersichtlichkeit orientieren
10. Zahlenreihen vermeiden bzw. übersetzen
11. Wochentag angeben, Monat ausschreiben, Jahr weglassen
12. Zeitangabe vor Ortsangabe
13. Kosten angeben, Währung nach der Zahl

3.3 Aufbau

Daß Pressetexte schwer zu schreiben sind, liegt auch daran, daß sie anders aufgebaut sind als viele andere Texte: Schulaufsätze haben eine Einleitung, einen Hauptteil und einen Schluß. Im wissenschaftlichen Bericht wird „zunächst der Stand des Wissens referiert ... bevor der Autor seine Neuigkeiten preisgibt"[1]. Briefe und Karten beginnen oft mit Höflichkeitsfloskeln: Wie geht es Euch? Uns geht es gut. Um Interessantes zu erfahren, müssen sich die Lesenden gedulden. Um sie nicht zu sehr zu strapazieren, gibt es im besten Fall einen Spannungsbogen oder wenigstens einen logischen Aufbau. Und was macht das Publikum? Es liest in Aufsätzen als erstes die Zusammenfassung, entscheidet dann, ob es sich lohnt den ganzen Text zu lesen – und amüsiert sich bei Witzen, die nur das Allernotwendigste mitteilen und direkt auf die Pointe zusteuern.

---

1   Dieter Pflaum/Wolfgang Pieper, Lexikon der Public Relations, Berlin 1990, S. 38.

Pressetexte sollen dagegen mit dem Höhepunkt beginnen, mit der zentralen Aussage oder dem Ergebnis – also mit der „Tür ins Haus" fallen. Als allererstes wird die Neuigkeit auf den Punkt gebracht. Warum? Weil das Publikum sich beim Zeitunglesen schnell informieren will – will es Rätsel lösen, greift es eher zu Krimis. Das Publikum ist daran gewöhnt, in den Medien das Wichtigste sofort zu erfahren und es nicht suchen zu müssen: Von 100 Menschen, die die Überschrift wahrnehmen, lesen nur 80 die Unterzeile, 60 den ersten Absatz und 10 den ganzen Text.[1] Wollen Sie mit Pressetexten das Publikum erreichen, müssen Sie sich an dessen Gewohnheiten orientieren.

Gewöhnt hat sich das Publikum bei Medienbeiträgen an den Aufbau:

1. Zentrale Aussage, Informationskern, Höhepunkt,
2. Quellenangabe,
3. Informationen, die die zentrale Aussage erläutern,
4. interessante Details und Aspekte sortiert nach abnehmender Wichtigkeit.[2]

Grundsätzlich gilt: Jeder Pressetext hat ein (!) Thema. Stellen Sie Ihr Halbjahresprogramm mit 20 Veranstaltungen vor, so ist das Halbjahresprogramm das eine Thema. Beim Jahresgeschäftsbericht ist dieser das eine Thema – unabhängig davon, ob Sie neben Bilanz und Prognose auch Ihre Aktivitäten im Ausland darstellen. Kündigen Sie jedoch eine Veranstaltung zum Thema A an und verbinden dies mit einer Stellungnahme zum Thema B, dann sind dies zwei Themen. Für die Themen Kultursponsoring eines Konzerns und seine Entlassungspläne benötigen Sie folglich zwei Presseerklärungen.

Legen Sie Ihr Thema fest, bevor Sie mit dem Schreiben beginnen: Wird ein Neubau mit einer Ausstellung eröffnet, dann müssen Sie wissen, ob Ihr Hauptthema der Neubau oder die Ausstellung ist. Wurde über

---

1 Detlef Luthe, Öffentlichkeitsarbeit für Nonprofit-Organisationen, Augsburg 1994, S. 101 f.
2 „Bereits die Reihenfolge Nachricht, Quelle, Einzelheiten machen eine Meldung verständlich"; aus: Astrid Schwamberger, *Gliedern, gestalten, stimulieren*, in: journalist, sage & schreibe Werkstatt, 7/1999, S. 12. Der klassische Nachrichtenaufbau entstand aus technischen Gründen. Die Korrespondenten im US-amerikanischen Bürgerkrieg mußten „jederzeit damit rechnen ... daß die telegraphischen Verbindungen gekappt würden". Um das Wichtigste korrekt zu übermitteln, wurde jede Nachricht damit begonnen; aus: Jürg Häusermann, Journalistisches Texten: sprachliche Grundlagen für professionelles Informieren, Aarau/Frankfurt am Main 1993, S. 83.

den Neubau bereits berichtet, dann ist die Ausstellung der Schwerpunkt. Wurde über den Neubau noch nicht berichtet, dann ist dieser das Hauptthema und die Ausstellung ein Detail. Entscheidend für die Auswahl ist, „was bisher über einen Vorgang bekannt ist. So wird nach einer Explosion in einem Chemiewerk zunächst der Sachverhalt gemeldet: Was? Wo? Wann? Wer? In der nächsten Fassung gibt es nähere Informationen zum Was? Schließlich folgen Informationen zur Explosionsursache: Dann steht also das Warum? an erster Stelle. Frühere Informationen werden nachrangig behandelt".[1]

Um das Hauptthema zu finden, hilft manchmal ein kleiner Umweg: Suchen Sie das Gespräch – aber nicht mit Kollegen oder Ihrem engeren Bekanntenkreis. Meist sind diese schon grob informiert und sprechen „Ihre" Sprache. Sie wollen das Thema jedoch Menschen nahebringen, die weniger Vorwissen haben. Vielleicht finden Sie diese in Ihrem Großvater, Nachbarskindern oder der freundlichen Dame vom Zeitungskiosk. Versuchen Sie, diese Menschen für das Thema zu interessieren, indem Sie das für diese Relevante erzählen. Die meisten Menschen fangen dabei automatisch mit dem Wichtigsten an. Nur wenige beginnen eine Geschichte mit: „Gestern nachmittag um 15 Uhr ging ich von der Einkaufsstraße aus ins Kaufhaus." Sie fangen vielmehr mit der Hauptinformation an, daß Ihnen „das Portemonnaie geklaut wurde, mit 300 Euro darin, und zwar an der Kasse des Kaufhauses" – liefern also die Fakten an passender Stelle nach.

In vielen Fällen reicht ein Gespräch aus, um den Text richtig aufbauen zu können. Bei komplexen Themen können weitere Zwischenschritte erforderlich sein: Notieren Sie als erstes alle Aspekte des Themas. Legen Sie dann den Informationskern fest. Wählen Sie anschließend maximal drei Aspekte aus. Wenn Sie zwei bis drei Themenaspekte ausführen, ermöglichen Sie es dem Publikum, sich damit auseinanderzusetzen. Zählen Sie dagegen alle Aspekte auf, wird es sich wahrscheinlich an keinen erinnern – oder über keinen wirklich informiert sein. Entscheiden Sie danach, welche Aspekte am besten zum Hauptthema und zum Informationskern passen und für das Publikum interessant sein könnten. Legen Sie dann fest, welcher Aspekt der wichtigste ist, welcher der zweit- und welcher der dritt-

---

1   Siegfried Weischenberg, Nachrichtenschreiben – Journalistische Praxis zum Studium und Selbststudium, Opladen 1988, S. 62.

wichtigste. Damit haben Sie den „roten Faden" und den Aufbau Ihres Textes: 1. Hauptinformation/ Informationskern und Quelle, 2. Wichtigster Aspekt, 3. Zweitwichtigster Aspekt, 4. Drittwichtigster Aspekt. Steht der Aufbau fest, dann ist es an der Zeit, Fakten und Zitate zu recherchieren – sofern dies nicht schon vor der Wahl des Themas und seiner Aspekte erforderlich war.

Ob komplexe oder einfache Themen: Wenn Sie den Aufbau haben, notieren Sie als nächstes alle relevanten Fakten und Zitate. Prüfen Sie dann, ob alle wichtigen Fragen beantwortet sind – also wer, was, wann, wo, warum und die Quelle genannt ist; also Ihre Institution als Informationsquelle aufgeführt ist. Überlegen Sie nun, was für das Publikum noch interessant sein könnte – und notieren Sie es.[1] Markieren Sie anschließend die wichtigsten Fakten, die treffendsten Formulierungen und prägnantesten Zitate. Sortieren Sie dann die markierten Stellen und die Stichworte nach abnehmender Wichtigkeit für die Öffentlichkeit.

Es ist Ihre Aufgabe, die einzelnen Informationen zu sortieren. Denn „es ist unwahrscheinlich, daß der Leser verstreute Einzelinformationen richtig zuordnet oder fehlende Bezüge selbständig fehlerlos ergänzt. Deshalb sollte der gedankliche Aufwand für Ordnung und Zuordnung keinesfalls dem Leser überlassen bleiben".[2] Auch hier gilt die Regel: Lesende sollen sich nichts merken müssen, bevor Sie wissen, ob Sie es sich merken wollen. Ob eine Veranstaltung am Donnerstag

---

1 „At first you should write down the answers ... 1. What is the most important or interesting aspect? ... 2. What facts should I include to explain und support my lead? What basic questions do I still need to answer? ... 3. What other informations must I include in order to present a complete picture, and in what order? What should I leave out? Journalists never have enough time or spare to include everything they know about a news event, so it becomes as important to know what to exclude as it is to know what to put in. Think about what your readers, listeners oder viewers want and need to know. 4. So what? In other words, why would anyone want to know about this story? If you don't know why you're writing a story, it is unlikely that you'll be able to interest anybody else in it. Unless the reason for the story becomes clear within the first few paragraphs, you risk losing your audience"; aus: Maria Braden, Getting the message across. Writing for the Mass Media, Boston/New York 1997, S. 88.

2 Walter Hoffmann/Werner Schlummer, Erfolgreich beschreiben – Praxis des Technischen Redakteurs, München 1990, S. 75.

oder Freitag stattfindet, ist daher erst wichtig, wenn die Lesenden das Thema interessiert. Erst, wenn diese am Donnerstag Zeit haben, wollen sie wissen, wo die Veranstaltung ist. Nach diesem letzten Sortiervorgang haben Sie den detaillierten Aufbau Ihres Textes. Formulieren Sie nun Ihre Notizen in ganzen Sätzen, wechseln dabei ab zwischen Fakten, direkten und indirekten Zitaten. Achten Sie darauf, daß Sie von einem Aspekt zum anderen überleiten und diese nicht zusammenhanglos nebeneinanderstellen. Am Schluß können Sie die Sachinformationen komprimiert geben, die im Text fehlen – wie Anschrift, Ansprechpartner, Öffnungszeiten, Kosten und Beginn der Veranstaltung. Beenden Sie den Text nicht mit dem, was Sie schon immer mal zum Thema loswerden wollten. Beenden Sie ihn einfach.[1]

Checkliste: Aufbau

1. Hauptthema, zentrale Aussage oder These
2. Quellenangabe
3. Informationen, die die zentrale Aussage erläutern
4. eventuell inhaltlicher Überblick über die folgenden Aspekte
5. wichtigster Aspekt mit den dazugehörigen Informationen und Zitaten
6. zweitwichtigster Aspekt
7. drittwichtigster Aspekt
8. sofern nicht im Text eingebaut: Fakten, wie Anschrift und Öffnungszeiten

---

1 „End your story when you have given the information readers need to understand the story. Dont't end by inserting your own opinion. Just end"; aus: Maria Braden, Getting the message across. Writing for the Mass Media, Boston/New York 1997, S. 114.

Mögliche Vorarbeiten:

1. Hauptthema festlegen
2. alle Aspekte des Themas notieren
3. Informationskern festlegen
4. maximal drei Aspekte auswählen, die zum Hauptthema und Informationskern passen und das Publikum interessieren
5. Rangfolge der Aspekte festlegen
6. zu jedem Aspekt: Fakten und Zitate recherchieren und notieren
7. prüfen: sind alle wichtigen Fragen beantwortet (wer, was, wann, wo, warum, Quelle)
8. überlegen und ergänzen: was könnte das Publikum sonst noch interessieren
9. markieren: die wichtigsten Fakten und prägnantesten Zitate
10. sortieren des Markierten nach abnehmender Wichtigkeit für die Öffentlichkeit
11. den Text schreiben
12. auf die Überleitung von einem Aspekt zum nächsten achten
13. aufhören, wenn Sie alle Informationen gegeben haben, die zum Verständnis nötig sind

3.4 Anfang

Ist alles nach Wichtigkeit sortiert, beginnt für viele die quälende Suche nach dem ersten Satz. Die Anforderungen an einen guten Anfang sind hoch: Er soll bei Journalisten und Publikum Interesse wecken, er soll „möglichst klar, möglichst kurz, möglichst eingängig ... aber zugleich auch möglichst schlicht"[1] sein – und das Thema mitteilen. Denn das Publikum will „angesichts der Informationsfülle in der Berichterstattung ... nicht lange rätseln, sondern gleich am Beginn

---

[1] Rudolf Gerhardt, Lesebuch für Schreiber – Vom journalistischen Umgang mit der Sprache. Ein Ratgeber in Beispielen, Frankfurt am Main 1996, S. 114.

eines Stückes erfahren, wovon es handelt, um entscheiden zu können, ob es diesem oder einem anderen Stück seine Aufmerksamkeit zuwendet".[1] Kein Wunder, daß auch Journalisten „die höllischen Qualen des leeren Blattes, die verzweifelte Suche nach dem ersten Wort"[2] kennen. Erwecken diese Anforderungen doch den Eindruck, der erste Satz würde über alles entscheiden: über die Veröffentlichung ebenso wie darüber, ob der Text vom Publikum gelesen wird. Die dahinterstehende Drohung löst fast zwangsläufig Schreib- und Denkblockaden aus. Haben Sie einen guten Pressetext mit medienrelevanten Informationen, werden Redaktionen diesen jedoch nicht wegen eines mißlungenen ersten Satzes wegwerfen. Eher werden sie den ersten Satz streichen oder umschreiben. Aus dem Stand einen guten Anfang zu formulieren ist schon deshalb schwer, weil man sich oft erst warmschreiben muß – so wie sich witzige Schlagfertigkeit erst entfaltet, wenn man sich warmgeredet hat. Fällt Ihnen kein guter Anfang ein, können Sie zunächst den Text schreiben und anschließend den ersten Satz formulieren – so wie Sie das Vorwort eines Buches womöglich erst schreiben, wenn das Buch fertig ist.

Vielleicht hilft es Ihnen, verschiedene Anfänge zu formulieren – bevor Sie sich für den treffendsten und interessantesten entscheiden. Sie könnten beispielsweise typische Anfänge von Nachrichtentexten durchdeklinieren. Dies sind:

1. Der summarische Vorspann (Der Reichsbund der Kriegsopfer, Behinderten, Sozialrentner und Hinterbliebenen hat am Samstag in Gelsenkirchen die Bundesanstalt für Arbeit aufgefordert ...): Die wichtigsten W-Fragen werden hier in komprimierter Form im ersten Satz zusammengefaßt. Der summarische Vorspann wird vor allem von Nachrichtenagenturen verwendet. Nur für diese gilt: „Der Lead (1. Absatz) muß möglichst alle 6 Ws enthalten"[3]. Für Pressetexte gilt in der Regel: „Sie können nicht alle W-Fragen im ersten Absatz beantworten, wollen Sie die Lesenden nicht einschläfern. Ihr Job ist es, zu entscheiden, welche W-Fragen so wichtig sind, daß sie im

---

1 Klaus Rost, Die Welt in Zeilen pressen: Wahrnehmen, gewichten und berichten im Journalismus, Frankfurt am Main 1995, S. 106.

2 Klaus Bresser, *Sprache, Medien und Politik*, in: Gesellschaft für deutsche Sprache (Hg.), Wörter und Unwörter, Niedernhausen/Ts. 1993, S. 8. 3 Karl-Ernst Jipp, Wie schreibe ich eine Nachricht, Stuttgart 1990, S. 49.

3 Karl-Ernst Jipp, Wie schreibe ich eine Nachricht, Stuttgart 1990, S. 49.

ersten Absatz beantwortet werden müssen, und welche später gebracht werden können".[1]

2. Der modifizierte Vorspann beantwortet das wichtigste „W", wodurch die Nachricht in knapper Form auf den Punkt gebracht wird:

- Wer-Einstieg (Der Deutsche Gewerkschaftsbund hat in einem bundesweiten Aufruf ...)

- Was-Einstieg (Immer mehr Kleinkinder leiden unter Heuschnupfen. Dies ergab eine Umfrage unter 631 Kindern, deren Ergebnis die Stiftung XY auf einer Pressekonferenz mitteilte ...)

- Wann-Einstieg (Gestern trafen sie endlich zusammen: Die führenden ...)

- Wo-Einstieg (Auf einer Toilette des Intercity Köln–Hamburg hat ein Räuber bei Duisburg einen 58jährigen Reisenden überfallen und schwer verletzt.)

- Wie-Einstieg (Durch Augenzwinkern hat eine gelähmte Japanerin ein 200 Seiten starkes Buch geschrieben.) Eine Form des Wie-Einstiegs ist der Anfang mit dem Wort „mit": „Auch der ‚Mit-Stil' läßt sich gut im Einstieg verwenden ... Man fällt, was hier durchaus erlaubt ist, ‚mit' der Tür ins Haus – mit dem ‚wie' als Aufhänger" (Mit größtem Nachdruck drängt die CDU-Mittelstandsvereinigung).[2]

---

1 „But you can't squeeze all the information into the lead, or you will put your audience to sleep. Your job is to decide which of those five Ws is important enough to include in the lead and which should be reported later in the story"; aus: Maria Braden, Getting the message across. Writing for the Mass Media, Boston/New York 1997, S. 88.

2 Rudolf Gerhardt, Lesebuch für Schreiber – Vom journalistischen Umgang mit der Sprache. Ein Ratgeber in Beispielen, Frankfurt am Main 1996, S. 139. Wolf Schneider ist gegen den „Mit-der-Tür-ins-Haus"-Stil, wie er insbesondere von Nachrichtenagenturen gepflegt werde – da Schreibende die Lesenden erst auf das Kommende vorbereiten müßten, anstatt sie mit Fakten zu überfallen: „Hat einer etwas Aufregendes mitzuteilen, so greift er – so greifen Kinder, Dichter, Evangelisten und wir alle, nur Journalisten nicht, falls sie im Dienst sind – so greifen wir völlig selbstverständlich zu einem probaten Mittel, den Erwartungshorizont zu heben: Wir schicken der Sensation einen Herold voraus, der die Fanfare bläst, einen Vorreiter, Vorlauf oder Voranfang ... Kein Kind schreit heraus: ‚Ich blute!' Jedes ruft: ‚Mami, Mami, sieh mal, ich blute!' Das Alarmierungsbedürfnis des Rufenden entspricht exakt der Alarmierungsbedürftigkeit des Angerufenen"; aus: Wolf Schneider, Deutsch für Profis, Hamburg 4. Auflage 1983, S. 135; vgl. S. 135–142.

- Warum-Einstieg (Aus Furcht vor einem Bombenanschlag hat die Polizei in Hagen einen Staubsauger in die Luft gesprengt.)

- Anonymer Wer-Vorspann (Seine Hochzeitsnacht verbrachte ein jungvermähltes Paar in Griechenland im Schnee.)

- Er- bzw. Sie-Anfang (Er brummt wie ein „Scooter" auf der Kirmes, bietet Platz für zwei Erwachsene samt Einkaufstüten, läuft 120 Kilometer Spitze und im dichten Stadtverkehr mindestens 60 Kilometer weit. Dann muß er zum Aufladen an die Steckdose, der ... Elektro-Personenwagen.)

- Bei-Einstieg (Bei einer Großrazzia, Bei einem Brand, Bei neuen Unruhen)

3. Schlagzeilen-Einstieg (Tödlichen Streit gab es zwischen zwei Brüdern um acht Rollen Toilettenpapier/Unbekannte Täter hatten offensichtlich den Durchblick: Sie ließen aus dem Lager einer Vertriebsfirma in Taufkirchen 10.000 Brillengestelle mitgehen.)[1]

4. Der szenische Einstieg (Bedächtig hob er das Glas, um zielsicher den 30. Schnaps an diesem Morgen zu trinken.)

5. Der vergleichende Einstieg (beispielsweise historisch: Vor 200 Jahren gingen die ersten freien Bürger durch die neu errichteten Stadttore. Heute traut sich kein Bürger mehr, den baufälligen Steinen zu nahe zu kommen ... oder Größenvergleich: Wie David und Goliath standen sie sich vor dem Arbeitsgericht gegenüber – die Auszubildende im ersten Lehrjahr und der Chef des Konzerns.)

6. Liedzeile/Gedichtzeile/bekanntes Zitat oder Redewendung

7. eigenes Zitat

---

1 Die typischen Nachrichtenanfänge und deren Beispiele sind – soweit nicht anders angegeben – zusammengefaßt nach: Siegfried Weischenberg, Nachrichtenschreiben – Journalistische Praxis zum Studium und Selbststudium, Opladen 1988, S. 59–78.

Entsprechend dieser Liste können Sie verschiedene erste Sätze formulieren. Denn „an den Anfang gehören keine allgemeinen Informationen (‚Eine Veranstaltung findet statt‘) und keine chronologischen Schilderungen eines Ablaufs“.[1] Allerdings sollten Sie zuerst mitteilen, daß „der Ozeanriese ‚Titanic‘ untergegangen ist“ – wenn dies gerade passiert und noch nicht bekannt ist –, bevor sie darüber informieren, daß dabei „97 Menschen ums Leben kamen“[2].

Je nach Thema und Anlaß gibt es gute und schlechte erste Sätze. Heißt es „Während des Startvorganges auf der Nordbahn des Frankfurter Flughafens ist am Sonntag eine Boeing der Lufthansa mit einem Vorfeld-Kleinbus zusammengestoßen“, dann kommt die zentrale Information zu spät. Diese lautet: „Die Geistesgegenwart eines Lufthansakapitäns hat auf dem Frankfurter Flughafen ein schweres Unglück verhindert“.[3]

Nicht nur für Agenturnachrichten gilt: „Ein aufgebauschter oder marktschreierischer Einstieg verfehlt seine Wirkung – vor allem, wenn in den Zeitungsspalten lauter Marktschreier um die Wette brüllen sollten. Als 1975 in Vietnam die Waffen endlich schwiegen, hieß es bei einer Agentur im Lead: ‚Nach elf Jahren blutigen Ringens ist der Vietnam-Krieg zu Ende‘. Leiser schrieb eine andere, nämlich: ‚Der Krieg in Vietnam ist zu Ende‘. Es ergab sich, daß diese schlichte Fassung bei den Zeitungen mehr Abnehmer fand.“[4]

Besonders vorsichtig sollten Sie bei Anfängen mit Lied- und Gedichtzeilen, Redewendungen und bekannten Zitaten sein. Diese Stilfiguren werden unterschiedlich beurteilt: „Einerseits werden sie wegen ihrer guten Anwendbarkeit, ihrer stilistischen Wirkung und Fähigkeit zur Veranschaulichung gelobt, andererseits warnen dieselben Autoren vor ihrem floskelhaften Einsatz. Bislang gab es keine Hinweise von Sprach- und Stillehrern, was genau das Floskelhafte einer Redewendung oder

1 Siegfried Weischenberg, Nachrichtenschreiben – Journalistische Praxis zum Studium und Selbststudium, Opladen 1988, S. 46.
2 Beispiel aus: Wolf Schneider, Deutsch für Profis, Hamburg 4. Auflage 1983, S. 139.
3 Beispiel aus: Siegfried Weischenberg, Nachrichtenschreiben – Journalistische Praxis zum Studium und Selbststudium, Opladen 1988, S. 76.
4 Rudolf Gerhardt, Lesebuch für Schreiber – Vom journalistischen Umgang mit der Sprache. Ein Ratgeber in Beispielen, F.A.Z.-Institut, Frankfurt am Main 1996, S. 114.

eines Sprichwortes ausmacht."[1] Sicher vermeiden Sie Floskeln, wenn Sie auf bekannte Formulierungen verzichten. Sie wollen statt dessen mit einem passenden Zitat beginnen? Anregende Unterstützung bieten – auch für gute eigene Zitate – Zitatenlexika[2].

Als Anfang besser geeignet als bekannte Formulierungen und Sätze aus Zitatenlexika sind solche, die tatsächlich zum Thema gesagt wurden – sofern diese anschaulich, lebendig und konkret sind. Gibt es solche Sätze nicht, dann können Sie sich überlegen, was Sprecher des Hauses denn mal „Schönes" sagen können. „Schön" sind dabei Sätze, die die Position des Hauses eingängig und klar auf den Punkt bringen. Unschön sind Alles-und-nichts-Aussagen und bürokratische Formulierungen. „,Wir haben den Sturm heil überstanden', faßte der Geschäftsführer XY den Jahresbericht zusammen" ist daher besser als „Mit dem diesjährigen Ergebnis ist es uns gelungen, die schwierige Situation des vergangenen Jahres hinter uns zu lassen" (vgl. Kapitel „Zitieren").

Sie dachten, sie hätten ein gutes wörtliches Zitat für den Anfang und sitzen nun am Schreibtisch, und wieder gelingt es nicht, den ersten Satz zu formulieren? Meist passen Thema und Zitat dann doch nicht so gut zusammen, wie es schien. Sie können dann immer noch auf den besten Nachrichtenanfang ausweichen – oder einen zweiten Versuch machen, einen wirklich guten Anfang zu finden; indem Sie mit anderen über das Thema sprechen.

Ist Ihr größtes Problem, daß Sie den Anfang nicht klar, verständlich und in kurzen Sätzen formuliert bekommen? Dann hilft Ihnen vielleicht diese Übung: Versetzen Sie sich in Ihre Kindheit zurück. Stellen Sie sich vor, daß Sie schon in erstaunlicher Schnelligkeit schreiben können. Sie können Buchstaben aneinanderreihen und Texte abschreiben. Aber Sie haben noch nie einen eigenen Text geschrieben. Ein Erwachsener, den Sie mögen, hat Ihnen von dem Thema des Pressetextes erzählt. Er hat es so erzählt, daß Sie als Kind verstanden haben, worum es geht. Und er hat Sie gebeten, das in drei oder vier Sätzen aufzuschreiben. Nun machen Sie es sich in Ihrer Lieblingsecke so

---

1 Karola Ahlke/Jutta Hinkel, *Oft werden Phrasen daraus*, in: sage & schreibe, März/April 1999, S. 33.

2 Beispielsweise: Karl Peltzer/Reinhard v. Normann, Das treffende Zitat, o. O. 12., neu bearbeitete Auflage 1995 und Wissenschaftlicher Rat der Dudenredaktion (Hg.), Duden „Zitate und Aussprüche", Mannheim/Leipzig/Wien/Zürich 1993, Band 12 sowie www.dasgrossesez.de.

richtig gemütlich und setzen Ihren Lieblingsteddy neben sich. Sie haben Spaß an diesem seltsamen Spiel und kritzeln mit Feuereifer die drei Sätze schnell in kindlicher Sprache aufs Papier.

Die Sätze, die Sie bei dieser Übung aufschreiben, scheinen Ihnen auf den ersten Blick vielleicht banal und kindisch. Oft sind Sie jedoch sehr prägnant und beispielhaft – und können leicht überarbeitet als Anfangssatz verwendet werden. Die Übung funktioniert, indem die gelernten Kriterien für korrektes Schreiben umgangen werden – als Kind wußten Sie davon noch nichts. Sie sind also frei von Hemmungen und Barrieren, die in Schule und Ausbildung aufgebaut wurden.[1]

Sie haben trotz allem noch keinen akzeptablen Anfang? Dann prüfen Sie, ob die Grundbedingungen für Pressetexte überhaupt erfüllt sind: Gibt es ein (!) Thema, gibt es einen medienrelevanten Anlaß, ist dieser für die Zielgruppe interessant oder wichtig, gibt es eine klare inhaltliche Position des Hauses? Es entspricht der Quadratur des Kreises, einen überzeugenden Anfang zu finden, wenn die Ergebnisse einer Studie diffus sind, Sie werben statt informieren wollen oder sollen, ein Konzept unschlüssig ist oder die inhaltliche Position des Hauses schwammig.

Checkliste: der Anfang

Nachrichtenanfänge:

1. summarischer Vorspann
2. modifizierter Vorspann (beantwortet die wichtigste W-Frage als erstes)
3. szenischer Einstieg
4. vergleichender Einstieg
5. Liedzeile/Gedichtzeile/bekanntes Zitat oder Redewendung
6. prägnantes eigenes Zitat

Bei Problemen:

1. Schreiben Sie den Text ohne Anfang, um sich warmzuschreiben
2. Formulieren Sie verschiedene Anfänge

---

1 Zu weiteren Möglichkeiten, Anfangssätze zu finden und Schreibprobleme zu überwinden, vgl. auch: Daniel Perrin, *Werkstatt Kreatives Schreiben*, in: sage & schreibe, 9/1998, 10/1998, 11/1998 sowie 12/1998.

3. Suchen Sie das Gespräch
4. Versetzen Sie sich in Ihre Kindheit
5. Prüfen Sie, ob die Grundbedingungen für Pressetexte erfüllt sind

---

3.5 Zitieren

Berichte müssen, sollen die „Leser bei der Stange gehalten werden, möglichst anschaulich und lebendig gestaltet werden ... Dies läßt sich vor allem mit Zitaten erreichen, die stets den Vorteil haben, daß die Direktheit, die Glaubwürdigkeit, die Authentizität der Schilderung unterstrichen werden".[1] Zitate sind ein Stilmittel, um Inhalte von Pressetexten interessant und abwechslungsreich zu präsentieren – sofern Sie nicht Langatmiges mit einem nichtssagenden Zitat garnieren. Langweiliges wird als Zitat nicht kurzweiliger.

In längeren Pressetexten sind Zitate unentbehrlich. Der Grund: Die neuen Fakten, die Sie mitteilen, sollen auch bewertet werden – und diese Bewertung dürfen Sie nicht den Journalisten unterschieben. Wechseln Sie also zwischen Faktenaussagen, wörtlichen Zitaten und indirekter Rede. Alles, was Sie nicht eindeutig beweisen können, muß in direkter oder indirekter Rede stehen. Beweisen können Sie, welches Thema Ihre Veranstaltung hat, wo und wann diese ist. Daß die Veranstaltung interessant und wichtig ist, ist dagegen eine Behauptung – und muß in direkter oder indirekter Rede wiedergegeben werden.

Fakten stehen dann in Zitaten, wenn es sich um Tatsachenaussagen handelt, die nicht nachprüfbar sind – wie bei Augenzeugenberichten, Behauptungen und Forschungsergebnissen, die angefochten werden oder falsch sein könnten[2]. Außerdem können außergewöhnliche Formulierungen Anlaß sein, eine Faktenaussage zu zitieren[3].

---

1 Rudolf Gerhardt, Lesebuch für Schreiber – Vom journalistischen Umgang mit der Sprache. Ein Ratgeber in Beispielen, Frankfurt am Main 1996, S. 135 f.

2 Vgl. Jürg Häusermann, Journalistisches Texten: sprachliche Grundlagen für professionelles Informieren, Aarau/Frankfurt am Main 1993, S. 121 f.

3 Vgl. Jürg Häusermann, Journalistisches Texten: sprachliche Grundlagen für professionelles Informieren, Aarau/Frankfurt am Main 1993, S. 122 f.

„Ein Zitat ist berechtigt, wenn es etwas vermittelt, das nur die Person oder die von ihr vertretene Institution liefern kann: Meinung, Erfahrung, Absicht, Prognose ... Nackte Zahlen aus dem Finanzplan will man nicht aus dem Mund des Finanzverwalters hören, wohl aber seinen Kommentar: ‚So können wir nicht mehr weiter wirtschaften‘“.[1] Wörtlich zitiert werden in erster Linie: Schlüsselaussagen, persönliche Meinungen, Folgerungen, Argumente und Begründungen.[2]

Dagegen eignet sich die indirekte Rede, um längere Aussagen zusammenzufassen. In indirekter Rede und prägnanter werden Aussagen wiedergegeben, die die Redenden in komplizierte Schachtelsätze voller Fachausdrücke gepackt haben. Sind Zitate lang, konfus oder nicht besonders originell, sollten Sie diese in eigene Worte übersetzen und indirekt zitieren – auch, wenn die Sprechenden tatsächlich anders geredet haben[3]. Da Sie nicht nur den gesamten Text, sondern auch alle direkten und indirekten Zitate durch die Zitierten autorisieren lassen müssen, dürfen Sie dafür sinngemäße Formulierungen vorschlagen.

Eigene Worte müssen Sie mitunter finden, um sinngemäß und anschaulich zitieren zu können – zumal nur wenige Menschen druckreif reden. Müssen Sie aus gesprochenen Worten Vorschläge für direkte Zitate entwickeln, dann streichen Sie zunächst Wiederholungen, umgangssprachliche Formulierungen, Fehler im Satzbau und Füllworte. Aus einem „Äh, ich muß schon sagen, wir haben das gar nicht so richtig, äh das Problem, es äh wir haben es einfach unterschätzt. Ja, das ist sicher äh – zu sagen“ wird „Wir haben das Problem unterschätzt“.[4] Würde der Satz wörtlich wiedergegeben, wäre der Sprecher der Lächerlichkeit preisgegeben.

---

1 Jürg Häusermann, Journalistisches Texten: sprachliche Grundlagen für professionelles Informieren, Aarau/Frankfurt am Main 1993, S. 119.

2 Vgl. Jürg Häusermann, Journalistisches Texten: sprachliche Grundlagen für professionelles Informieren, Aarau/Frankfurt am Main 1993, S. 118 ff. sowie Astrid Schwamberger, *Gliedern, gestalten, stimulieren*, in: journalist, sage & schreibe Werkstatt, 7/1999, S. 13.

3 „If a quote is long, confusing or not particularly original, it's better to paraphrase it“; aus: Maria Braden, Getting the message across. Writing for the Mass Media, Boston/New York 1997, S. 116.

4 Beispiel aus: Jürg Häusermann, Journalistisches Texten: sprachliche Grundlagen für professionelles Informieren, Aarau/Frankfurt am Main 1993, S. 124.

Direkte Zitate sollen die Einschätzung und Meinung der Zitierten wiedergeben. Wenn der Sprecher wortwörtlich so formuliert, daß der Sinn seiner Aussage in einem einzelnen Zitat verzerrt wäre, ist es sinnvoll und auch im Interesse des Zitierten, wenn Sie seine Formulierung treffender gestalten.[1] Sagt der Vorgesetzte Schmidt im ersten Ärger auf einer internen Besprechung: „Also, da geht einem doch das Messer in der Hose auf. Das mache ich nicht mehr mit" – dann will er damit vermutlich nicht wörtlich zitiert werden. Gemeint hat er, daß er das Vorgehen unmöglich findet, empört ist, aufgebracht, wütend und erbost ist. Im Pressetext könnte stehen: „Jetzt ist Schluß", kündigte der Vorgesetzte Schmidt an. Ab sofort werde er ...

Um zwischen Fakten, direkten und indirekten Formulierungen wechseln zu können, benötigen Sie Zitate. Diese erhalten Sie, indem Sie:

• schriftliche Materialien auswerten, wie Redemanuskripte und Fachaufsätze der zu Zitierenden,

• sich deren Stellungnahmen oder Debattenbeiträge notieren, beispielsweise bei Besprechungen oder Präsentationen,

• mit den zu Zitierenden über das Thema reden oder

• eigene Vorschläge für sinngemäße Zitate entwickeln.

Beim Entwickeln von Vorschlägen für Zitate fallen einem oftmals Floskeln ein – wie „Hans im Glück", „Glück im Unglück", „Wir hatten kaum eine Chance, aber wir nutzten sie", „Wir haben die Ernte eingefahren, und siehe, das Jahr war gut". Solche Fertigbauteile der Sprache wabern oft ins Bewußtsein, wenn man aus dem Nichts heraus Formulierungen zu einem Thema sucht. Leichter finden Sie gute Zitate, wenn Sie sich die Menschen in konkreten Situationen vorstellen: Wie könnte die Geschäftsführerin auf der nächsten Betriebsversammlung formulieren, wie bei einem Tag der offenen Tür, was würde der Aus-

---

1 Der Ehrenkodex der österreichischen Presse spricht sich allerdings gegen das sinngemäße direkte Zitat aus: „Durch Anführungszeichen gekennzeichnete Zitate müssen soweit wie möglich den Wortlaut wiedergeben. Eine lediglich sinngemäße Wiedergabe darf nicht unter Anführungszeichen gesetzt werden"; aus: Grundsätze für die publizistische Arbeit. Ehrenkodex für die österreichische Presse, zitiert nach: Verband österreichischer Zeitungen (Hg.), Pressehandbuch 1999, Wien 1999, S. 810.

zubildende in seinem Freundeskreis sagen? Hilft Ihnen dies nicht weiter, dann suchen Sie das persönliche Gespräch – möglichst mit denen, die Sie zitieren wollen. Sind diese nicht verfügbar, dann reden Sie mit anderen über das Thema, um schlüssige Formulierungen vorschlagen zu können. Achten Sie dabei darauf, was wie gesagt wird. Denn im lockeren Gespräch formulieren die meisten Menschen anschaulicher und schlagfertiger als beim langwierigen Ausschmücken von Formulierungen im stillen Kämmerlein. Machen Sie es sich zur Regel, das Gespräch zu suchen, wenn Ihnen binnen zehn Minuten kein akzeptables Zitat einfällt.

Sind die Zitierten mit den von Ihnen vorgeschlagenen Formulierungen einverstanden, dann haben sie es damit gesagt. Lassen Sie Zitate immer gegenlesen und genehmigen – auch, wenn Sie sicher sind, daß die Zitate absolut korrekt sind. Denn letztlich müssen die Zitierten für das Gesagte öffentlich geradestehen.[1] Außerdem ändern Menschen manchmal ihre Meinung – und werden es Ihnen übelnehmen, wenn Sie das nicht vorausgesehen haben.

Zitieren Sie immer diejenigen, die fachlich am glaubwürdigsten sind: Die Leitung äußert sich zu Grundsatzfragen, die Geschäftsführung beispielsweise zu den Finanzen – aber die Fachleute zu den Fachthemen. Schreiben Sie den Text und sind Sie gleichzeitig die glaubwürdigste Person zu diesem Thema? Dann denken Sie sich aus, was Sie Prägnantes zum Thema gesagt haben können. Denn Sie dürfen sich selber zitieren – in Zitaten sogar selber loben. Vermeiden sollten Sie dabei allerdings – wie immer in Pressetexten – Bewertungen, wie optimal, ausgezeichnet, sehr gut.

---

1 Das Recht am eigenen Namen beinhaltet, daß jeder und jede selbst entscheidet, mit welchen Worten er oder sie sich öffentlich präsentiert: „Niemand muß sich gefallen lassen, daß ihm Aussagen in den Mund gelegt werden, die er nicht getan hat"; aus: Udo Branahl, Medienrecht, Opladen 1996, S. 116. Nur in einem über jeden Zweifel erhabenen gegenseitigen Vertrauensverhältnis können Sie erwägen, von der Genehmigung in jedem Einzelfall abzusehen: „Im günstigsten Fall" können Pressesprecher dann Statements des Parteivorsitzenden ohne Rücksprache formulieren. So kommt es, daß der sich beim Pressesprecher erkundigt, was er „denn so verlautbart habe, die letzten Tage"; aus: Hans-Joachim Lang, Parteipressemeldungen im Kommunikationsfluss politischer Nachrichten, Frankfurt am Main/Bern/Cirencester/U. K. 1980, S. 59. „Wenn man Pressesprecher ist, dann entwickelt man ein Band des Verständnisses mit dem Präsidenten, so daß man denkt wie er. Ich wußte, daß jene Zitate immer ausdrücken, was er fühlt", meinte der ehemalige Pressesprecher Ronald Reagans, Larry Speakes; in: Speaking out, zitiert nach: Rudolf Gerhardt, Lesebuch für Schreiber – Vom journalistischen Umgang mit der Sprache. Ein Ratgeber in Beispielen, Frankfurt am Main 1996, S. 96.

Da Pressetexte so formuliert sein müssen, daß sie ohne Änderung veröffentlicht werden können, dürfen Sie nicht schreiben: „Besonders erfolgreich hat sich die Firma für das gemeinnützige Projekt eingesetzt". Würde dieser Satz ungeändert abgedruckt, hieße dies, daß die Redaktion den Einsatz als erfolgreich einstuft und den Erfolg als Tatsache ansieht. Und dies möchten Redaktionen ohne genauere Prüfung womöglich nicht. Schreiben Sie dagegen: „Als besonders erfolgreich bezeichnete die Firma ihren Einsatz für das gemeinnützige Projekt", veröffentlichen Journalisten leichteren Herzens – denn nun bewertet die Firma selbst den Einsatz, nicht die Redaktion.

Bringen Sie die Wertung anstatt in indirekter Rede in einem prägnanten, wörtlichen Zitat unter, dann wird das Ganze vielleicht auch noch interessant für das Publikum. Denn daß eine Firma ihren Einsatz als erfolgreich einstuft, ist langweilige Alltäglichkeit. Auch wenn sich mal wieder jemand „über etwas freut" oder „auf etwas stolz" ist, interessiert das niemanden.

Zu oft wird in Pressetexten behauptet sich zu freuen. Zitieren Sie den Geschäftsführer der Firma damit, daß ihm dieses Projekt „besonders am Herzen lag", so ist das auch nicht besser. Denn das Publikum interessiert sich kaum für solch vage Umschreibungen – und glaubt sie meist auch nicht. Es will wissen: Was genau hat ihm am Herzen gelegen und warum? Wieso ist er gerade darauf stolz? Woran macht er den Erfolg fest? Indem Sie den Geschäftsführer per Zitat diese Fragen beantworten lassen, ermöglichen Sie es dem Publikum, sich seine eigene Meinung zu bilden.

Checkliste: Zitieren

im Text	nachprüfbare Fakten und Tatsachen
direktes oder indirektes Zitat	nicht nachprüfbare Fakten und Tatsachen, wie Forschungsergebnisse, Augenzeugenberichte
indirektes Zitat	Zusammenfassungen und konfuse Formulierungen (in klare Formulierungen übersetzt!)
direktes Zitat	Schlüsselaussagen, Stellungnahmen, Einschätzungen, Prognosen, Argumente, persönliche Meinungen, außergewöhnliche Formulierungen von Fakten
alle Zitate	müssen von den Zitierten genehmigt werden

4 Pressetexte

4.1 Terminankündigung

Damit Termine von den Medien angekündigt werden, müssen die Veranstaltungen entweder öffentlich sein und/oder interessant für die Zielgruppe des Mediums: Die Ankündigung einer Tagung für Hals-Nasen-Ohren-Ärzte ist für deren Fachmedien geeignet, aber nicht für die regionale Tageszeitung – außer die Tagung findet in dem Dorf statt, in dem die Zeitung erscheint und deren Bewohner interessiert, wer sich dort zu welchem Zweck trifft. Nicht-öffentliche Veranstaltungen, wie Jahreshauptversammlungen von Vereinen, werden fast nur in den Medien ländlicher Regionen angekündigt: Ist das Vereinsleben Mittelpunkt des öffentlichen Lebens, dann berichten manche Redaktionen ausführlich darüber. Dies kann den Service umfassen, auch auf nicht-öffentliche Veranstaltungen hinzuweisen (vgl. Kapitel „Was die Medien interessiert"). Werbung ist auch bei Terminhinweisen nicht zulässig: Soll auf den Tag der offenen Tür eines Möbelmarktes hingewiesen werden, schalten Sie eine Anzeige; über den Tag der offenen Tür bei einer gemeinnützigen Kultureinrichtung informieren Sie die Redaktion.

Ist die Veranstaltung öffentlich oder interessant für die Zielgruppe des Mediums, dann haben Sie vier Möglichkeiten[1]:

1. Sie fassen in zwei bis vier Zeilen die wichtigsten Informationen zusammen. Für solche Ankündigungen gibt es meist eine gesonderte Rubrik. Mal heißt diese Tips und Termine, mal Veranstaltungskalender. Geeignet für solche Rubriken sind in erster Linie Termine, die regelmäßig stattfinden – wie Kurse und Beratungsangebote.

---

[1] Welche Möglichkeit Sie wann wählen müssen und wie diese sich genau unterscheiden, ist nirgendwo festgelegt. Die hier getroffenen Unterscheidungen und Charakteristika sind üblich und dienen der Orientierung.

2. Geht es nicht um so einen Standardtermin, dann können Sie ausführlicher informieren – und sollten die Redaktion am Ende über die genaue Länge des Textes unterrichten. Dazu können Sie einen Absatz von fünf bis maximal fünfzehn Zeilen schreiben und die reinen Fakten – wie Uhrzeit, Ort und Kosten – in den Text einbauen.

3. Oder Sie geben die reinen Fakten am Ende an. Dies ist üblich bei Ankündigungen, die bis zu zwei Absätze umfassen, damit sich das Publikum die Informationen nicht im Text zusammensuchen muß. Über den Text schreiben Sie Terminankündigung oder Presseerklärung – je nachdem, ob die Veranstaltung oder das Thema Schwerpunkt des Textes ist: Steht in Ihrem Text neben den Fakten zur Veranstaltung beispielsweise ein Zitat zum Thema und begründen die Organisatoren, warum die Veranstaltung wichtig ist, dann haben Sie eine Terminankündigung. Eine Presseerklärung haben Sie, wenn zusätzlich umfassender informiert wird – beispielsweise neue Zahlen bekanntgegeben, Stellung genommen oder die Relevanz für die Region eingeschätzt wird[1]. Machen Sie einen Vorschlag für eine Hauptüberschrift, da solche Texte oft als kurze Meldungen veröffentlicht werden.

4. Schreiben Sie eine Presseerklärung, wenn Ihre Veranstaltung relevant genug für einen längeren Text ist. Geben Sie die Daten zum Termin am Ende des Textes komprimiert an. Geeignet für diese Form können sein: Ankündigung einer Tagung, eines Kongresses und einer Veranstaltungsreihe sowie Resümees der vergangenen Jahre – kombiniert mit der Ankündigung des Termins. Formulieren Sie zusätzlich zur Hauptüberschrift eine informative Unterzeile.

Wollen Sie, daß Ihr Termin sowohl im Veranstaltungskalender erscheint, als auch als Meldung angekündigt wird, dann sollten Sie der Redaktion beide Texte zusenden – jede Version auf einem eigenen Blatt Papier. Denn in vielen Zeitungs- und Zeitschriftenredaktionen wird die eingehende Post als erstes nach Ressort und Rubrik sortiert. Sie sollten sich nicht darauf verlassen, daß Redakteure von sich aus Ihren Text kopieren und weiterleiten, damit er auch in anderen Rubriken veröffentlicht wird.

---

1 Schreiben Sie in Zweifelsfällen Presseerklärung über Ihren Text. Über die Veröffentlichung entscheiden die Redaktionen unabhängig davon, was darüber steht. Das Auswahlkriterium ist die Relevanz des Inhalts. In Grenzfällen können Sie sich an der Länge des Textes orientieren – da umfassendere inhaltliche Informationen mehr Platz benötigen.

Hat Ihr Rundfunksender vier Sendungen, in der Termine wie Ihrer ange-kündigt werden, dann schicken Sie den Text an jede dieser Redaktionen – jeden in einem eigenen Umschlag. Denn auch dort gibt es keine Stelle, die eingehende Informationen daraufhin prüft, für welche Abteilun-gen sie noch alles interessant sein könnten (Vgl. Kapitel „Presseverteiler"). Unabhängig davon, an welches Ressort Sie die Texte senden, gilt: Auch über die Veröffentlichung von Terminen entscheiden Redaktio-nen autonom. Anhaltspunkte, welche Arten von Terminen von wel-chen Redaktionen veröffentlicht werden, erhalten Sie, indem Sie deren Berichterstattung verfolgen.

Für die Zeitplanung gilt: Terminankündigungen sollten eine Woche, bevor die Veranstaltung stattfindet, in Tageszeitungsredaktionen sein; bei Monatsmagazinen eine Woche vor Redaktionsschluß. Haben Sie in den kommenden drei Monaten vier Termine, dann senden Sie jeden Termin einzeln zu. Denn die meisten Redaktionen sind auf Texte ein-gestellt, die zur baldigen Veröffentlichung bestimmt sind. Oft fehlt schon das Ablagesystem, um auf Monate im voraus zu planen.

Viele Terminankündigungen beginnen mit: „Am Freitag, dem 12. Okt-ober, findet in Zeven unter der Leitung von A ein Konzert statt" oder „hält A einen Vortrag zu ..." Wird ein Vortrag angekündigt, so will das Publikum jedoch als erstes dessen Thema erfahren, nicht daß ein Vor-trag gehalten wird oder wer diesen hält. Beginnen Sie also Ankündi-gungen nicht mit „Professorin A hält einen Vortrag zum Thema Abfall-entsorgung" oder mit „einen Vortrag hält Professorin A zum Thema Abfallentsorgung" – denn Vorträge werden ständig gehalten. Am Anfang Ihres Textes erfahren die Lesenden nur, daß mal wieder eine Veranstaltung ist, die permanent stattfindet – und langweilen sich schon, bevor sie das Thema erfahren.

Auch bei Terminankündigungen soll das Wichtigste am Anfang ste-hen. Beginnt der Text mit: „‚Abfallentsorgung heute und morgen' lau-tet der Vortrag, den Professorin A hält" oder mit: „über Abfallentsor-gung spricht ..." – dann steht das Wichtigste am Anfang; allerdings eintönig und reizlos. Ansprechender und packender ist: „‚Die Abfall-berge werden bald größer sein als die Städte, die sie produzieren'. Diese These vertritt Professorin A in dem Vortrag ‚Abfall heute und morgen'". Damit packen Sie das Publikum, benennen einen spannen-den Aspekt, wecken Neugier und Interesse (vgl. Kapitel „Anfang").

Der Anschlußsatz sollte nicht lauten: „Diese These wird Professorin A in ihrem Vortrag zum Thema ‚Abfallentsorgung heute und morgen' vertreten". Denn die Lesenden müssen sich dann merken, daß eine Professorin mit Namen A einen Vortrag zum Thema B hält, bevor sie erfahren, was denn nun mit der These ist. Wird diese bestritten, widerlegt, bestätigt oder vertreten? Besser Sie informieren möglichst schnell über den Werdegang der These: „Diese These vertritt die Professorin ..."

Manche Schreibenden wollen in der Terminankündigung nicht vorab informieren. Schließlich sollen die Menschen zur Veranstaltung kommen. Würde schon alles Interessante verraten, kämen die Menschen nicht. Dieses Argument wertet die Qualität der meisten Veranstaltungen ab! Denn alles Interessante eines Vortrages läßt sich nicht in wenigen Sätzen transportieren – außer der Vortrag ist es nicht wert, gehalten zu werden. Wie belegt die Professorin die These, mit welchen Beispielen oder Untersuchungen; sind diese überzeugend, und was schließt sie daraus? Das Interesse an diesen Fragen ist erst geweckt, wenn die These verraten wurde. Außerdem informiert dies auch diejenigen über einen spannenden Aspekt des Themas, die leider nicht kommen können. Warum sollten Sie sich die Chance entgehen lassen, diese zu informieren? Vielleicht warten die dann gespannt auf Ihre nächste Veranstaltung oder sprechen Sie bei nächster Gelegenheit auf das Thema an. Zumindest haben Sie vielen Menschen gezeigt, daß Sie interessante Veranstaltungen machen.

Auch für Terminhinweise gilt: Schreiben Sie so, daß die Lesenden ein Bild von dem haben, worüber Sie schreiben. Anstatt zu schreiben, daß das Kunsthandwerk einer älteren Frau in der örtlichen Galerie ausgestellt wird, schreiben Sie genauer, daß die farbigen Keramikskulpturen einer 85jährigen Künstlerin ausgestellt sind[1].

Wieso veröffentlichen Redaktionen dennoch Terminhinweise, die erschöpfend trist sind, wo es doch auch weniger öde geht – veröffentlichen sogar die, die anfangen mit „am Freitag, dem 12. Oktober"?

---

[1] „Your goal is to make your readers visualize what you are writing about. You do that by using precise, specific words to describe what you see. Instead of writing that an old woman's artwork is being exhibited at a local gallery, you would give specifics, that an 85-year-old artist's colorful ceramic sculptures are on display"; aus: Maria Braden, Getting the message across. Writing for the Mass Media, Boston/New York 1997, S. 117.

Beginnen Texte mit dem Datum, dann gibt es nur eine Entschuldigung: akute oder chronische Arbeitsüberlastung der Journalisten. Fängt der Text mit dem Titel der Veranstaltung an, haben Journalisten eine Entschuldigung mehr: Sie sind keine Hellseher, wissen also nicht, was die wichtigen und interessanten Aspekte sind. Stehen die nicht im Text, dürfen Journalisten sie sich nicht einfach ausdenken – und die Zeit, bei jedem Termin den mitreißenden Details hinterherzutelefonieren, haben sie nicht.

Checkliste: Terminankündigung

Termin	Aufbau
regelmäßig	1. Terminankündigung 2. Textlänge: bis circa vier Zeilen 3. Fakten in ganzen Sätzen
nicht regelmäßig	1. Terminankündigung 2. Textlänge: bis circa 15 Zeilen 3. Fakten zum Termin stehen im Text 4. X Zeilen à Y Anschläge
nicht regelmäßig und/oder Sondertermin	1. Terminankündigung (Schwerpunkt ist die Veranstaltung) oder Presseerklärung (Schwerpunkt ist das Thema) 2. Hauptüberschrift 3. Textlänge: bis zwei Absätze 4. Informationsquelle nennen 5. Fakten zum Termin stehen am Ende des Textes 6. X Zeilen à Y Anschläge 7. Für die Redaktion: Ansprechpartner mit Telefonnummer und Erreichbarkeit

Sondertermin	1. Presseerklärung
	2. Hauptüberschrift und informative Unterzeile
	3. Textlänge: bis eineinhalb Seiten
	4. Informationsquelle nennen
	5. Zitate verwenden
	6. Fakten zum Termin stehen am Ende des Textes
	7. X Zeilen à Y Anschläge
	8. Für die Redaktion: Ansprechpartner mit Telefonnummer und Erreichbarkeit

4.2 Presseerklärung

Uneinigkeit besteht darüber, was in Presseerklärungen stehen soll. Die einen meinen:

- „Tatsachen sind gefragt, keine Meinungen"[1]. Andere finden:

- Presseerklärungen enthalten „Erklärungen, Stellungnahmen, Informationen und andere Nachrichten einer Organisation"[2],

- darin würden „Äußerungen, Stellungnahmen, Mitteilungen, Erklärungen und weitere Nachrichten aus der Organisation transportiert"[3],

- über „wichtige Erklärungen, Stellungnahmen und Personalentscheidungen" informiert „und zu zentralen bzw. aktuell in der Öffentlichkeit diskutierten ... Themen Stellung" genommen[4].

---

1 Wilfried Lindner, Taschenbuch Pressearbeit, Heidelberg 1994, S. 47.

2 Detlef Luthe, Öffentlichkeitsarbeit für Nonprofit-Organisationen, Augsburg 1994, S. 102.

3 Wolfgang Peschel, *Die Klaviatur der Pressearbeit*, in: Deutscher Bundesjugendring (Hg.). Reden ist Silber Schweigen ist Schrott, München 1996, S. 261.

4 o. A., *Konzeption für die Presse- und Öffentlichkeitsarbeit des Deutschen Bundesjugendringes*, in: Deutscher Bundesjugendring (Hg.), Reden ist Silber Schweigen ist Schrott. München 1996, S. 59.

Danach stellt sich die Frage: Benötigen Sie Tatsachen, Ihre Stellungnahme oder Tatsachen und Ihre Stellungnahme? Können Stellungnahmen und Erklärungen nicht gleichzeitig Nachrichten und Informationen sein? Auf beide Fragen lautet die Antwort: Das hängt davon ab, wer
Sie sind. Sind Sie Bundespräsident, Bundeskanzlerin, Vorsitzende eines
Konzerns oder Sprecher eines einflußreichen Verbandes? Dann benötigen Sie kaum Fakten. Ihre Stellungnahme ist dann die Nachricht: Fordert der Bundespräsident mehr Ausbildungsplätze für Jugendliche,
dann reicht das für eine Presseerklärung aus. Fordert dies die Jugend-
gruppe der örtlichen Kirchengemeinde, müßten im Pressetext auch
Fakten zur Situation der Jugendlichen in der Region stehen. Variiert
eine Staatschefin Nuancen in ihrer Argumentation, kann dies ein Sig-
nal für Änderungen sein – und somit eine Nachricht. Ändert ein kleiner Verband seine Einschätzung, muß diese schon sehr pointiert formuliert sein, um für die Öffentlichkeit interessant zu sein.

Das heißt: Je weniger Macht Sie haben, um so weniger ist Ihre Stellungnahme allein schon eine Nachricht, und um so klarer müssen Ihre
Argumente sein. Je geringer Ihr Einfluß ist, desto wichtiger sind Zahlen,
Vergleiche, Daten und Fakten zum Thema. Auf Ihre Einschätzung der
Daten brauchen Sie deshalb nicht zu verzichten: „Wenn in Schwarz-
stadt keine Mittel mehr für das Kinderschutz-Zentrum bereitgestellt
werden, dann sollten die Mitarbeiterinnen des Zentrums über diese
Entscheidung nicht nur informieren, sondern sie auch bewerten. Wenn
im Bonner Gesundheitsministerium ein Gesetz vorbereitet wird, das die
Arbeit von Sozialstationen beeinträchtigt, ist das Anlaß für eine Presseerklärung, in der diese Entscheidung kommentiert wird und die Folgen für Alte und Kranke in der Stadt oder Region aufgezeigt werden."[1]

Ist Ihre Stellungnahme nicht schon aufgrund Ihrer Position eine
medienrelevante Nachricht, dann benötigen Sie für eine Presseerklärung:

- ein (!) Thema,

- einen medienrelevanten Anlaß,

- Daten und Fakten zum Thema,

- eine klare inhaltliche Position des Hauses.

---

1 Norbert Franck, Presse- und Öffentlichkeitsarbeit, Köln 1996, S. 149.

Ob Sie den Text mit den Daten oder der Stellungnahme beginnen, hängt davon ab, was relevanter und wichtiger ist: Stellen Sie eine Studie vor, dann steigen Sie mit dem Ergebnis ein – sofern diese eine klare Aussage hat; beispielsweise „jedes dritte Auto falsch eingestellte Scheinwerfer hat". Spricht die Bundeskanzlerin aus diesem Anlaß ein Machtwort, dann beginnen Sie mit dem Machtwort. Fordert der Oldtimer-Verband aus diesem Anlaß neue Prüfverfahren, dann fangen Sie besser mit dem Ergebnis an. Sprechen die Ergebnisse nicht für sich, könnten Sie eine kurze Einschätzung an den Anfang stellen. Womit Sie auch beginnen, eines müssen Sie immer tun: die Informationsquelle im Text nennen, also die Organisation oder Institution, für die Sie schreiben.

Verzichten Sie darauf, alle interessanten Unterthemen in den Text aufzunehmen – beispielsweise bei einer Umweltschutzaktion die Arbeitsplatzsicherheit ebenso wie die ethische Verantwortung der einzelnen, die Kritik an Aufsichtsbehörden, die weltweiten wirtschaftlichen Aspekte sowie die Personalsituation Ihres Hauses. Wie viele Daten und Argumente Ihres Hauses Ihnen auch mitteilenswert scheinen: Setzen Sie Schwerpunkte. Bei der nächsten Presseerklärung können Sie dann einen anderen Schwerpunkt wählen. Denn Journalisten und Publikum wollen nicht aus einem Mix verschiedener Aspekte die wichtigen erst herausfiltern. Presseerklärungen sind nicht der richtige Ort, um alles zu schreiben, was Sie schon immer mal zum Thema äußern wollten (vgl. Kapitel „Aufbau"). Verzichten Sie darauf, Gedanken zu erörtern, Argumente abzuwägen oder Thesen zu prüfen.

Kippen Sie Journalisten zehn Aspekte eines Themas „vor die Füße" – dann handeln Sie nach dem Motto: Ihr macht ja ohnehin, was ihr wollt, und wir wissen nicht, was ihr wollt, also sucht euch den Text doch gleich selbst zusammen. Journalisten wissen nicht, ob Sie dies mit Absicht oder aus Unkenntnis tun – und es interessiert sie auch nicht. Journalisten lesen Ihren Text vielmehr quer und stöhnen auf, wenn das Thema medienrelevant ist. Denn dann müssen sie den Text stark redigieren oder komplett umschreiben. Nach der Veröffentlichung können Sie dafür über die Journalisten schimpfen, die „mal wieder nur das Unwichtige gebracht und alles Wichtige weggelassen haben". Gerade Presseerklärungen werden oft mit viel Engagement erstellt, jede Nuance intern diskutiert, und jeder glaubt mitreden zu müssen und zu können. Bei so viel Aufwand vergißt man schon mal, daß Presseerklärungen nur ein Informationsangebot an die Redaktionen sind – die zur Veröffentlichung nicht verpflichtet sind, zur wörtlichen Wiedergabe schon gar nicht.

Unabhängig vom Umfang der Vorarbeiten bleibt es dabei: Sie müssen entscheiden, was Ihr Thema ist, was Ihre zentrale Aussagen und was die interessanten Daten oder Aspekte sind – und auch nur diese mitteilen. Wenn Sie die Entscheidung vermeiden, werden die Journalisten auswählen. Und es schert die Redaktionen herzlich wenig, ob Sie mit deren Wahl einverstanden sind.

Bringen Sie im Text die Meinung Ihres Hauses auf den Punkt: Wählen Sie anschauliche und konkrete Zitate, vermeiden Sie Geschwafel und Null-Aussagen. Denn vage Einschätzungen interessieren das Publikum nicht. Es will wissen, wie Sie die Sache einschätzen – um sich dann bestenfalls seine eigene Meinung zu bilden. Unklare Stellungnahmen werden beim Lesen übersprungen – oder wecken Zweifel an Ihrer fachlichen Kompetenz (vgl. Kapitel „Zitieren").

Sie sollen also das Kunststück fertigbringen, komplizierte Sachverhalte verständlich, nachvollziehbar und stilistisch abwechslungsreich darzustellen – und zwar auf höchstens eineinhalb Seiten. Denn Presseerklärungen werden in den Redaktionen oft zu längeren Meldungen oder kurzen Berichten verarbeitet. Längere Berichte sind meist der redaktionellen Eigenproduktion vorbehalten. Sie können die Textlänge nicht variieren, indem Sie eine kleinere Schrift wählen oder breitere Zeilen – denn die Redaktionen interessiert nur, wie umfangreich der Text in der Zeitung wäre. Ein Pressetext von eineinhalb Seiten enthält beispielsweise 70 Zeilen mit maximal 50 Anschlägen (vgl. Kapitel „Die äußere Form")[1]. Ist Ihr Text deutlich länger, wird er bestenfalls stark gekürzt.

Bei Presseerklärungen, die länger als zwei Absätze sind, sollten Sie Vorschläge für eine Hauptüberschrift machen sowie für eine informative Unterzeile. Anschließend an den Text informieren Sie die Journalisten, wie viele Zeilen mit wie vielen Anschlägen Ihr Text umfaßt und geben eine Auskunftsperson mit Telefonnummer und Verfügbarkeit an.

Ist ihre Presseerklärung eineinhalb Seiten lang, könnten Sie erwägen, mit einem Vorspann zu beginnen. Dies ist der oft fett gedruckte erste

---

1 Die Angabe bezieht sich auf Texte, deren Zusendung nicht mit der Redaktion abgesprochen wurde. Haben Sie einen Beitrag mit der Redaktion abgesprochen, gilt die von der Redaktion gewünschte Länge.

Absatz von Zeitungsbeiträgen. Er hat „vor allem eine Orientierungs-funktion: Der Vorspann ... will den Leser rasch und prägnant informie-ren, ihm das Wichtigste ohne Umschweife mitteilen – im Zweifelsfall macht er sogar die Lektüre des gesamten Lauftextes entbehrlich".[1] Der Vorspann enthält also wiederum das Wichtigste aus dem Haupttext, „so daß der eilige Leser bereits nach der Vorspann-Lektüre weiß, was los ist. Und so, daß alle anderen gespannt sind, mehr zu erfahren".[2] Dabei soll der Vorspann auf zentrale Punkte „hinweisen, Probleme anreißen, aber nicht gleich alle Antworten vorwegnehmen".[3]

Ist Ihr Text trotz aller Bemühungen länger als eineinhalb Seiten? Obwohl Sie nur ein Thema haben, einen Schwerpunkt gesetzt, nur die allerwichtigsten Aspekte ausgewählt haben, alles Überflüssige und Nichtssagende gestrichen haben? Wenn weitere Kürzungen inhaltlich nicht sinnvoll oder vertretbar sind, dann sollten Sie überlegen, ob andere Formen der Pressearbeit besser zu Thema und Anlaß passen: Vielleicht ist es angemessener, ein Interview zu geben oder eine Pres-sekonferenz zu veranstalten?

Checkliste: Presseerklärung

Inhalt:

- ein (!) Thema

- mit ausgewählten Aspekten/Schwerpunkten

- mit einem medienrelevanten Anlaß, der für die Zielgruppe interessant oder wichtig ist

- Informationsquelle

---

1 Christoph Fasel, *Aperitif vor dem Hauptgericht*, in: journalist, sage & schreibe Werkstatt, 10/1999, S. 2.

2 Christoph Grote, *Sollen Freie Vorspänne mitliefern?* in: journalist, sage & schreibe Werk-statt, 10/1999, S. 11.

3 Jens Flottau, *Allgemein gültige Regeln gibt es nicht*, in: journalist, sage & schreibe Werk-statt, 10/1999, S. 11.

- Daten und Fakten zum Thema (um so mehr, je weniger Einfluß Sie haben)

- einer klaren inhaltlichen Position des Hauses in Form von Zitaten (um so pointierter formuliert, je weniger Einfluß Sie haben)

Äußere Form:

1. Datum

2. Presseerklärung

3. Hauptüberschrift und informative Unterzeile

4. Textlänge: bis eineinhalb Seiten

5. X Zeilen à Y Anschläge

6. für die Redaktion: Ansprechpartner mit Telefonnummer und Erreichbarkeit

4.3   Überschrift

Überschriften werden in den Redaktionen oft „informativer und pointierter" formuliert[1] – aber das bedeutet noch nicht, daß auf sie verzichtet werden kann. Denn Überschriften ermöglichen den Journalisten eine schnelle Orientierung. Außerdem wird das Thema der Überschrift meist von den Redaktionen übernommen.[2] Mit einer guten Überschrift steigt zudem Ihre Chance auf Veröffentlichung: Muß die Redaktion zwischen zwei ähnlich medienrelevanten Themen wählen, kann die bessere Überschrift den Ausschlag geben.

---

1   Cornelia Bachmann, Public Relations: Ghostwriting für Medien: eine linguistische Analyse der journalistischen Leistung bei der Adaption von Pressemitteilungen, Bern u. a. 1997, S. 217.

2   Cornelia Bachmann, Public Relations: Ghostwriting für Medien: eine linguistische Analyse der journalistischen Leistung bei der Adaption von Pressemitteilungen, Bern u. a. 1997, S. 217.

Machen Sie es sich zur Regel, die Überschrift zu erstellen, nachdem (!) Sie den Text geschrieben haben. Denn die Überschrift soll die zentrale Aussage des Textes wiedergeben. Sie kann daher erst erarbeitet werden, wenn der Text fertig ist. Häufig werden sie „dem ersten Viertel des Textes entnommen"[1] – weil dort die zentrale Aussage steht. Nach dem Motto „das steht ja schon in der Überschrift" werden Einzelheiten des Textes von manchen weggelassen. Bei Zeitungstexten ist dies jedoch nicht zulässig. Denn die Lesenden erwarten, nähere Informationen zur Überschrift im Text zu finden. Es ärgert sie, wenn sie aufgrund einer Überschrift entschieden haben „jawohl, das interessiert mich, ich nehme die Anstrengung auf mich, den Text zu lesen, um mehr Informationen zu erhalten" – und sich dann herausstellt, daß sie sich diese Mühe hätten sparen können, weil die einzige Information bereits in der Überschrift stand.

Erst recht nicht erlaubt ist die einzige Erwähnung wichtiger Informationen in Überschriften von Pressetexten. Denn die meisten Überschriften müssen in der Redaktion überarbeitet werden; nicht, weil sie schlecht sind, sondern damit sie in die vorgesehenen ein bis vier Spalten passen. Standen wichtige Informationen nur in der Überschrift, müßten die Journalisten den Text folglich umschreiben.

Übrigens werden Überschriften in Redaktionen auch dann oft überarbeitet, wenn sie zufällig – oder dank Ihrer Mühe – tatsächlich die richtige Länge haben. Ein Grund ist: Alle Überschriften auf einer Zeitungsseite müssen ein stimmiges Gesamtbild ergeben. Kommen einzelne Wörter zu häufig in den Überschriften einer Zeitungsseite vor, müssen sie geändert werden – auch wenn in drei Meldungen nacheinander nur das harmlose Wort „und" steht.

Überschriften gelten als „der schwierigste Teil des journalistischen Handwerks. Nirgends sonst drängen sich so viele Probleme in so wenigen Wörtern zusammen: Was eigentlich ist die Kernaussage des Artikels? Manche Texte entlarven sich unter dem Anprall dieser Frage – sie haben keine. Wie läßt sich die Aussage in 30 oder 40 Anschläge fassen, sprachlich sauber ... dennoch dem Inhalt angemessen und bei alldem auch noch interessant?"[2]

---

1 „In der klassischen Nachricht, dem Einspalter, der Meldung bezieht sich die Überschrift auf den ersten Satz – denn er enthält wie sie den Kern der Nachricht"; beide Zitate aus: Wolf Schneider/Detlef Esslinger, Die Überschrift, München 1993, S. 99 und 102.

2 Wolf Schneider/Detlef Esslinger, Die Überschrift, München 1993, S. 7.

Was gute Überschriften von schlechten unterscheidet? „Ganz bescheiden angemerkt: Praxis-Möbel von XY sind Deutschlands Nummer 1 bei Dr. Dent und Dr. Med"[1] ist auf jeden Fall eine schlechte Überschrift. Sie besteht eindeutig aus Werbung, was für Pressetexte nicht zulässig ist. „Ganz bescheiden angemerkt" wird wohl jede Redaktion streichen – nicht nur, weil es gelogen ist: Es sagt mit vielen Worten nichts, was Lesende interessiert. Interessanter und damit besser als „Neues Kulturzentrum im Industriequartier" ist die Überschrift „Tanzen im Maschinensaal"[2].

Gute Überschriften haben eine klare Aussage. Diese entspricht der zentralen Aussage des Textes. Sie darf den Text nicht verfälschen. Sie muß korrekt, leichtfaßlich und unmißverständlich formuliert sein – und Leseanreiz bieten[3]. Hat Ihre Überschrift außerdem ein Verb, dann ist sie fast perfekt[4].

Titeln Sie also „Schüler sammeln für Schulen im Kosovo" statt „Schülersammlung für Schulen im Kosovo". Nun können Sie noch prüfen, ob sie überflüssige Artikel streichen können: Aus „eine 20jährige Frau gewinnt den Jackpot" machen Sie „20jährige gewinnt Jackpot". Denn Überschriften müssen keine vollständigen Sätze sein, und Unnötiges kann weggelassen werden. Erscheint Ihre Überschrift dann doch mit Artikeln und nicht erforderlichen Worten, liegt das nicht daran, daß die Regel falsch ist. Der Grund ist, daß in vielen Redaktionen noch eine weitere Regel gilt: Die Überschrift soll so lang sein, daß der gesamte zur Verfügung stehende Platz gefüllt ist. Oft fehlen dafür nur wenige Buchstaben – was zum schnellen Einfügen von Artikeln verführt. Orientieren Sie sich insgesamt an dem in Zeitungen und Zeitschriften üblichen Aufbau: Die Hauptüberschrift bietet Leseanreiz und weckt Interesse; die kleinere, darunter stehende Unterzeile infor-

---

1   Hans-Peter Förster, Zweitberuf: Pressesprecher, Neuwied/Kriftel/Berlin 1997, S. 89.

2   Beispiel aus: Michael Haller, *Das Unbekannte nahebringen*, in: journalist, sage & schreibe Werkstatt, 9/1999, S. 10.

3   Vgl.: Wolf Schneider/Detlef Esslinger, Die Überschrift, München 1993, S. 13 f.

4   „Verben sind immer gut – aber nicht im zweiten Partizip. ‚Auto gegen Haus gerast' ist nicht so schön wie ‚Auto raste gegen Haus'"; aus: Mark Obert, *Nicht in beliebigen Bildern sprechen*, in: journalist, sage & schreibe Werkstatt, 9/1999, S. 7. „Allgemein gilt: Das Imperfekt ist verboten ... Die Ausnahme von der Regel: Die Story handelt von einem Sachverhalt, der unstrittig weit zurück in der Vergangenheit liegt, etwa: ‚Robin Hood war homosexuell'"; aus: Christoph Fasel, *Monogramme des Inhalts*, in: journalist, sage & schreibe Werkstatt 9/1999, S. 3.

miert über das Thema des Textes. Die Unterzeile wird also „für die unspektakuläre Nennung des Ereignisses genutzt, während der Haupttitel ein Detail vorwegnimmt"[1]. Haupttitel: Spontan-Jazz per Telefonkette, Untertitel: Jenaer Szene trifft sich seit über 50 Jahren.

Ist der Text sehr kurz – wie bei Terminankündigungen –, verwenden manche Medien einzeilige kurze Überschriften. Diese dienen mal mehr dem Leseanreiz, mal mehr der Information. Wenn Sie dennoch eine Haupt- und eine Unterzeile formulieren, dann bieten Sie der Redaktion für beide Fälle Anregungen. Fällt Ihnen nur für eine von beiden etwas ein, dann reicht auch diese eine aus.

Darf in der Überschrift ein Fragezeichen stehen? Der eine Autor meint: „Die Überschrift soll nicht als Frage formuliert sein. Ein Fragezeichen kündigt Spekulation oder Unwissenheit an. Also nicht: Fahndungspannen bei der Polizei? Sondern: Fahndungsarbeit der Polizei wird kritisiert"[2] – obwohl in diesem Fall die Frage spannender und interessanter ist und womöglich das Ungeklärte der Situation besser wiedergibt. Ein anderer Autor entscheidet daher auch weniger grundsätzlich: „Titel in Frageform (Wurden Charles und Diana beschattet?) eignen sich nur dann, wenn der Text eine Sache darstellt, die nicht geklärt ist. In allen Fällen, wo der Text die Antwort weiß (Welche Sonnenbrille schützt meine Augen?), verkauft ein Fragetitel ihn unter seinem Wert"[3].

1 Jürg Häusermann, Journalistisches Texten: sprachliche Grundlagen für professionelles Informieren, Aarau/Frankfurt am Main 1993, S. 214.

2 Karl-Ernst Jipp, Wie schreibe ich eine Nachricht, Stuttgart 1990, S. 57.

3 Jürg Häusermann, Journalistisches Texten: sprachliche Grundlagen für professionelles Informieren, Aarau/Frankfurt am Main 1993, S. 214.

Checkliste: Überschrift

Überschriften	– geben die zentrale Aussage/ Information des Textes klar wieder – sind korrekt und verfälschen den Text nicht – sind leichtfaßlich und unmißverständlich formuliert
Hauptüberschrift	– Leseanreiz – mit Verb – mit wenigen Artikel
Unterzeile	– Sach-Information

4.4 Schreibblockade

Daß jemand nichts mehr zu schreiben weiß, lieber die Ablage sortiert als vor dem leeren Blatt verzweifelt, dieses Problem kennen alle Berufsgruppen, die regelmäßig schreiben. Von Virginia Woolf bis Rainer Werner Fassbinder reicht die Liste der Schriftsteller, „die sich aus Verzweiflung umbrachten oder in Alkoholismus und Drogensucht endeten"[1]. Selbst Goethe litt zeitweise unter Arbeitsstörungen.[2] Auch viele Studierende kennen Schreibblockaden. Aber haben Sie schon mal von Schreibblockaden bei Journalisten gehört? Nun, nur weil niemand darüber spricht, bedeutet das nicht, daß es dieses Problem nicht gibt.[3] Natürlich sind Journalisten nicht immun gegen Schreibblockaden – Pressesprecher noch weniger.

---

1 Jürgen vom Scheidt, Kreatives Schreiben – Wege zu sich selbst und zu anderen, Frankfurt am Main 1993, S. 136 f.

2 Kurt R. Eissler, Goethe. Eine psychoanalytische Studie, Basel/Frankfurt am Main 1984; zitiert nach: Jürgen vom Scheidt, Kreatives Schreiben – Wege zu sich selbst und zu anderen, Frankfurt am Main 1993, S. 140.

3 Ich fand lediglich zwei dezidierte Hinweise darauf, daß Journalisten Schreibblockaden kennen: „Gezielt in eine Schreib-Blockade führt das Glashaus- Unternehmen, einen Beitrag über journalistische Sprache zu verfassen. Oder die Lektüre einschlägiger Sprachratgeber für Journalisten"; aus: Ulrike Kaiser, *Schreib-Blockade*, in: journalist, 4/1999, S. 3.

Im Gegenteil! In manchen Berufen wird „die Einsamkeit des Schreibens, mehr noch die in der stummen Zeit davor ... abgelöst von der Teamarbeit"[1]. In anderen finden sich wenigstens ein paar Menschen, die die Leistung, beispielsweise ein Buch zu schreiben, anerkennen. Nicht so bei Pressesprechern. Deren Texte werden von mehr Seiten kritisiert als beispielsweise die von Journalisten. Wo Journalisten ihre eigene Meinung in Beiträge einfließen lassen können, sollen Pressesprecher die Meinung des Vorstandes, des Chefs und die Politik des Hauses zur Geltung bringen. Gleichzeitig sind Anerkennung und Teamarbeit für viele Pressesprecher Fremdwörter. Statt dessen kennen sie: permanente Kritik, Überforderung und mit ihren Problemen allein sein. All dies kann Schreibprobleme verstärken und auslösen.

Dabei haben es Pressesprecher schwerer als Chefs, die eine Rede schreiben müssen. Denn die nehmen sich das Recht, ganze Abteilungen tagelang in Aufruhr zu versetzen, wenn sie nicht weiterwissen: Die schleichen dann um ihn herum wie um einen Kranken; loben anschließend die guten Passagen überschwenglich und entschuldigen die schlechten. Würden Pressesprecher bei jeder Presseerklärung einen solchen Wirbel veranstalten, würde bald Ihre Kompetenz bezweifelt.

So schwer wie eine Rede oder ein literarisches Werk ist es nun auch wirklich nicht, eine Presseerklärung zu schreiben? Mag sein, es ist nicht so schwer. Dafür ist es auf andere Art schwer. Immer mal wieder überkommt Pressearbeiter latente bis akute Lustlosigkeit, sobald ein Pressetext zu schreiben ist. Bald kommt die Sorge hinzu, nie wieder einen guten Text zustande zu bringen, und die bange Frage, ob sie nicht ihren Beruf verfehlt haben. Dabei gibt es manches Mal handfeste Gründe für Lustlosigkeit und Schreibblockaden.

„Außenstehende mag es erstaunen, wenn sie von altgedienten Journalisten hören, daß sie mit Schreibhemmungen zu kämpfen haben"; aus: Jürg Häusermann, Journalistisches Texten: sprachliche Grundlagen für professionelles Informieren, Aarau/Frankfurt am Main 1993, S. 104.

1 So die Drehbuchautorin und Regisseurin Angelina Maccarone; zitiert nach: Viola Roggenkamp, *Frau kriegt Frau*, in: Die Zeit vom 11. 3. 1999, S. 70.

Verschiedene inhaltliche Ziele

Ein Grund ist, daß viele Presseerklärungen Kriterien entsprechen sollen, die unklar sind und sich widersprechen. Von den Verfassern wird erwartet, daß sie die unklaren Kriterien, diffusen Wünsche und überbordenden Hoffnungen aller Beteiligten mittels eines einzigen Textes erfüllen: Chefs wollen, daß positiv fürs Haus geworben wird, Sponsoren und Geldgeber gebauchpinselt werden, Politiker motiviert und Profilierungsbedürfnisse befriedigt werden. Die internen Fachleute wollen ihre Arbeit gewürdigt und fachlich korrekt dargestellt sehen. Obendrein gibt es hausintern oft unterschiedliche Meinungen und Konflikt-Linien, die zu berücksichtigen sind. Die Journalisten wollen dagegen einen Text, der aus Fakten besteht, inhaltlich transparent ist, journalistisch geschrieben und verständlich ist. Die Öffentlichkeit will wissen, was sie davon hat, wenn sie beispielsweise zu einer Veranstaltung geht, und was ihr dort Interessantes geboten wird.

Pressesprecher kennen diese widersprüchlichen Erwartungen aller Gruppen, oder sie kennen die Erwartungen nicht und sind auf ihre Phantasie angewiesen. Die eine Situation ist so unangenehm wie die andere. Denn wie Sie es auch drehen und wenden: Sie finden keine Antwort auf die Frage, wie Sie alle Ansprüche auf einmal erfüllen können. Vielleicht überlegen Sie, ob Sie die Wünsche dieser oder jener Seite erfüllen können und wollen und malen sich dann die enttäuschte Reaktion der anderen Seite aus. Irgendwann wehrt sich etwas in Ihnen: „Und wo bleibe ich? Ich habe doch auch eine Meinung und ein Recht, diese auszudrücken und eigene Interessen."

Die Situation ist wie geschaffen für das Entstehen von Schreibblockaden. Der Ausweg aus dem Dilemma wird oft in Sprechblasen gesucht, in gestelzten Formulierungen und Bürokratendeutsch – um das Kunststück fertigzubringen, alles und nichts gleichzeitig zu sagen. Sollen solche Texte in Übungsseminaren verbessert werden, so scheitert dies selten an der Formulierungs-Begabung der Autoren. Bekommen sie ein Thema mit einer klaren inhaltlichen Aussage, dann gelingt ihnen auch ein eindeutiger Text. Bei ihren eigenen Texten scheitern die Autoren an den Ursachen der Sprechblasen, den dahinter stehenden internen Konflikten, Unklarheiten und Widersprüchlichkeiten. Werden diese nicht gelöst, dann sind oft alle mit den Texten unzufrieden;

die Experten und die Chefs, die Verfasser und die Journalisten. Wer schuld ist, scheint klar: die, die den Pressetext geschrieben haben.

Bei ihrer nächsten Presseerklärungen haben die Autoren womöglich schon Denkblockaden. Denn die beim letzten Mal enttäuschten Erwartungen sind noch gestiegen und mit ihnen der Streß – zumal die unschönen Folgen nun schon vorhersagbar sind. Denkblockaden werden ausgelöst durch „Streßhormone, die in Angstsituationen vor allem von den Nebennieren ausgeschüttet werden. Sie blockieren die Synapsen des Gehirns, schalten das Denken aus. Dafür werden Fett und Zucker frei, Energie wird mobilisiert, der Mensch ist bereit zur Flucht"[1] – aber eben nicht zum Schreiben.

Wie läßt sich diese Ursache von Schreibblockaden abbauen? Natürlich wäre es am besten, alle Beteiligten würden in einem Raum offen alle ihre Erwartungen benennen – über kurz oder lang erschauern vor dem aufgehäuften Erwartungsberg und Ihnen künftig alle Freiheiten der Welt zugestehen und Sie für jede gefundene Formulierung loben. Da dies in den meisten Häusern ein Wunschtraum ist, brauchen Sie andere Möglichkeiten. Eine ist, daß Sie alle Anforderungen, die formal und inhaltlich an Ihren Text gestellt werden, aufschreiben. Finden Sie anschließend dafür Oberbegriffe, die Sie dann nach abnehmender Wichtigkeit sortieren. Die entstandene Prioritätenliste könnte beispielsweise beinhalten:

1. Öffentlichkeit
2. Journalisten
3. Ihre eigenen inhaltlichen Ansprüche
4. Ziele der Vorgesetzten
5. Ziele der Experten/Kollegen

Die Punkte eins und zwei müssen Sie immer erfüllen, aber ab dem dritten Punkt können Sie variieren: Mit einer Presseerklärung erfüllen Sie das eine Ziel, bei der nächsten das andere. Bedenken Sie dabei, daß Sie langfristig arbeiten: Sie können nicht alle Erwartungen mit einem Pressetext erfüllen! Das könnten Sie aber mit zehn Pressetexten, denen unterschiedliche Prioritäten zugrunde liegen.

---

1 Ursula Katthöfer, *Seminarreportage. Von Eisbären und Elefanten*, in: ManagerSeminare, 1/1997, S. 35.

Verteilen Sie die Ziele auf verschiedene Themen, so wird dies Prinzip meist intern akzeptiert. So könnten bei grundsätzlichen politischen Stellungnahmen die Wünsche der Vorgesetzten Priorität haben, bei der Vorstellung der Angebote die der internen Experten. Vergessen Sie nicht, auch Ihre Interessen oder Ihr Lieblingsthema immer mal wieder zum Schwerpunkt zu machen. Sie benötigen dies, um auch die Interessen ausreichend motiviert formulieren zu können, die Ihnen nicht so naheliegen. Wird einer Ihrer Text kritisiert, so können Sie nun auf den nächsten geplanten Pressetext mit dem gewünschten Schwerpunkt hinweisen – und die Beschwerdeführer bitten, Ihnen dafür Material zusammenzustellen und über Zitate nachzudenken. Meistens sind die Beschwerdeführer dann beruhigt – sorgten sie sich doch nur, daß ihre Wünsche und Bedürfnisse nicht berücksichtigt werden. Da sie nun wissen, daß dies nicht der Fall ist, glätten sich die Wogen schnell wieder.

Anforderungen an die Sprache

Abgesehen von den inhaltlichen Erwartungen und Wünschen gibt es noch einen weiteren Bereich, in dem widersprüchliche Anforderungen gestellt werden: die Sprache. Die Experten bestehen auf ihrem Fachjargon, da nur in diesem das Thema fachlich korrekt erläutert werden könne. Journalisten und Öffentlichkeit wollen es klar, unmißverständlich und ohne Fachsprache. Manche Chefs lieben es geschraubt und nichtssagend, als wären sie Politiker. Einige wünschen die Kriterien an „gutes" Deutsch erfüllt zu sehen, die sie im Deutschunterricht lernten.

Außerdem stellen die Schreibenden selbst Anforderungen an ihre Texte. Ob diese nun originell, engagiert und gut geschrieben sein sollen, einen Hauch Subversivität oder ein Spritzerchen Genialität enthalten sollen: Oft sollen sie als der eigene Text erkennbar sein und zugleich als Text des Hauses. Schon die eigenen Ansprüche mittels eines Pressetextes zu erfüllen ist nahezu unmöglich. Denn geniale Originalität ist darin so überflüssig wie in Gebrauchsanweisungen. Ständig neue passende Formulierungen zu einem Thema zu entwickeln ist unnötig anstrengend. In der Schule war abschreiben verboten, bei der Pressearbeit ist es erlaubt – ob Sie nun aus eigenen Texten Formulierungen übernehmen oder aus journalistischen Beiträgen.

Viele Menschen haben obendrein „Vorstellungen davon, was stilvolles Schreiben ist. Leider sind diese Vorstellungen meist so diffus, daß sie nicht zu klaren Zielsetzungen führen, sondern zu der unklaren Absicht ‚gut' schreiben zu wollen. Das ist die effektivste Bremse, die es beim Schreiben gibt"[1].

So wie der Schriftverkehr mit Anwälten kein romantischer Roman sein kann und soll, so kann ein Pressetext nicht literarisch sein. Auch der „gute" Stil des Deutschaufsatzes gilt nur eingeschränkt als angemessen. In diesem Fall hilft Ihnen keine Prioritätenliste. Sie müssen, wollen Sie gute Pressetexte schreiben, die Anforderungen von Journalisten und Öffentlichkeit erfüllen (vgl. Kapitel „Journalistisch Schreiben").

Haben Sie sich auf Ihre eigenen sprachlichen Anforderungen an Pressetexte geeinigt, bleibt Ihnen noch die Einigung mit den internen Fachleuten und Chefs. Denn in vielen Häusern wird engagiert um Formulierungen in Pressetexten gestritten. Alle versuchen einander zu überzeugen. Je vehementer die einen für ihre Auffassung eintreten, desto nachdrücklicher bleiben die anderen bei ihrer Meinung. Ein Kompromiß scheint oft unmöglich. Denn alle verteidigen gleichzeitig ihre Berufsehre. Pressesprecher benötigen viel Diplomatie und Geschick, um sich für ihre Ziele einzusetzen, ohne die anderen so zu verärgern, daß diese die weitere Zusammenarbeit boykottieren.

Denn das Ziel der Fachleute ist, sich gegenüber ihren Fachkollegen zu profilieren. In Deutschland ist dies – anders als in den USA – nur möglich, wenn man sich im Fachjargon ausdrückt. Fachliches allgemeinverständlich zu formulieren gilt hier nicht als hohe Kunst; eher als Armutszeugnis. Daß der Köder dem Fisch schmecken soll – also die jeweilige Zielgruppe ansprechen soll – und nicht dem Angler, setzt sich in Deutschland erst langsam durch. Weil Politiker so oft in leeren Phrasen reden, glauben manche Chefs, dies sei gut und richtig.

Achten Sie darauf, daß unterschiedliche Auffassungen über die „richtige" Sprache nicht zu persönlichen Konflikten werden: Es ist Ihr Job, die eine Seite zu vertreten, und verständlich, daß Ihr Gegenüber die andere Seite vertritt. Spannungen können Sie abbauen, indem Sie dafür sorgen, daß Experten und Chefs ausreichend Möglichkeiten

---

1 Otto Kruse, Keine Angst vor dem leeren Blatt. Ohne Schreibblockaden durchs Studium, Frankfurt am Main/New York 5. Auflage 1997, S. 60.

haben, ihre sprachlichen Bedürfnisse zu erfüllen – in Fachaufsätzen und -beiträgen. Das könnte sie langfristig überzeugen, daß Sie deren fachliche Qualifikation anerkennen. Vielleicht erkennen die Experten im Gegenzug an, daß Sie Experte für Pressetexte sind. Bis es soweit ist, haben alle einen langen, zähen Prozeß miteinander durchzustehen. Mit dauerhaften Erfolgen ist kurzfristig nicht zu rechnen. Wenn Sie dieser Prozeß ermüdet hat, hilft es Ihnen vielleicht, eine Liste zu schreiben – mit all Ihren bisherigen Erfolgen auf dem Weg zum Ziel.

Mangelnde Anerkennung des Produktes

Eine andere Ursache von Schreibproblemen ist die mangelnde Anerkennung der Arbeit. Intern wird das fertige Produkt oft nicht weiter beachtet oder kritisiert – gelobt nur äußerst selten, regelmäßig schon gar nicht. Alle tun so, als sei das Verfassen eines guten Pressetextes so selbstverständlich wie die korrekte Bedienung eines Taschenrechners. „Daß eine wirklich gute journalistische Leistung mindestens soviel ‚Geist' beansprucht wie irgendeine Gelehrtenleistung – vor allem infolge der Notwendigkeit, sofort, auf Kommando, hervorgebracht zu werden und: sofort wirken zu sollen, bei freilich ganz anderen Bedingungen der Schöpfung, ist nicht jedermann gegenwärtig."[1] Daß sich dieser Satz auch auf das Schreiben von Presseerklärungen bezieht, scheinen noch weniger Menschen registrieren zu wollen.

Journalisten haben schon selten Kollegen, die einen guten Text anerkennen – Verfasser von Pressetexten aber noch seltener. Für herausragende journalistische Beiträge gibt es immerhin die kleine Chance, einen Preis zu gewinnen, für gute Presseerklärungen nicht. Verfaßt der Chef eine schlechte Rede, so gibt es für ihn Mitgefühl und Verständnis; nachsichtig werden Gründe angeführt, Trost gespendet oder schonungsvoll darüber hinweggegangen. Verständnis für Pressesprecher ist nicht vorgesehen.

Machen Journalisten Fehler, entschuldigen sie diese mit Zeitdruck. Ein Problem, das Pressesprecher – nach Einschätzung vieler Journalisten – nicht kennen: Wer monatlich gerade mal 60 Zeilen herausgibt,

---

1 Max Weber, Politik als Beruf, Berlin 1982, S. 29; nach: Michael Kunczik, Journalismus als Beruf, Köln/Wien 1988, S. 48.

der kann nicht unter Zeitdruck stehen und hat folglich auch keine Entschuldigung für Fehler. Dabei übersehen Journalisten, daß Pressesprecher mehr Aufgaben haben, als auf ihre Anrufe zu warten und gelegentlich einen Text zu schreiben.

Wird der Pressetext veröffentlicht, so ist auch dies nur selten eine Form der Anerkennung: Denn zwischen Abdruckrate und Textqualität gibt es nicht unbedingt einen direkten Zusammenhang. Vielleicht war das Thema gerade medienrelevant oder der Tag nachrichtenarm. Auch der schlechteste Text hält Journalisten nicht davon ab, Wichtiges zu bringen. Und der beste Text provoziert sie nicht zur Veröffentlichung, wenn das Thema uninteressant ist.

Leichter als intern oder extern Anerkennung zu erhalten, ist es, diese für sich selbst zu organisieren. So könnten Sie beispielsweise jährlich Ihren besten Text würdigen – ob Sie diesen in einem Bilderrahmen an die Wand hängen, eine kleine Lobrede darauf halten oder eine Feierstunde einlegen. Gibt es in Ihrer Presseabteilung mehrere Schreibende, so könnten jährlich die besten drei Texte der Abteilung ermittelt werden. Oder Sie treffen sich mit Kollegen anderer Häuser und tauschen sich über die Textqualität aus. Das erleichtert die Selbsteinschätzung, ob ein Pressetext gut ist oder schlecht. Außerdem entzieht kollegialer Austausch einer weiteren Schreibblockade die Grundlage: der durch Einsamkeit ausgelösten.

Kritik am eigenen Text ist um so schwerer zu verkraften, je geringer der innere Abstand dazu ist. Ist der Text gerade erst fertig, nehmen auch Profis Kritik oft sehr persönlich. Diese Empfindlichkeit ist normal. Sie zeigt, daß Sie engagiert arbeiten, etwas geschaffen haben, womit Sie sich identifizieren können. Unmittelbar nach Fertigstellung ist der Text noch ein Stück von Ihnen – Kritik daran entsprechend unangemessen. Nach einigen Tagen ist es nur noch ein Text – der, wie jeder Text, sachlich kritisiert und verbessert werden kann. Berücksichtigen Sie die dafür erforderliche Zeit in Ihrer Arbeitsplanung. Die Tage oder Stunden, die Sie benötigen, werden nach einiger Zeit weniger werden – und können je nach Thema variieren.

Mangelnde Anerkennung des Schreibprozesses

Nicht nur der fertige Text wird häufig zuwenig anerkannt, auch für die verschiedenen Phasen des Schreibprozesses mangelt es an Verständnis: Für viele Menschen zeigt äußere Hektik und Lautstärke, daß gearbeitet wird. Danach arbeitet, wer Besprechungen hat, telefoniert, Akten wälzt, zum Kopierer sprintet, die Tastatur bearbeitet und durch Gänge eilt. Wer dagegen mit den Füßen auf dem Schreibtisch in Zeitschriften blättert, langsam spazieren geht oder den Vögeln durchs Kantinenfenster beim Nestbau zusieht, der arbeitet nicht, der entspannt sich. Könnte man Ihnen dabei an der Nasenspitze ansehen, daß Sie über den nächsten Text nachdenken und nicht über Ihr Privatleben, dann dürften Sie wahrscheinlich auch spazierengehend arbeiten. Aber so fehlt manchen die Kontrolle. Erst wenn Sie sich genügend Anregungen aus Zeitschriften geholt und das Puzzle im Hirn zusammengesetzt haben, wird anerkannt, daß Sie arbeiten – also, wenn Sie aufspringen, zu Ihrem PC eilen und unwirsch auf Unterbrechungen reagieren.

Hier wird übersehen, daß „alle geistigen Prozesse neben ihren – durchaus vorhandenen – schnellen und beschleunigungsfähigen Phasen auch eher langsame, kontemplative Phasen haben"[1]. Übersehen wird auch, daß Sie womöglich schneller die Struktur Ihres Textes in der quirligen Kantine erarbeiten, als wenn Sie mit leerem Kopf vor Ihrem Computer verzweifeln, und daß Sie sich beim Zeitschriftenblättern Anregungen für Themen und Formulierungen holen. Einige Menschen gehen davon aus, daß, wer unter Zeitdruck gute Texte schreiben kann, dies auch jederzeit auf Knopfdruck wiederholen kann – und es nur aus Bequemlichkeit nicht tut. Fakt ist jedoch, daß Sie in diesen Fällen von Ihren „aufgeladenen Kreativitätsbatterien" profitieren und daß Sie diese immer wieder aufladen müssen.[2]

Auffällig ist, daß in vielen Häusern die geistigen Vorarbeiten des Schreibens mit verschiedenen Maßstäben gemessen werden. Müssen Chefs eine Rede halten oder einen Aufsatz schreiben, kann sich folgende Situ-

---

1 Jürgen vom Scheidt, Kreatives Schreiben – Wege zu sich selbst und zu anderen, Frankfurt am Main 1993, S. 88 ff.

2 Zu den Phasen des Schreibprozesses und der Überwindung von Schreibproblemen vgl. auch: Daniel Perrin, *Werkstatt Kreatives Schreiben*, in: sage & schreibe, 9/1998, 10/1998, 11/1998 sowie 12/1998.

ation abspielen: Der Chef verbittet sich zunächst jede Störung, um dann angestrengt aus dem Fenster zu sehen – oder wie ein Tier im Käfig unruhig durchs Zimmer zu wandern. Schließlich stürmt er durchs Vorzimmer mit den Worten „ich muß mal einen Spaziergang machen". Bei seiner Rückkehr gibt er knapp die Anweisung, ihm bestimmte Akten zu suchen und Fakten zu recherchieren, und verbarrikadiert sich erneut mit einem „keine Störungen bitte" in seinem Zimmer. Nach einiger Zeit kommt er – „ich finde einfach keinen Anfang" stöhnend – wieder heraus, läßt sich wahlweise aufmuntern oder probiert den einen oder anderen Versuch vor seinem Publikum aus. Noch bevor dies sich äußern kann, hat er eine neue Idee und kehrt kommentarlos an seinen Schreibtisch zurück. Kurzum: Die ganze Abteilung weiß, daß der Ärmste sich schwer quält, leidet mit und unterstützt ihn, so gut sie kann.

Ganz anders die Situation, wenn Sie schreiben müssen: Mit Verständnis, Trost und Nachsicht können Sie nicht rechnen. Von Ihnen erwartet man, daß Sie sich still an Ihren Arbeitsplatz setzen und nach kurzer Zeit einen Textdiamanten präsentieren. Dieser hat alle Ansprüche an Schliff, Glanz, Karat und Fassung zu erfüllen, die innerhalb und außerhalb des Hauses an ihn gestellt werden könnten. Benötigen Sie in letzter Minute noch Unterlagen und Fakten, dann heißt es ungnädig, daß Sie sich das auch früher hätten überlegen können.

Bedenken Sie, daß auch für Sie gilt, daß Schreibende „sich potentiell immer in einer Überforderungssituation befinden. Sie haben mehr Aufgaben gleichzeitig zu erledigen, als ihr Verstand zu leisten in der Lage ist. Deshalb ist es wichtig, diese einzelnen Aufgaben zu kennen und sie zeitlich zu entzerren, d. h. bestimmte Aufgaben als Schreibvorbereitung vorweg zu erledigen und andere, etwa das Verbessern des Textes, als einen gesonderten Arbeitsgang nachzuschalten"[1]. Selbstverständlich würde auch Ihnen das Schreiben leichter fallen, wenn Sie in einer so idealen Situation formulieren und Ideen sammeln könnten, wie manche Chefs: Die Menschen in Ihrer Umgebung wären für Sie „wie das Wasser für den Fisch. Sie ‚tragen' Sie durch ihre Anwesenheit emotional und dürfen selbst nichts von Ihnen wollen – jedenfalls nicht in dieser definierten Schreib-Zeit"[2].

---

1 Otto Kruse, Keine Angst vor dem leeren Blatt. Ohne Schreibblockaden durchs Studium, Frankfurt am Main/New York 5. Auflage 1997, S. 48.

2 Jürgen vom Scheidt, Kreatives Schreiben – Wege zu sich selbst und zu anderen, Frankfurt am Main 1993, S. 208.

Gefühle beim Schreiben

Beim Schreiben von Pressetexten können zahlreiche innere Widerstände zusammenkommen. Es beginnt damit, daß schriftliche Mitteilungen etwas Unwiderrufliches an sich haben. Die Aussagen legen Sie scheinbar auf immer fest – kann Ihr Text doch noch nach Jahren aus dem Archiv geholt und Sie mit dessen Aussagen konfrontiert werden. Sie formulieren dann nicht, was für die nächste Woche gilt, sondern das, was für die nächsten zehn Jahre gelten soll. Bereits diese Aussicht kann Schreibhemmungen auslösen und zum Einbau nichtssagender Floskeln verführen.

Journalisten begegnen dieser mit dem Satz: „Nichts ist so alt, wie die Zeitung von gestern" – und helfen einander beim Funk über Fehler hinweg mit einem „das versendet sich". Pressesprecher nützen diese Sätze weniger. Denn ihre Texte werden archiviert, hausintern und von Journalisten. Letztlich bleibt jedoch, daß auch Sie nicht vorhersagen können, was in zehn Jahren sein wird. „Vielleicht kann man nicht gut schreiben ohne eine gewisse Furcht, sich zu irren"[1]. Bestenfalls können Sie die heute gültige Position des Hauses wiedergeben. Daß Sie nach bestem Wissen und Gewissen arbeiten, ist eine Sache, daß auch Sie nicht hellsehen können, eine andere. Überkommt Sie die Angst vor der Ewigkeit schon beim ersten Satz? Vielleicht hilft es, wenn Sie die ersten Formulierungen auf Schmierpapier schreiben. Dann ist eindeutig, daß die Worte ein erster Versuch sind, Sie diese wieder verwerfen können.

Außerdem erzeugt Schreiben manches Mal Angst. Die vor der ewigen Festlegung und die, daß sich am Text zeigen wird, daß man dumm ist und selbst gravierende Fehler nicht bemerkt. Beim Verfassen von Pressetexten zeigt sich dies in der Vorstellung, daß umgehend Journalisten anrufen und einen mit nur einer Frage oder einem süffisanten Hinweis „entlarven". Diejenigen, denen dies noch nicht passiert ist, haben davor oft am meisten Angst. Mußten Sie schon ein paarmal zugeben, daß Ihnen ein Fehler passiert ist, so wissen Sie, daß davon nicht die Welt untergeht. Zeigt es doch nur, daß auch Sie ein Mensch sind und Menschen gelegentlich Fehler machen.

---

1   André Gide, Tagebuch; zitiert nach: Karl Peltzer/Reinhard v. Normann: Das treffende Zitat, o. O. 12., neu bearbeitete Auflage 1995, S. 528.

Vielleicht suchen Sie bei Menschen, die von Ihnen Perfektionismus erwarten, einmal danach, welche Fehler die gemacht haben. Das könnte Sie darin unterstützen, bei von Ihnen gemachten Fehlern nicht die bange Frage zu stellen, ob Sie womöglich unfähig sind. Solange Sie Ihre Ängste kontrollieren können, können Sie noch drauflosschreiben. „Das allein ist schon die halbe Miete. Solange Sie schreiben, können Sie Ihr Schreiben verbessern. Problematisch wird es dann, wenn Sie aufhören zu schreiben."[1]

Auch das Schreiben selbst löst Gefühle aus: „Stockendes Schreiben produziert Frustration und Unlustgefühle, flüssiges Schreiben, das Erleben eigener Kreativität ... kann positive Gefühle bis zur Euphorie wecken."[2] Die Euphorie als Dauerzustand anzustreben entspricht der Hoffnung, ab sofort jeden Tag nichts als glücklich zu sein: Es macht Sie automatisch unglücklich. Besser ist: Sie genießen die kurzen Phasen der Euphorie als höchstmöglich erreichbaren Glückszustand. So wie es Sie überanstrengen würde, jahrelang jede Minute bis über beide Ohren verliebt zu sein, so ist auch diese Euphorie als dauerhafter Zustand vielleicht weder erreichbar noch erträglich.

Das Gegenstück zur Euphorie ist, „wenn mit jedem Satz eigenes Unvermögen dokumentiert wird ... Dann stolpert man Satz für Satz über dieses fehlende Vermögen und manövriert sein Selbstwertgefühl in eine Talsohle hinein"[3]. Diese Qual speist sich oft aus der Illusion, „man müßte druckreif schreiben ... Bedenken Sie: Der Weg vom Rohtext zur Endfassung führt über drei bis acht Zwischenstadien (um irgendeine Zahl zu nennen)".[4] Ernest Hemingway schrieb beispielsweise einige Szenen so lange um, „bis sie ihm gefielen, häufig dreißig- oder vierzigmal"[5]. So viel Zeit haben Sie für Pressetexte natürlich nicht. Aber vielleicht könnten Sie sich zugestehen, daß es in Ordnung

1 Otto Kruse, Keine Angst vor dem leeren Blatt. Ohne Schreibblockaden durchs Studium, Frankfurt am Main/New York 5. Auflage 1997, S. 26.

2 Otto Kruse, Keine Angst vor dem leeren Blatt. Ohne Schreibblockaden durchs Studium, Frankfurt am Main/New York 5. Auflage 1997, S. 58.

3 Otto Kruse, Keine Angst vor dem leeren Blatt. Ohne Schreibblockaden durchs Studium, Frankfurt am Main/New York 5. Auflage 1997, S. 59.

4 Jürgen vom Scheidt, Kreatives Schreiben – Wege zu sich selbst und zu anderen, Frankfurt am Main 1993, S. 202 f.

5 James N. Frey, Wie man einen verdammt guten Roman schreibt, Köln 1993, S. 187.

ist, Ihre Texte zwei- bis dreimal umzuschreiben – Ihr erster Text also nur eine Arbeitsgrundlage ist, nicht die Endfassung.

Hilfreich kann es auch sein, einen fremden Text, der Ihnen einigermaßen gefällt, zunächst mit der Hand abzuschreiben. Geben Sie diesen anschließend in den Computer ein. Ihnen werden viele holprige Formulierungen auffallen, die Sie beim Lesen nicht bemerkt haben. Haben Sie einen Hang zum Perfektionismus, können Sie auf diese Weise gegensteuern. Dann gilt außerdem: „Wer zu früh von sich selbst verlangt, perfekt schreiben zu können, beraubt sich seiner Qualifikationsmöglichkeiten"[1].

Schreibprobleme können auch durch Gefühle zu anderen Menschen ausgelöst werden. Und dies nicht nur, wenn Sie aus privaten Gründen sehr besorgt, traurig oder glücklich sind. Hat Sie der Experte des Hauses gerade im Fachjargon abgekanzelt oder der Chef Ihnen in garstigem Ton die Anweisung gegeben „schreiben Sie mir mal einen Text dazu", so wird Ihnen schwerlich einfallen, was diese denn mal Schönes Prägnantes gesagt haben könnten. Denn der Ärger blockiert nun Ihre Kreativität. Dies womöglich auch, wenn ein Journalist gerade seine Unzufriedenheit an Ihnen ausgelassen hat. Außerdem sind Ihre Texte „an ein Publikum adressiert ... Die Gefühle, die man diesen Personen entgegenbringt, gehen in der Regel auch in den Schreibvorgang ein"[2].

Vielleicht müssen Sie Ihren Gefühlen erst Luft machen, bevor Sie einen guten Text verfassen können: Erzählen Sie jemandem davon, bewegen Sie sich, oder tippen Sie eine Ärgertirade in Ihre private Datei. Stellen Sie sich bei Ihrem Text zum eigentlichen Thema als Publikum nicht die Menschen vor, die Sie geärgert oder verletzt haben. Ihr vorgestelltes Publikum sollte aus dem Teil der Öffentlichkeit bestehen, der den Text lesen soll. Denken Sie dabei an die wohlmeinenden, am Thema interessierten Menschen, die bisher keine Gelegenheit hatten, sich über dieses Thema zu informieren.

Auch manche Journalisten stellen sich „typische Durchschnittsleser" vor, für die sie ihre Texte schreiben – was in Deutschland das „sprichwörtliche Lieschen Müller oder die Oma aus der Lüneburger Heide"

---

1 Otto Kruse, Keine Angst vor dem leeren Blatt. Ohne Schreibblockaden durchs Studium, Frankfurt am Main/New York 5. Auflage 1997, S. 23.
2 Otto Kruse, Keine Angst vor dem leeren Blatt. Ohne Schreibblockaden durchs Studium, Frankfurt am Main/New York 5. Auflage 1997, S. 64.

ist, ist in den USA der Milchmann aus Kansas City; der französische Verwandte wohnt in Plougastel Daoulas.[1]

Gefühle zum Thema

Einfluß auf Ihre aktuelle Schreibkompetenz hat auch das jeweilige Thema. Ist Ihnen das Thema wichtig und identifizieren Sie sich stark mit den Inhalten, so fehlt Ihnen vielleicht der innere Abstand, um sachlich nüchtern formulieren zu können – beispielsweise, wenn das Finanzproblem, über das Sie schreiben, Ihren Arbeitsplatz gefährdet. Bedenken Sie dann: Sie sollen und können andere nicht missionieren und sind nicht die allgewaltige Retterin des Projektes. Eher sind Sie Übersetzer der Position des Hauses. Sie können und sollen andere über den Sachstand informieren, Argumente, Meinungen und Fakten klar darlegen. Mehr können Sie nicht tun, weniger brauchen Sie nicht zu tun.

„Die effektivsten Schreibblockaden ergeben sich dann, wenn mit dem Thema ein zentrales (manchmal auch akutes) Lebensproblem angesprochen ist."[2] Sind Sie in einer Alkoholikerfamilie aufgewachsen und sollen nun über das Alkoholprogramm in Ihrer Organisation schreiben, so haben Sie womöglich mit schweren Schreibproblemen zu kämpfen. Am einfachsten wäre es, dieses Thema von Kollegen bearbeiten zu lassen. Ist dies nicht möglich, so versuchen Sie Abstand zum Thema zu gewinnen, beispielsweise durch Gespräche.

Ein anderes Problem haben Sie, wenn Sie das Thema nicht interessiert, Sie gar langweilt. Oder wenn Sie die Meinung des Hauses nicht teilen, die Ideen unausgegoren finden, die Faktenlage als lächerlich dünn erachten oder das Ausleben des Selbstdarstellungsbedürfnisses Ihres Chefs als schädlich für das Image des Hauses ansehen.

Eine Möglichkeit in solchen Situationen ist: Wenn Sie den Pressetext nicht schreiben können, dann schreiben Sie in möglichst klaren Worten über das, was Sie stört oder blockiert: Das Thema ödet mich an. Schon wieder soll ausgerechnet ich über dieses langweilige Pillepalle schrei-

---

1   Ulrich Renz, *Vom Kansas City Milkman und anderen Aspekten des Agenturjournalismus,* in: menschen machen medien, 8.–9./1999, S. 8.

2   Otto Kruse, Keine Angst vor dem leeren Blatt. Ohne Schreibblockaden durchs Studium, Frankfurt am Main/New York 5. Auflage 1997, S. 63.

ben. Meine vielen Fähigkeiten werden hier sinnlos verheizt, und das nur, weil der Chef mal wieder mit dem linken Fuß aufgestanden ist ...

Wenn Sie ein Thema langweilt, könnte eine Ursache sein, daß das Thema nicht medienrelevant ist, der Anlaß fehlt oder Sie einen neuen Aspekt des Themas in den Mittelpunkt stellen müssen, um sich und die Öffentlichkeit nicht zu langweilen. Eine andere Ursache kann sein, daß Sie schlicht überarbeitet sind und deshalb keinen Bezug zum Thema finden.

Lustlosigkeit kann auch dadurch entstehen, daß Sie immer nur die Meinung anderer in den Mittelpunkt stellen müssen. Schreiben Sie dann zuerst, was Sie am liebsten schreiben würden über das Thema, an die Journalisten, über Ihre Chefs, an das Publikum. Lassen Sie dabei keine Gemeinheit, keine Kritik und keinen Einwand aus. Notieren Sie Ihre philosophischen Gedankensplitter, alle Ihre Verbesserungsvorschläge oder warum Sie den Pressetext für überflüssig halten. Schreiben Sie, als wäre ein Preis für diejenigen ausgeschrieben, die am klarsten schreiben, was sie wirklich meinen – nicht, als wäre Ihr Arbeitsplatz dadurch gefährdet. Wenn dies – womöglich bösartig-süffisant formuliert – auf dem Papier steht, ist Ihr Kopf frei für das eigentliche Thema. Manchmal ist ein „Umweg" der schnellste Weg zum Ziel. Denken Sie aber daran, den Text anschließend im Computer zu löschen, den Ausdruck in den Reißwolf zu stecken oder mit nach Hause zu nehmen.

Beim Schreiben kann es passieren, daß Ihnen vor allem Formulierungen zu anderen Themen als dem vorgesehenen einfallen – ob für den Jahresbericht oder dazu, wie Sie sich in der nächsten Besprechung verhalten können. Diese sollten Sie sich notieren, um sie nicht zu vergessen. Denn diese Ideen sind oft besonders gut – vielleicht gerade weil man nicht angestrengt darüber nachgedacht hat. In der ersten chaotischen Phase des Schreibprozesses haben Sie so, quasi nebenbei, andere anstehende Probleme gelöst. Das ist schon mal ein gutes Ergebnis. Läßt es Ihre Zeit zu, dann widmen Sie sich zunächst diesem anderen Thema. Der geplante Text wird Ihnen anschließend wahrscheinlich leichter gelingen. Läßt Ihre Zeit diese Verschiebung nicht zu, dann hilft Ihnen das Notieren der Ideen, sie nicht zu vergessen und sich dennoch auf das geforderte Thema konzentrieren zu können.

Widerspricht die Grundlinie des Hauses Ihrer inneren Überzeugung, wird es Ihnen vielleicht nie gelingen, gute Presseerklärungen zu verfassen. Das heißt nicht, daß Sie nicht schreiben können. Unter anderen Umständen kann sich herausstellen, daß Sie geradezu begnadet formulieren können. Niemand kann über alles gut schreiben – beispielsweise politisch rechte Positionen so überzeugend formulieren wie linke. Schreiben Sie ausführlich auf, warum und weshalb die Grundlinie dieses Hauses Ihren Grundüberzeugungen in allen Punkten widerspricht. Finden Sie dabei oder danach keinen Grund, der es Ihnen sinnvoll erscheinen läßt, für dieses Haus zu arbeiten, so sollten Sie gezielt über einen Wechsel des Arbeitsplatzes nachdenken. Oder Sie versuchen, in andere Bereiche zu wechseln: Kurze Texte, wie Terminankündigungen, lassen sich vielleicht noch unmotiviert schreiben – bei der zentralen Presseerklärung des Jahres ist dies eher nicht möglich.

Etwas anderes ist es, wenn Sie an einer Textstelle partout nicht weiterkommen. Zweifeln Sie dann nicht an Ihren Fähigkeiten. Stellen Sie statt dessen fest, daß diese Stelle schlicht schwierig ist. Überlegen Sie dann, worin das inhaltliche Problem an dieser Stelle besteht. Inhaltliche Probleme können beispielsweise sein:

- Ihnen fehlen Informationen,

- die Position des Hauses ist zu diesem Aspekt nicht so pointiert, wie es auf den ersten Blick schien,

- Sie wollen in einem Satz mehr sagen, als sich in einem Satz sagen läßt.

Betrifft das inhaltliche Problem einen Nebenaspekt des Themas, können Sie diesen Aspekt vielleicht weglassen – oder durch einen anderen Aspekt ersetzen. Handelt es sich um den zentralen Aspekt, muß vielleicht erst die Position des Hauses geklärt werden, bevor eine Presseerklärung dazu erscheinen sollte.

Organisation

Einige Schreibblockaden lassen sich durch gute Organisation mildern oder vermeiden. Denn je müder und erschöpfter man ist, desto größer sind die Schreibprobleme. Vermeiden Sie es deshalb, Pressetexte am Ende des Tages zu schreiben. Planen Sie Ihre Arbeit so, daß Sie möglichst ohne akuten Termindruck schreiben können. Nur weil dies nicht immer möglich ist, müssen Sie sich ja nicht permanentem Zeitdruck aussetzen. Die Hoffnung, daß beim Formulieren auf die letzte Minute keine Schreibprobleme auftauchen, trügt oft. Zwar haben Sie keine Zeit, über die Anforderungen von sich und anderen nachzudenken. Aber dies verhindert auch, daß Sie für das dahinterstehende Problem eine Lösung finden.

Unnötigem Streß setzt sich aus, wer zuwenig Zeit für das Verfassen eines Pressetextes einplant. Daß ein Faltblatt oder eine Broschüre nicht in drei Stunden geschrieben ist, ist den meisten klar. Vergessen wird jedoch oft, daß Pressetexte der Kurzfassung eines ausführlichen Beitrages entsprechen – und deshalb besonders zeitaufwendig sind.

Organisieren Sie Ihre Arbeit möglichst so, daß Sie beim Schreiben nicht gestört werden. Die Stunden, in denen Journalisten anrufen, sind zum Formulieren nicht geeignet: Jedesmal werden Sie aus Ihrer Arbeit gerissen und müssen sich auf andere Themen einstellen. Anschließend müssen Sie den Faden wieder aufnehmen – immer mit dem Gedanken im Hinterkopf, daß Sie schnell arbeiten müssen, damit Sie vor der nächsten Unterbrechung fertig sind. Damit nehmen Sie sich die Chance, mit dem Ergebnis Ihrer Arbeit zufrieden zu sein.

Schreibprobleme können dazu führen, daß Sie nicht abschalten können – was neue Schreibprobleme auslösen kann: Noch beim Einschlafen werden passende Formulierungen durchgespielt, und morgens, noch bevor man richtig wach ist, fallen einem die ungelösten Probleme wieder ein. Passiert dies gelegentlich, wird Sie dies vielleicht nicht weiter beeinträchtigen. Geht es Ihnen regelmäßig so, sollten Sie etwas unternehmen. Anderenfalls fehlt Ihnen bald die nötige Erholung. Planen Sie Ihre Arbeitszeit so, daß Sie möglichst selten aus der Arbeit herausgerissen werden – ob durch Besprechungen oder weil Sie zu erschöpft sind, um weiterzuarbeiten. Denn dann versucht Ihr Unterbewußtsein, die Arbeit zum nächstmöglichen Zeitpunkt zu beenden – auch wenn dieser mitten in der Nacht ist.

Hilfreich sind auch Pausen zwischen den einzelnen Arbeitsschritten: Realisieren Sie, welchen Teil Sie gerade abgeschlossen haben – ob Stichwortsammlung, ersten Entwurf oder Endbearbeitung. Dann können Sie den nächsten Teil gelassener und konzentrierter bewältigen, als wenn Sie im Dauerstreß durcharbeiten.

Nutzen Sie die letzten 30 Minuten Ihres Arbeitstages für die Organisation; indem Sie beispielsweise Erledigtes auf Ihrem Zettel abhaken und die Aufgaben für den kommenden Tag notieren. Dies verhindert, daß Sie in Ihrer Freizeit damit beschäftigt sind, nichts zu vergessen. Fallen Ihnen nach Feierabend dennoch weitere Arbeiten ein, so können Sie immer noch eine kurze Notiz schreiben. Diese verwahren Sie so, daß Sie diese am nächsten Morgen im Büro sicher vor sich haben – ob in Ihrem Kalender, Ihrer Brief- oder Ihrer Manteltasche.

Achten Sie außerdem einmal darauf, wann Ihnen das Schreiben leichter fällt und wann schwerer. Wenn Sie wissen, unter welchen Bedingungen Schreiben für Sie schwer ist, dann können Sie diese künftig vermeiden. Lassen sich diese nicht vermeiden, dann wissen Sie zumindest, daß es an den Bedingungen liegt und nicht an Ihnen.

Vielleicht gelingt Ihnen das Formulieren leichter, wenn Sie vorher bestimmte Dinge getan haben – alle Unterlagen bereitgelegt, einen kurzen Spaziergang gemacht, Ihren Schreibtisch frei geräumt und sich ein Getränk geholt. Dann ist dies Ihr persönliches Ritual, um sich aufs Schreiben einzustimmen. Sie können dies künftig bewußt vorher durchführen. Haben Sie kein Ritual, dann probieren Sie eine Weile aus, was Ihnen vor dem Schreiben gut tut. Die Zeit, die Sie benötigen, um Ihre Art der Einstimmung zu entwickeln, ist gut investiert – denn diese verhindert einige zeit- und nervenverschlingenden Schreibprobleme.

Checkliste: Schreibblockaden

Zu viele oder widersprüchliche Erwartungen	– Prioritätenliste
Streit um die richtige Sprache	– Bleiben Sie auf der Sachebene, vermeiden Sie persönliche Konflikte
Mangelnde Anerkennung	– Würdigen Sie Ihre guten Leistungen
Einsamkeit	– Organisieren Sie sich kollegialen Austausch

Empfindsamkeit bei Kritik	– Planen Sie Ihre Arbeitszeit so, daß zwischen Fertigstellung des Textes und Kritik daran ausreichend Zeit ist
Mangelnde Anerkennung des Schreibprozesses	– Stellen Sie fest, was Sie in den verschiedenen Phasen des Schreibens benötigen, und besorgen Sie sich dies
Angst vor ewiger Gültigkeit	– Beginnen Sie auf Schmierpapier
Angst vor Fehlern/eigener Perfektionismus	– Akzeptieren Sie, daß alle Menschen Fehler machen – Erwarten Sie nicht, daß die ersten Formulierungen druckreif sind
Ärger über andere	– Bauen Sie Ihren Ärger ab, bevor Sie den eigentlichen Text schreiben – Denken Sie an das wohlmeinende Publikum Ihrer Texte
Das Thema betrifft Sie	– Gewinnen Sie Abstand durch Gespräche, oder geben Sie dieses Thema an Kollegen weiter
Lustlosigkeit	– Beschreiben Sie Ihre Gefühle schriftlich
Langeweile	– Prüfen Sie, ob das Thema medienrelevant ist – Suchen Sie nach spannenden Aspekten – Genehmigen Sie sich Erholung
Gedanken schweifen zu anderen Themen	– Notieren Sie Ihre Ideen – Ziehen Sie die anderen Themen vor, sofern dies zeitlich möglich ist

Die Linie des Hauses geht Ihnen grundsätzlich „gegen den Strich"	– Überdenken Sie einen Arbeitsplatzwechsel
An einer Stelle kommen Sie nicht weiter	– Klären Sie, was an diesem Themenaspekt unklar ist – Streichen Sie den Aspekt, wenn er nicht zu klären ist
Müdigkeit	– Legen Sie Schreibzeiten an den Tagesanfang
Überforderung	– Planen Sie ausreichend Zeit zum Schreiben ein und für Erholungspausen – Machen Sie Pause
Nicht ins Schreiben hineinkommen	– Entwickeln Sie Ihr persönliches Anfangsritual
Nicht abschalten können	– Sorgen Sie dafür, daß Sie beim Schreiben nicht gestört werden – Planen Sie am Ende des Arbeitstages die Arbeiten für den nächsten Tag – Notieren Sie Ideen in Stichworten, die Sie in Ihrer Freizeit haben

5 Nachbereitung

5.1 Kontrolle

Während des Schreibens haben Sie Ihren Text mehrfach gelesen und geändert. Für die Endkontrolle sollten Sie dennoch den Text **ausdrukken** und erneut lesen. Sie finden dabei nicht nur Tippfehler, die auf dem Bildschirm leichter übersehen werden. Sie lesen den Text auch in der Form, die dem Publikum präsentiert wird und damit eher mit den Augen der Lesenden. Ein paar unnötige Wiederholungen und komplizierte Wendungen, die Ihnen am Bildschirm nicht aufgefallen sind, finden Sie auf Papier.

Sind Sie zufrieden mit Text und Überschrift, sollten Sie den Text zunächst **beiseite legen** und etwas anderes tun. Sofern möglich, kontrollieren Sie den Text erst am nächsten Tag weiter. Denn je weniger Zeit vergangen ist, desto weniger Abstand haben Sie zu Ihren Formulierungen. Sind diese gerade erst erdacht und geschrieben, dann hängt das Herz an den kreativen Eigenproduktionen – und dies um so mehr, je schwieriger es war, diese zu finden. Der distanzierte Blick ist erst nach einiger Zeit möglich. Erst dann ist kritisch entscheidbar, welche Formulierung wirklich optimal sind und welche leider doch ersetzt werden müssen.

Dann sollten Sie den Text **laut lesen**, um Schreibstil und Inhalt zu prüfen. Bei zu langen Sätzen wird Ihnen die Luft knapp, Worte klingen deutlich falsch, bei Argumentationslücken werden Sie stutzen. Sie prüfen, ob Ihr Text richtig klingt – so wie Sie in Zweifelsfällen die Rechtschreibung prüfen, indem Sie das Wort mit der Hand schreiben: „Die gelernte Motorik führt dann auf den richtigen Weg"[1]. Markieren

---

1   Dagmar Gaßdorf, Das Zeug zum Schreiben – Eine Sprachschule für Praktiker, Frankfurt am Main, 1996, S. 21.

Sie beim Laut-Lesen die Stellen, an denen Sie sich langweilen oder Ihre Gedanken abschweifen. Meist müssen diese Stellen noch überarbeitet werden, damit das Publikum nicht zum nächsten Text wechselt.

Versuchen Sie anschließend, sich in einen Leser oder eine Leserin zu versetzen, und lesen Sie den Text aus deren Warte. Und zwar in einen Leser, der die vielen großen und kleinen Artikel über Ihre Organisation nicht gelesen hat. Denn dieser wohnte damals nicht im Ort, war im Urlaub, lustlos, müde oder abgelenkt. Sie erreichen also mit fast jedem Text Menschen, die noch nichts vom Thema wissen oder das meiste wieder vergessen haben. Bestrafen Sie sie nicht dafür! Belohnen Sie sie, weil sie jetzt Zeit und Energie investieren, Ihre Information aufzunehmen – indem Sie verständlich für alle schreiben.

Haben Sie den Text geändert, dann achten Sie als nächstes auf **Unnötiges**. Können Sie unnötig lange Sätze auflösen, Wörter oder Silben **streichen**? Achten Sie dabei besonders auf Worte, die Sie schreiben, während Sie nachdenken. Lieblings-Füllwörter – wie auch, so, insgesamt und beziehungsweise – können oft ersatzlos gestrichen oder durch genauere Wörter ersetzt werden.

Prüfen Sie ältere Texte einmal auf Ihre bevorzugten Füllwörter. Lassen Sie diese dann in neuen Texten vom Computer suchen. Neben Standard-Lieblings-Füllwörtern gibt es oft noch aktuelle Füllwörter. Diese variieren je nachdem, welche Texte Sie gerade gelesen haben und wie die Menschen in Ihrer Umgebung reden.

Haben Sie alles Unnötige gestrichen, dann sollten Sie akribisch noch einmal alle **Fakten und Schreibweisen prüfen**. Sind alle Namen richtig geschrieben, Zahlen und Orte korrekt? Tippfehler im Namen nimmt die Geschäftsführung womöglich übel. Ein Zahlendreher in der Telefonnummer kann das beste Angebot ruinieren. Erfahren Journalisten wiederholt von kleinen oder großen Fehlern, sinkt obendrein Ihre Glaubwürdigkeit als Informationsquelle.

Anschließend lassen Sie das Manuskript von jemandem lesen, der vom Thema nichts weiß. Kollegen und Bekannte sind meist zu gut informiert, um unbedarfte Leser zu sein. **Gegenlesen** zu lassen gilt als die „wirksamste Qualitätskontrolle: Jedes Wort, das in der Zeitung erscheint, muß gegengelesen sein. Da darf es keine Ausnahmen geben: Auch der Leitartikel des Chefredakteurs muß gegengelesen werden.

Der Gegenleser hat, eventuell nach einem Gespräch mit dem Verfasser, stets das letzte Wort".[1] Da die Forderung, alle Texte von anderen lesen zu lassen, für langjährige Profis in den Redaktionen gilt, sollte sie auch für diejenigen gelten, die Pressetexte schreiben.

Wenn Sie den Text zum Gegenlesen geben, dann erzählen Sie nur, für welche Redaktionen dieser Text ist. Sagen Sie nichts zum Inhalt oder zur Vorgeschichte. Schließlich soll der Text für sich sprechen. Dem Publikum geben Sie ja auch keine Vorinformationen. Alle Fragen, die Gegenleser nach der Lektüre stellen, sollten Sie ernst nehmen. Reagieren Sie – zumindest äußerlich – nicht mit einem „aber das steht da doch". Denn damit sagen Sie, daß die Leser zu dumm sind, einen – selbstverständlich prägnanten und einfachen – Text zu verstehen. Verstehen Sie Fragen nicht als persönliche Kritik. Prüfen Sie statt dessen, ob der Text alle wichtigen Fragen beantwortet, ob die Formulierungen klar genug sind oder Sie Informationen zu früh im Text geben – als die Lesenden Sie noch nicht wissen wollten. Werden Ihnen weitergehende interessierte Fragen gestellt? Dann prüfen Sie, ob Sie die Antworten darauf noch in den Text einbauen können. Kommen keine Anmerkungen oder Fragen, kann Ihr Text gut sein – oder Sie haben es noch nicht geschafft, Interesse zu wecken. Kündigt Ihr Text eine Veranstaltung an, könnten Sie fragen, ob Ihr Gegenüber Lust hätte zu kommen. Ist die Reaktion ausweichend, dann versuchen Sie das Interesse Ihres Gegenübers mit anderen Aspekten des Themas zu wecken und überlegen Sie anschließend, die Aspekte in den Text aufzunehmen, auf die positiv reagiert wurde.

Übrigens reagieren auch Profis auf Textkritik empfindlich. So, wie kein anderer das eigene Kind bekritteln darf – und Handwerker gekränkt reagieren auf Kritik an selbst entworfenen und gefertigten Möbeln –, so werden auch Hinweise zu Texten zunächst sehr persönlich genommen. Zwei psychische Reaktionen nach Beenden eines Textes sind: „Der Autor ist manisch begeistert von seiner Geschichte und hält sie für das Beste seit Ben Hur. Oder er empfindet sein Werk als Bankrotterklärung. Richtig kritisch wird es dann, wenn ihn beide Reaktionen gleichzeitig überwältigen."[2] Lassen Sie Ihren Text also

---

1 Hans-Wolfgang Pfeifer, Sicherung journalistischer Qualität verlangt ein Qualitätsmanagement, in: Initiative Tageszeitung (Hg.), Redaktion 1994 – Almanach für Journalisten, Bonn 1993, S. 41.
2 Raimund Maessen, Schreibblockade, Schaffensrausch, in: Gerhild Tieger/Manfred Plinke (Hg.), Deutsches Jahrbuch für Autoren, Berlin 1998, S. 94.

möglichst erst gegenlesen, wenn Sie inneren Abstand dazu haben; es ein Text ist, den zufällig Sie produziert haben – und der, wie jeder Text, verbesserbar ist.

Die letzte Textkontrolle findet bei der internen **Genehmigung** statt. Am einfachsten ist diese, wenn sich nur die Vorsitzende äußerte. Dann haben Sie in einer Person alle vereint: diejenige, die zitiert wurde, die Fachfrau und das oberste Entscheidungsgremium. Hat diese wenig Zeit oder vertraut Ihnen blind, dann wird der Beitrag vielleicht nur kurz überflogen und genehmigt. Letzte mißverständliche Formulierungen werden dann allerdings übersehen.

Haben Sie einen Beitrag zu einem Fachthema verfaßt und darin Menschen aus der Produktion zitiert, müßte Ihr Text von drei Stellen genehmigt werden (vgl. Kapitel „Zitieren"): als erstes von den Zitierten, weil diese das Recht am eigenen Wort haben. Als zweites von den Fachleuten, die für die fachliche Richtigkeit zuständig sind. Als letztes von der Geschäftsleitung, da es eine offizielle Information des Hauses ist. Wählen Sie eine andere Reihenfolge, wächst meist das Risiko, das Prozedere wiederholen zu müssen. Denn wenn die Leitung einverstanden war, die Fachleute es aber nicht sind, müssen Sie den Text womöglich ändern – und die neue Fassung der Leitung wieder vorlegen. Die Verlockung, eine der drei Stellen zu übergehen, ist groß. Denn das eigene Haus ist oft ein unnachsichtiges und ewig nörgelndes Publikum. Vielleicht hilft Ihnen dieser Satz darüber hinweg: „Man muß schon sehr unbeliebt sein, um nur Angenehmes zu hören"[1].

In vielen Fällen werden Sie zu Recht fürchten, daß gute Zitate gestrichen werden, die Fachleute eine inhaltliche Debatte anzetteln und alle glauben, besser und richtiger schreiben zu können – also ein Machtkampf beginnt um persönliche Rücksichtnahmen und Empfindlichkeiten. Denn oft sind Pressetexte Auslöser für interne Meinungsbildungsprozesse, die überfällig waren. Wenn Sie es schaffen, diese zu begleiten, ohne sich zum Sündenbock machen zu lassen, werden die Beteiligten Ihnen vertrauen. Schließlich wissen dann alle, wel-

---

1 Paul Schlesinger, Und der Geist des Hauses. Betrachtungen eines Unverantwortlichen, Festschrift zum 50jährigen Bestehen des Verlags Ullstein, 1927, in: Paul Schlesinger, *Der Alltag in einem Zeitungskonzern*; zitiert nach: Elger Blühm/Rolf Engelsing, Die Zeitung. Deutsche Urteile und Dokumente von den Anfängen bis zur Gegenwart, Bremen 1967, S. 242.

cher Text rausgeschickt wurde, wo Ihr Einfluß endet und der der Journalisten anfängt. Dann bleiben Sie von Anfeindungen nach der Veröffentlichung verschont. Im besten Fall entsteht immer mal wieder ein internes Wir-Gefühl, das Sie einschließt.

Machen Sie es also nicht so wie der Pressesprecher, der Fachleute die Texte schreiben ließ, sie ohne Rücksprache änderte und dabei Fehler hineinredigierte. Die Fachleute ärgerten sich so lange darüber, bis sie nicht mehr mit der Pressestelle zusammenarbeiteten. Schließlich bekam der Pressesprecher einen Vorgesetzten vor die Nase gesetzt. Dessen Hauptaufgabe war es, das Vertrauen zu den Fachleuten wieder aufzubauen.

Checkliste: Kontrolle

1. gedruckte Version lesen
2. liegen lassen, um Abstand zu bekommen
3. laut lesen
4. mit dem Vorwissen des Publikums lesen
5. zu lange Sätze auflösen, unnötige Silben und Füllwörter streichen
6. alle Fakten und die Schreibweise akribisch prüfen
7. gegenlesen lassen von Laien
8. Genehmigung: a) Zitierte, b) Fachleute, c) Geschäftsleitung

---

5.2 Wege in die Redaktion

Auf welchem Weg und an wen senden Sie nun Ihren Text? Sie sollten Ihren Text auf jeden Fall an das zuständige Ressort, die entsprechende Rubrik oder beim Hörfunk an die Sendung schicken (vgl. Kapitel „Presseverteiler"). Denn schon mancher Text landete auf dem Weg zu den zuständigen Journalisten in der falschen Abteilung und dort im Papierkorb. Ist jemand speziell für Ihr Thema zuständig und Sie kennen diesen Menschen, so können Sie Texte direkt an diesen senden. Sie sollten allerdings sicher sein, daß dieser nicht gerade im Urlaub oder krank ist. Denn dann kann es passieren, daß der Brief ungeöffnet in dessen Redaktionsfach landet und die E-Mail ungeöffnet veraltet.

Wenn Sie nicht sicher sind, welcher Weg der beste in dieser Redaktion ist, so kann Ihnen oft das Redaktionssekretariat weiterhelfen.

Etwas anderes ist es, wenn Sie sicher wissen, daß nur eine Person in der Redaktion bereit ist, Ihre Themen aufzugreifen, die Ressortleitung sie jedoch grundsätzlich in den Papierkorb wirft. Dann sind Ihre Chancen auf Veröffentlichung größer, wenn Sie diese Person direkt informieren. Dann lautet die Anschrift beispielsweise: Name der Zeitung – Redaktion, Frau Schmidt –, Straße, Ort. Steht der Name der Person vor dem Namen der Zeitung, dann entspricht dies einem privaten Brief, was in vielen Redaktionen nicht gerne gesehen wird.

„Pressemitteilungen wollen Journalisten heutzutage am liebsten per **E-Mail** erhalten"[1] sagen die einen, „Bitteschön weiter per Post und nur in eiligen Fällen per Fax", die anderen[2]. Als Problem gilt insgesamt die Überprüfbarkeit der Quellen. Deshalb sollten Sie am Ende jeder Mail die Internetadresse angeben, auf der sowohl die Pressemitteilung steht als auch zusätzliche Informationen abgerufen werden können, sowie diese von Ihrer berufliche Mail-Adresse aus absenden. Wichtig sind außerdem eine aussagekräftige Betreffzeile, die das Thema enthält sowie den Hinweis, daß es sich um eine Presseerklärung handelt. Dabei wird der eigentliche Text nicht layoutet direkt mit der Mail gesendet und nicht als Anhang, da auch die redaktionellen Systeme und die der freien Journalisten weder lange Ladezeiten noch Viren schätzen. Sie können beispielsweise eine Kurzfassung per Mail senden und darin einen direkten Link auf die Langfassung setzen. Wichtig ist, daß Sie bei Rund-Mails die Empfänger unter BCC eingegeben, nicht unter CC, um den Empfängern nicht die Liste Ihrer Adressaten mitzuteilen.

Die telefonische Übermittlung von Presseerklärungen wird von Redaktionen „ ... fast durchweg abgelehnt. Ursache für diese Aversion sind unangenehme Erfahrungen mit aufdringlichen Pressetext-Verkäufern"[3], der hohe Aufwand an Zeit und Konzentration – und daß sich Journalisten nicht als erweitertes Sekretariat der Informanten verstehen.

---

1 „media studie 2002 – Journalisten online", Erhebung der dpa-Tocher news aktuell, nach: Rüdiger Lühr, Online hat sich durchgesetzt, in: menschen machen medien, 1./2.03, S. 1.

2 kai (Autorenkürzel), *Einzigartig. Die Unsitte, Programm-Infos nur noch ins Netz zu stellen*, in: epd-medien vom 19.2.2003, S. 2.

3 o. A., Studie: *Journalismus in Europa. Ergebnisse einer Befragung unter europäischen Journalisten*, in: Hans-Peter Förster (Hg.), Kommunikations- und Pressearbeit für Praktiker, Neuwied/Kriftel/Berlin 1997, Loseblattsammlung, 01401, S. 14.

Faxsendungen sind in vielen Redaktionen unbeliebt: Permanent wachsen die Schlangen aus Faxpapier, wollen abgerissen, die Einzelteile voneinander getrennt und an die zuständigen Menschen verteilt werden – während die Journalisten damit beschäftigt sind, den Berg eingegangener Manuskripte und Presseerklärungen zu sortieren und sinnvoll auf Seiten oder Sendeminuten zu verteilen. Damit wollen und können sie nicht alle paar Minuten wieder von vorne anfangen, nur, weil mal wieder ein Fax angekommen ist.

Außerdem ist die Verteilung von Faxen an die zuständigen Ressorts oft unzuverlässiger als die Postverteilung. Denn die Post wird meist zentral von einer Person sortiert, die einen guten Überblick über die aktuellen Zuständigkeiten hat. Die Faxe werden dagegen in manchen Häusern von denjenigen abgerissen, die gerade vorbeikommen. So landen diese schon mal auf den falschen Tischen – und lagern dort, bis sie im Papierkorb landen. Außerdem ist das in manchen Redaktionen noch verwendete Thermopapier weder zum Archivieren geeignet noch zum Redigieren. Die Journalisten müßten dafür erst den Kopierapparat bemühen. Da auch Journalisten keine unnötige Arbeit mögen, erhöhen Faxsendungen die Gefahr, daß Ihr Text weggeworfen wird. Kommt die Topmeldung des Tages per Fax an, so wird dies Journalisten nicht an der Veröffentlichung hindern. Ob dies auch für Ihren Text gilt, ist zumindest fraglich.

Stellen Sie Ihre Presseerklärung ins Internet, dann ist dies kein Ersatz dafür, den Text per Mail oder Post an die Redaktion zu senden. Denn die Redaktionen haben kaum Zeit, täglich im **Internet** danach zu fahnden, ob alle relevanten Informanten Pressetexte an die Redaktion gesendet haben – oder ein paar neue Informationen auf irgendeine Homepage gestellt wurden. Stellen Sie Ihre Presseerklärung zusätzlich zur Versendung per Post ins Internet, so erleichtert dies denjenigen Journalisten die Arbeit, die zu entsprechenden Themen recherchieren und nicht auf Ihrem Presseverteiler stehen. Problematisch ist dabei, daß die Texte vor Änderungen durch Dritte nicht sicher zu schützen sind – Journalisten also Informationen aus dem Internet stärker prüfen müssen. Auch für Pressearbeit gilt: „Das Internet ist nicht Ersatz, sondern Bereicherung"[1].

---

1 Stefan Karazauninkat in einem Interview mit Dierk Jensen, *„Ohne Internet geht's nicht mehr"*, in: menschen machen medien, 7/1999, S. 27.

Pressefächer stehen oft auf Messen und Kongressen zur Verfügung – oder Veranstalter übernehmen die Aussendung des Pressematerials für alle. Dies erspart den Teilnehmenden Kosten und den Journalisten Sortierarbeit – zumal ihre Terminlage diese oft nicht zuläßt und sie nach kurzer Zeit die Veranstaltung verlassen müssen.

Ihr Pressetext ist längst bei den Journalisten angekommen, aber erschienen ist noch nichts. Sollen Sie anrufen oder per Mail **nachfragen**? Besser ist, Sie tun es nicht! Denn die meisten Redaktionen empfinden dies als Zumutung[1]. Sie wollen nicht danach fahnden müssen, wer für das Thema gerade zuständig ist, ob der Text dort gelandet ist, wo die Zuständigen gerade sind, ob man sie dort erreichen kann und ob sie eine Veröffentlichung planen. Und die Zuständigen wollen sich nicht rechtfertigen, ihre Entscheidung erklären oder den Informanten Tips geben. Redaktionen wären rasch lahmgelegt, wollten sie allen Informanten über geplante Veröffentlichungen Rede und Antwort stehen. Wehret den Anfängen ist daher das interne Motto bei Nachfragen: Auf schriftliche Anfragen wird oft überhaupt nicht reagiert, Anrufende möglichst abgewimmelt – schon um die Arbeit zu schaffen und sich nicht auf Streitgespräche einzulassen. Einige Informanten lassen sich nicht abwimmeln, bis Ihnen die Veröffentlichung zugesagt wird. Dieser kurzfristige Erfolg kann sich langfristig rächen: Spätestens wenn keiner mehr freiwillig mit Ihnen spricht, wird über Ihr Haus nur noch berichtet, wenn die Medienrelevanz dies zwingend gebietet.

---

1   Vgl.: Ralf Jaeckel, *Fachzeitschriften*, in: Günther Schulze-Fürstenow/Bernd-Jürgen Martini (Hg.), Handbuch PR, Neuwied/Kriftel/Berlin 2. Auflage 1994, 2.200, S. 6.

Checkliste: Der Weg in die Redaktion

per Post	mit Angabe von Ressort, Rubrik oder Sendung
E-Mail	Text nicht layoutet in der Mail, mit aussagekräftigem Betreff
Fax	nach Absprache mit der Redaktion oder bei sehr aktuellen Texten, wie nach Pressekonferenzen
auf der Homepage	zusätzlich zum Versand, keine Sicherheit gegen Änderungen
Pressefächer auf Messen, Kongressen	vor der Eröffnung komplett mit Pressematerial bestücken
Nachfragen in Redaktionen	vermeiden

5.3 Intervention nach Veröffentlichungen

Liegt Ihre Presseerklärung in der Redaktion, so ist diese nicht verpflichtet, den Text abzudrucken. Journalisten wählen aus dem vorliegenden Material aus, was sie für relevant halten. Sie dürfen die Texte kürzen – und das nicht nur von hinten –, die Informationen darin für andere Beiträge verwenden und alles umschreiben. Dabei dürfen sie so viel weglassen, wie sie wollen. Nur verfälschen dürfen sie Ihre Aussagen nicht. Manche Verfasser sind entsetzt, lesen sie ihre Texte in der Zeitung. Ein Trost kann sein, daß es bekannten Autoren auch nicht anders geht. So schrieb Kurt Tucholsky angesichts seines abgedruckten Textes: „Ich habe mich mit dem Offenen Brief so geplackt, zweimal abgeschrieben und jetzt hackst Du ihm das Herz heraus. Mörder –!"[1]

1 Kurt Tucholsky in einem Brief an den Herausgeber der „Weltbühne", 1925, in: Kurt Tucholsky, *Der leidige Rotstift*, zitiert nach: Elger Blühm/Rolf Engelsing, Die Zeitung. Deutsche Urteile und Dokumente von den Anfängen bis zur Gegenwart, Bremen 1967, S. 235.

Werden Ihre Terminankündigungen und Presseerklärungen nur selten oder stark verändert veröffentlicht, kann dies ein Hinweis darauf sein, daß Ihre Texte – aus journalistischer Sicht – Fehler enthalten. Werden Ihre Texte regelmäßig nicht veröffentlicht – obwohl die Themen medienrelevant sind und für die Zielgruppe des Mediums interessant, dann könnten Sie in der Redaktion anrufen und den Grund erfragen. Noch besser ist: Sie fragen Redaktionsmitarbeiter, wenn Sie diese ohnehin treffen – bei Interviews, Gesprächen auf Veranstaltungen oder Pressekonferenzen. Aber beschweren Sie sich nicht! Fragen Sie freundlich nach, ob es für die Nicht-Veröffentlichung Gründe gibt und welche sowie ob das Thema für die Redaktion interessant ist. Denn auch Journalisten wollen nicht von fremden Menschen angepöbelt werden und reagieren ungehalten auf solche Zumutungen. Erwarten Sie bei **Nachfragen** nicht, daß Journalisten Ihnen en détail sagen, was an Ihren Themen und Texten für die Redaktion paßt und was nicht. Es ist nicht ihr Job, Informanten beizubringen, was gute Pressetexte ausmacht. Meist fehlt ihnen dazu schon schlicht die Zeit.

Fragen Sie nur ausnahmsweise in Redaktionen nach – wenn Sie alle Faktoren, wie Medienrelevanz und Nachrichtenlage, nach bestem Wissen überprüft haben. Und fragen Sie nicht die erste Person, die Sie am Telefon haben, warum Ihre Texte nicht veröffentlicht werden. Versuchen Sie im ersten Schritt herauszufinden, ob der Mensch am Telefon für Ihre Themen überhaupt zuständig ist. Haben Sie den richtigen Menschen, dann fragen Sie, ob die Texte bei ihm angekommen sind. Und seien Sie nicht verärgert, wenn er es nicht weiß. Schließlich liegen dort täglich zig Texte auf dem Tisch. Wollten Journalisten sich bei allen merken, wer diese geschickt hat, was das Thema war und warum sie was mit dem Text gemacht haben, benötigten sie einen Großrechner als Gehirn. In diesem müßten auch die Texte abrufbar sein, die sie selber nicht gesehen haben – weil am betreffenden Tag andere für die Themenauswahl zuständig waren.

Wissen Journalisten nichts von Ihrem Text, dann geben Sie ihnen ein, zwei Stichworte zu dessen Thema. Die erinnern sich dennoch nicht? Nun, dann fragen Sie nach, ob das Thema für die Redaktion grundsätzlich interessant ist – und erläutern kurz, worum es dabei geht. Auch wenn Journalisten dann „nein" sagen, sollten Sie sich für die Auskunft bedanken. Mißverstehen Sie die Absage nicht als Abwertung Ihrer Arbeit oder Person. Dazu haben sich die Journalisten nicht geäußert. Sie haben nur die Frage beantwortet, ob das Thema in diesem Medium eine Chance hat, veröffentlicht zu werden. Sagen Journalisten „ja, das Thema wäre grundsätzlich interessant für die Redaktion", können Sie noch kurz klären, ob Sie die Texte künftig an ein bestimmtes Ressort oder eine bestimmte Person senden sollen. Ist das Thema grundsätzlich interessant, so heißt dies nicht, daß Ihre Texte veröffentlicht werden. Grundsätzlich interessant heißt: Das Thema hat im Wettbewerb der täglichen Nachrichtenauswahl eine Chance.

Wie niedrig die Abdruckrate Ihrer Texte auch sein mag und so ungerecht Sie diese finden, sollten Sie eines nie tun: versuchen die Redaktion zu erpressen – indem Sie beispielsweise andeuten oder damit drohen, keine Texte mehr zu senden, wenn diese nicht auch veröffentlicht werden. Selbst wenn die Redaktion auf Ihre Texte angewiesen ist – Sie beispielsweise der größte Arbeitgeber der Region sind und Anzeigenkunde oder die Bürgermeisterin –, sollten Sie auf Erpressung verzichten. Schaffen Sie sich keine unnötigen Feinde! Denn irgendwann kommt der Tag, an dem Sie in einen Skandal verwickelt werden, es eine interne Krise gibt, Ihre Glaubwürdigkeit zur Disposition steht. Wenn Sie Journalisten zuvor erpreßt haben, können Sie dann mit keinerlei Schonung rechnen. Es könnte Journalisten eine Freude sein, sich zu revanchieren – und sei es dadurch, daß sie Kollegen anderer Medien ein paar Informationen zukommen lassen.

Haben Sie den Eindruck, Journalisten veröffentlichen aus rein persönlichen Gründen Ihre Texte nicht, sollten Sie zunächst das persönliche Gespräch suchen. Erst danach sollten Sie die Kontaktaufnahme zu deren Vorgesetzten erwägen. Gefällt Ihnen lediglich die Tendenz der Berichterstattung nicht, sollten Sie von Beschwerden absehen. **Beschwerden** sind nur sinnvoll, wenn die Tendenz deutlich von der sonstigen inhaltlichen Linie der Redaktion abweicht. Denn wer die BILD wegen ihres Boulevardstils oder die tageszeitung wegen ihrer Kommentare zu konservativer Politik kritisiert, wird damit nichts erreichen. Ist dagegen der Beitrag einer Lokalzeitung ausnahmsweise sexistisch oder ausländerfeindlich, könnten entsprechende Hinweise die künftige Berichterstattung beeinflussen.

„Oberstes Gremium für Beschwerden über journalistische Beiträge in Zeitungen und Zeitschriften sind – neben den Gerichten – die Presseräte. Dort kann sich jeder über Journalisten und Redaktionen beschweren, die sich nicht an die üblichen Standards halten[1].

Werden Texte gelegentlich oder regelmäßig veröffentlicht, dann ärgern sich einige über die Änderungen: Das Wichtigste wurde gestrichen, die guten Zitate nicht gebracht, 50 Zeilen auf 15 zusammengestrichen, es erscheint das, was nur als zusätzliches Bonbon eingefügt wurde, die mühsam ziselierten Formulierungen sind brutal entstellt. Bevor Sie sich ärgern: Prüfen Sie nüchtern, ob der Informationskern im geänderten Text verständlicher beim Publikum ankommen könnte. Ist dies der Fall, dann freuen Sie sich, daß die Journalisten das Thema wichtig genug fanden, die zusätzliche Arbeit des Umschreibens zu investieren – und versuchen Sie die Hauptinformation künftig noch klarer in Ihren Texten zu präsentieren.

Der veröffentlichte Text ist weder besser noch schlechter, nur anders? Dann lesen Sie ein bißchen in der Zeitung herum, hören Sie sich ein paar Beiträge an. Bevorzugt die Redaktion diese andere Art? Sofern Sie dieser Redaktion Ihre Texte exklusiv senden, können Sie sich künftig an dieser anderen Art orientieren. Die eine Redaktion veröffentlicht so, wie Sie es geschrieben haben, die andere ändert es stets in ihre Art um? Dann liegen Sie mit Ihren Texten richtig und bleiben bei dem bisherigen Stil. Angenommen, der veröffentlichte Text ist schlechter als Ihre Vorlage. Dann bedenken Sie: In den Redaktionen arbeiten Menschen. Vielleicht hatte jemand einen schlechten Tag, Kollegen mußten kurzfristig einspringen, oder in der Redaktion ging es den ganzen Tag drunter und drüber.

Etwas anderes ist es, wenn der veröffentlichte Text so geändert wurde, daß er jetzt Fehler enthält: Zahlen wurden verändert, die positive Stellungnahme in eine negative verwandelt. Handelt es sich dabei um Kleinigkeiten, die außer Sie und Ihre Kollegen niemanden interessieren, dann sollten Sie nichts unternehmen. Im Zweifelsfall ist der Redaktion schlicht ein verzeihlicher Fehler unterlaufen; beispielsweise wenn der Geschäftsführer jetzt 54 statt 45 Jahre alt ist. Dies mag seine Eitelkeit kränken – interessiert aber das Publikum meist herzlich wenig.

Handelt es sich um grobe Fehler, dann können Sie in der Redaktion

---

1 Deutscher Presserat, Beschwerdeausschuss, Postfach 7160, 53071 Bonn, www.presserat.de, info@presserat.de; Österreichischer Presserat, Renngasse 12, 1010 Wien, presserat@mail.austria.com; Schweizer Presserat, Bahnhofstrasse 5, Postfach 201, 3800 Interlaken, www.presserat.ch.

anrufen und um eine **Berichtigung** bitten. Je freundlicher Sie Ihre Bitte vortragen und je besser Sie diese begründen, um so eher wird Ihre Bitte erfüllt werden. Unterstellen Sie den Journalisten nicht, daß Fehler absichtlich eingebaut wurden. Denn warum sollten Sie dies tun? Journalisten haben kein Interesse daran, Sie zu ärgern, falsche Fakten oder Zitate zu veröffentlichen. Wer ihnen dies wutschnaubend unterstellt, macht sich keine Freunde.

Wurde die inhaltliche Aussage des Textes extrem entstellt oder ins Gegenteil verkehrt und die Redaktion lehnt eine Berichtigung ebenso ab wie die Veröffentlichung Ihres Leserbriefes, dann bleibt Ihnen – wenn keine andere Art der Klärung möglich ist – die **Gegendarstellung**. Mit der Ankündigung einer Gegendarstellung verlassen Sie den Bereich der Klärung im gegenseitigen Einvernehmen. Denn Sie drohen dann mit Anwalt und Gericht. Die meisten Redaktionen reagieren schon auf das Wort Gegendarstellung hochallergisch. Denn die Journalisten hören bei diesem Wort: Die Redaktion soll per Anwalt gezwungen werden, zu veröffentlichen, sie hätte schlampig und fehlerhaft gearbeitet. Sie soll dokumentieren, daß andere bestimmen können, was in dem Medium erscheint. Journalisten erleben Gegendarstellungen als Angriff auf die Ehre der gesamten Redaktion – unabhängig davon, ob Ihr Anwalt die Gegendarstellung vor Gericht durchsetzt oder nicht. Überlegen Sie also gründlich, ob ein zweifelhafter kurzfristiger Erfolg die langfristige Verschlechterung der Zusammenarbeit wirklich aufwiegt.

Denn durch eine Gegendarstellung wird dem Publikum lediglich mitgeteilt, „daß der Betroffene behauptet, die Darstellung … sei unrichtig"[1]. Handelt es sich dabei um Kleinigkeiten, lächelt das Publikum über seine mangelnde Souveränität. Übrigens sind Gegendarstellungen nur gegen unwahre Tatsachenbehauptungen möglich – sofern Sie von diesen objektiv betroffen sind. Kommentierungen, wertende Stellungnahmen und Gegenangriffe gegen die Redaktion sind nicht zulässig. Am Ende einer Gegendarstellung darf die Redaktion feststellen, daß sie die eigene Tatsachenbehauptung nach wie vor für richtig hält. Peinlich wird es für die Verfasser von Gegendarstellungen, wenn die Redaktion in weiteren Berichten dokumentieren kann, daß der erste Beitrag korrekt war[2]. Redaktion und Publikum freuen sich dann

---

1   Udo Branahl, Medienrecht, Opladen 1996, S. 249.
2   Auch wenn sie eine Gegendarstellung veröffentlichen mußte, kann die Redaktion ab der

gemeinsam darüber, daß ein juristischer Taschenspielertrick nicht funktioniert hat – und Sie werden hart daran arbeiten müssen, Ihre öffentliche Glaubwürdigkeit wiederherzustellen. Möglich sind Gegendarstellungen übrigens in allen Medien, die periodisch erscheinen und redaktionell gestaltet sind: in Zeitungen und Zeitschriften ebenso wie in Hörfunk, Fernsehen und redaktionellen Online-Angeboten.

Werden die von Ihnen zugesandten Presseerklärungen nur teilweise veröffentlicht – und ergänzt durch Zitate von Kritikern Ihrer Position? Dann bedenken Sie: Kritische Beiträge schaden selten. Sie regen das Publikum sogar eher an, über ein Thema nachzudenken, als durchgehend positive Beiträge. Außerdem zählt zu den hehren Prinzipen des journalistischen Handwerks, „daß jede Information mindestens zwei unterschiedliche Quellen haben muß"[1]. Haben Sie die überzeugenderen Argumente, dann schließt sich das Publikum vielleicht Ihrer Auffassung an – und ändert seine Meinung auch nicht beim nächsten Text, in dem die Gegenposition vertreten wird. Ein Beitrag mit kritischen Anmerkungen signalisiert dem Publikum außerdem: Die Redaktion hält das Thema für wichtig genug, um die verschiedenen Aspekte zu recherchieren und im größeren Rahmen darzulegen. Vielleicht schließt das Publikum daraus, daß es sich lohnt, sich zu diesem Thema seine eigene Meinung zu bilden, und prüft die Argumente und Fakten anstatt über sie hinwegzulesen.

Werden Ihre Themen grundsätzlich mit kritischen Hinweisen angereichert? Nun, auch dies beeinflußt nicht zwangsläufig die öffentliche Meinung. Denn Medien können zwar beeinflussen, über welches Thema die Menschen nachdenken, aber kaum, was sie darüber denken.[2] Nur wenn das Publikum sich bisher keine Meinung über ein Thema gebildet hat, „läßt sich eine direkte Wirkung von Presseberichten nachweisen".[3] Denn auch andere lesen „zwischen den Zeilen": Stammleser wissen, mit welchen Journalisten sie übereinstimmen.

---

kommenden Ausgabe weiterhin über das Thema berichten. Vgl.: Udo Branahl, Medienrecht, Opladen 1996, S. 259.

1 Franziska Hundseder, *Herrn Milosevics Ohr*, in: menschen machen medien, 5/1999, S. 8.

2 Michael Kunczik, Journalismus als Beruf, Köln/Wien 1988, S. 208.

3 Volker Stollorz, *Panikmacher oder Pannenhelfer? Warum Medien über Risiken schreiben, wenn sie aus Sicht der Wissenschaft schweigen sollten*, in: Petra Gurn/Olaf Mosbach-Schulz (Hg.), „Risikokommunikation in den Medien" – Workshopdokumentation der Universität Bremen vom März 1998, S. 71.

Deren Artikel lesen sie daher anders als die derjenigen, deren Meinung sie nicht teilen. Außerdem lesen alle Menschen durch ihre eigene „Brille von Vorurteilen": Wer die tageszeitung oder die Frankfurter Allgemeine Zeitung liest und deren Ansatz nicht teilt, wird jeden Bericht und jede Argumentation entsprechend einsortieren.

Checkliste: Intervention nach Veröffentlichungen

Regelmäßig keine Veröffentlichung	Prüfen Sie die Medienrelevanz des Themas
Gelegentlich keine Veröffentlichung	Prüfen Sie Medienrelevanz, Nachrichtenlage und Schreibstil
Formale Änderungen (wie Stil und Textlänge)	Lernen Sie von Verbesserungen
Kritische Ergänzungen, kleine Fehler eingebaut, formale Verschlechterungen	Unternehmen Sie nichts
Gravierende Fehler eingebaut	Bitte um Berichtigung

5.4 Veröffentlichungen nutzen

Bevor Sie Medienveröffentlichungen auswerten und nutzen können, müssen Sie zunächst davon erfahren. Haben Sie einen überschaubaren lokalen Presseverteiler, läßt sich dies noch preiswert selbst bewerkstelligen: Ermitteln Sie, wer **im Haus** welche Medien regelmäßig liest, hört oder sieht. Erzählen Sie diesen, wenn Sie Pressetexte versendet haben, und fragen, ob Ihnen Veröffentlichungen mitgebracht werden könnten. Am besten verteilen Sie eine Kopie des versendeten Textes, damit die Beobachter wissen, worauf genau sie achten sollen. Es genügt nicht, einmal grundsätzlich darum zu bitten, Ihnen alle Veröffentlichungen mitzubringen. Zwei Wochen sind die Mithelfenden vielleicht bereit, aufmerksamer als sonst die Zeitung zu lesen. Ein Dauerzustand ist dies nicht. Besser wäre, Sie erneuern Ihre Bitte vor jeder Versendung – und zeigen gleichzeitig, wie sehr Sie die Zuarbeit schätzen.

Hilfreich kann eine Suche im **Internet** sein: Unter www.paperball.de können 135 deutschsprachige Zeitungen der jeweils letzten beiden Tage nach Stichworten durchsucht werden. Rund 60 Quellen inklusive einiger Internetadressen durchforstet www.paperazzi.de. Haben Sie einen umfangreichen Presseverteiler, dann prüfen Sie, ob Sie die Arbeit an ein Büro abgeben können, das professionell Print- und Funkmedien beobachtet. In Deutschland bieten über 20 **Ausschnittsdienste** die Beobachtung und Auswertung von Medienreaktionen an[1]. Was diese genau auswerten und zu welchen Konditionen, ist bei jedem Büro anders. Prüfen Sie also genau, ob auch das geboten wird, was Sie brauchen. Werden die für Sie relevanten Medien überhaupt von diesem Büro ausgewertet? Wie schnell erfahren Sie von Veröffentlichungen? Was kostet Sie jede gefundene Veröffentlichung?

Gemeinsam ist den angebotenen Diensten, daß eine rückwirkende Suche nicht möglich ist. Sie müssen den Auftrag zur Medienauswertung also vergeben, bevor Sie die Pressetexte verschicken. Ob Sie die Medien dann zwei Wochen oder drei Jahre beobachten lassen und worauf genau, das entscheiden Sie – und Ihr Etat.

Eine Garantie, wirklich jeden Artikel zu einem Stichwort zu bekommen, ist die Beauftragung von Ausschnittsdiensten nicht. Zumindest kritisierten befragte PR-Abteilungen und -Agenturen „lückenhafte und zu langsame Lieferung ... die Hälfte der antwortenden Agenturen geht davon aus, daß sie nur 70 bis 80 Prozent aller tatsächlich erschienenen Belege und Beiträge erhalten ... 48 Prozent der befragten PR-Experten sind nur ‚mäßig zufrieden'" mit der Arbeit ihres Ausschnittsdienstes[2].

---

1 Vgl. u. a.: Deutscher Ring Lebensversicherungs-AG (Hg.), Kroll Presse-Taschenbuch Geld, Versicherung und Soziales 1999/2000, Garmisch-Partenkirchen und Seefeld/Obb. 1999, S. 237 f.

2 Ralf Jaeckel, *Ausschnittsdienste*, in: Günther Schulze-Fürstenow/Bernd-Jürgen Martini (Hg.), Handbuch PR, Neuwied/Kriftel/Berlin 2. Auflage 1994, Ergänzungslieferung vom 4. 2. 1995, 2.310, S. 8.

Was tun Sie mit den Medienberichten, die Ihnen vorliegen? Sie können diese natürlich im Presseordner abheften – zusammen mit Ihrem Originaltext, sortiert nach Datum, Thema des Beitrages und Titel des Mediums. Effizienter nutzen Sie die investierte Arbeit, wenn Sie die Medienberichte für die Qualitätskontrolle sowie die interne und externe Kommunikation einsetzen.

Die Basis: Wirkungskontrolle

„Neben dem Mißverständnis der Pressearbeit als reines Marketinginstrument ist die Wirkungskontrolle vermutlich das größte Problem ... Die Abdruckbeobachtung – z. B. mit Hilfe eines Ausschnittsdienstes – beschränkt sich meist auf ein Zählen und Archivieren. Eine permanente qualitative und quantitative Analyse ist die Ausnahme."[1]

Soll Ihr Haus diese Ausnahme sein? Dann könnten Sie zählen, wie oft welcher Text veröffentlicht wurde. Das dokumentiert den Erfolg Ihrer Arbeit – und beruhigt, wenn es einmal nicht so klappt, wie Sie wollen. Außerdem zeigen die Zahlen Kollegen und Vorgesetzten, daß schwankende Zahlen nicht durch die Qualität Ihrer Arbeit verursacht werden, und helfen das Vorurteil zu widerlegen, daß alle, die des Schreibens mächtig sind, schon für die Pressearbeit qualifiziert sind.

Notieren Sie parallel zu den Zahlen, welche Faktoren – wie Thema und Nachrichtenlage – die **Abdruckquote** beeinflußt haben könnten. Damit kommen Sie Ursachen für „schlechte" Abdruckquoten auf die Spur – und schaffen sich eine Basis für die künftige Planung der Pressearbeit, die auf Ihre Themen zugeschnitten ist. Verlassen Sie sich nicht auf Ihr gutes Gedächtnis: Nach zwei Jahren haben Sie die Faktoren im Zweifelsfall doch vergessen. Außerdem unterstützen Ihre Notizen auch Ihre Vertretung oder Nachfolge. Vielleicht erstellen Sie sich ein Formular, auf dem Sie die wesentlichen Daten zusammenfassen: Thema des Pressetextes, Termin der Versendung, welche Schwerpunkte des Presseverteilers wurden beliefert, Zahl der belieferten Redaktionen, wieviel Prozent der Redaktionen haben veröffentlicht (Abdruckquote), Einflußfaktoren auf die Abdruckquote, wie die Nachrichtenlage. Nach und nach erfahren Sie so die für Ihre Themen gültige opti-

---

1   Dieter Pflaum/Wolfgang Pieper, Lexikon der Public Relations, Berlin 1990, S. 36.

male Abdruckquote und wie Sie diese erreichen können. Im nächsten Schritt können Sie – zusätzlich zur absoluten – noch die relative Abdruckquote ermitteln. Diese berücksichtigt die Reichweite beziehungsweise Auflage der Medien, also wieviel Prozent der Zielgruppe mit den Veröffentlichungen ungefähr erreicht wurden. Die Auflagenhöhen und Reichweiten finden Sie in Nachschlagewerken, wie dem Stamm, und in den Mediadaten, die Sie bei den jeweiligen Anzeigen- oder Werbeabteilungen anfordern können. Sie werden feststellen, daß absolute und relative Abdruckquote stark voneinander abweichen können: Vielleicht erreichen Sie mit drei Veröffentlichungen mehr Menschen Ihrer Zielgruppe als mit zehn Beiträgen in Medien, die sich an andere Teile der Öffentlichkeit wenden. Die relative Abdruckquote ist daher aussagekräftiger als die absolute.

Außerdem können Sie eine **qualitative Analyse** durchführen. Überprüfen Sie zunächst, was die Redaktionen geändert haben – und welche Änderungen Sie als Anregung für künftige Texte nehmen wollen (vgl. Kapitel „Intervention nach Veröffentlichungen"). Notieren Sie die Bewertungen der Medien: Ist die Einschätzung Ihres Hauses, bestimmter Themen oder Argumente positiv, sachlich, kritisch oder negativ? Nehmen Sie dabei auch die Bewertungen auf, die auf Ihrem Text basieren! Bei übersteigerten internen Reaktionen auf negative Einzelberichte kann Ihre statistische Auswertung beruhigend und angemessen relativierend wirken. Ändert sich die Gesamttendenz der Berichterstattung, so stellen Sie dies mittels der Auswertung rasch fest und können die Ursachen ermitteln. Vielleicht finden Sie Möglichkeiten, positive Veränderungen zu verstärken und negative zu mildern. Die qualitative und quantitative Auswertung können Sie sowohl für Ihren internen Tätigkeitsnachweis nutzen als auch als Grundlage nehmen für das Kapitel Presse- und Öffentlichkeitsarbeit im Geschäftsbericht, also für die Jahresbilanz Ihrer Abteilung.

„Sie könnten auch die Qualität Ihrer Pressearbeit messen und darüber einen kontinuierlichen Verbesserungsprozeß einleiten. Voraussetzung dafür ist, daß die Grund- und Qualitätsanforderungen an die Pressearbeit so festgelegt werden, daß sie sich in Zahlen ausdrücken läßt und damit meßbar und nachweisbar wird[1]".

---

1 Vgl.: Viola Falkenberg, *Evaluation der Qualität von Pressearbeit*, in: pr-magazin, 9/2001, S. 35–42.

Nutzen für die interne und externe Kommunikation

Belassen Sie es nicht dabei, daß Sie – und das Archiv – wissen, welche Beiträge wo erschienen sind. Informieren Sie auch andere Abteilungen, die Geschäftsleitung, die Belegschaft, Kooperationspartner und Kunden. Sie könnten Medienberichte beispielsweise am „Schwarzen Brett" aushängen oder in Kundenräumen. Zitate daraus können in Mitarbeiter- und Kundenzeitschriften oder auf Ihrer Homepage aufgenommen werden. Scheuen Sie sich nicht, auch negative Einschätzungen zu verbreiten. Denn dies trägt zur internen Meinungsbildung und Solidarisierung mehr bei als der zwanzigste Positivbericht. Es signalisiert, daß Ihr Haus auf Schönfärberei nicht angewiesen ist und die Beschäftigten als selbständig denkende Menschen schätzt. Erfahren die intern nur von positiven Beiträgen, werden sie sich gegängelt fühlen, wenn sie auf anderen Wegen von negativen erfahren. Die Glaubwürdigkeit nicht nur Ihrer Informationspolitik würde nachhaltig bezweifelt. Wurden in den Medien Mißstände aufgegriffen, die längst hätten abgestellt werden müssen? Dann sollte der Anlaß genutzt werden, es zu tun – und über dieses Tun intern und extern informiert werden. Ist die Berichterstattung permanent negativ, ohne daß Ihr Haus die geringste Schuld trifft? Dann sollten Sie intern umfassend über die Hintergründe informieren – und so die wichtigsten und glaubwürdigsten Multiplikatoren Ihres Image für sich einnehmen, die Beschäftigten.

Medienberichte können nicht nur in Geschäftsberichte und Jahresbilanzen aufgenommen werden. Sie können auch in Informationsmaterialien eingearbeitet werden, die Sie für Kunden, Lieferanten, Kooperationspartner oder Sponsoren erstellen. Sie können Beiträge bei Förderanträgen mitsenden und bei der nächsten Pressekonferenz in die Pressemappe als Hintergrundmaterial legen. Sie können sie bei Medieninterviews weitergeben – und damit Journalisten die Arbeit vereinfachen und die Wichtigkeit des Hauses demonstrieren – und sie Journalisten zur Interviewvorbereitung zur Verfügung stellen.

Beachten müssen Sie bei all dem allerdings das Urheberrecht. Um Beiträge aus Fachzeitschriften zu verwenden, benötigen Sie die Einwilligung des Verlages, bei Beiträgen aller anderen Medien die Einwilligung der Autoren. Ohne diese Einwilligung dürfen Sie maximal sieben Kopien zur internen Verteilung per „Schwarzem Brett" oder Pressespiegel verwenden sowie kurze Auszüge aus mehreren Artikeln in einer Übersicht wiedergeben. Die elektronische Verbreitung von Pressespiegeln ist ohne Einwilligung von Verlag oder Autoren nicht zulässig. Ist es zu aufwendig, die Einwilligung aller Autoren einzeln einzuholen, müssen Sie sich an die Verwertungsgesellschaft Wort (Goethestraße 49, 80336 München, Telefon 0 89/51 41 20) wenden. Diese nimmt – wie die GEMA für Musik – die Urheberrechte der Autoren bei Beiträgen wahr, die im Pressespiegel aufgenommen werden sollen. Erscheinen Ihre Pressetexte nur geringfügig geändert in den Medien und liegt darin kein geistiger Eigenanteil der Redaktionsmitarbeiter vor, dürfen Sie die Texte beliebig verwenden.

Sind die Urheberrechte geklärt, können Sie einen Pressespiegel erstellen, also die Medienberichte kopiert an die Abteilungen Ihres Hauses weiterleiten. Achten Sie dabei auf eine Zusammenstellung, die es allen ermöglicht, Beiträge schnell zu finden. Die nach Erscheinungsdatum zusammenkopierte Loseblattsammlung, die täglich, wöchentlich oder monatlich alle auf den Tisch bekommen, wandert meist rasch in den Papierkorb. Sortieren Sie besser thematisch, nach Region oder Abteilung. Innerhalb dieser Rubriken können dann zuerst die wichtigen, größeren Beiträge chronologisch aufgenommen werden. Es folgen die Meldungen, wie beispielsweise veröffentlichte Terminankündigungen. Sind Beiträge fast wortgleich in mehreren Medien erschienen, so reicht es aus, wenn Sie einen Text aufnehmen und dazuschreiben, welche Redaktionen den Beitrag außerdem veröffentlicht haben.

Je umfangreicher der Pressespiegel ist, desto wichtiger wird ein vorangestelltes Inhaltsverzeichnis – um allen zeitsparendes Arbeiten damit zu ermöglichen. Prüfen Sie außerdem, ob eine gekürzte jährliche Presseschau den Nutzen erhöht. Vielleicht ist diese Jahresübersicht für mehr Menschen interessant als die ausführliche – beispielsweise auch für Kooperationspartner, Gesellschafter, Muttergesellschaften, Beiräte, Kunden, Freunde des Hauses, Politiker und andere Standorte. Dies könnte beispielsweise dann der Fall sein, wenn er mit Quartalsberichten erscheint, die die zentralen Trends der Berichterstattung zu Ihren Themen beinhalten. Dafür müssen Sie allerdings zunächst die Rechte zur Verbreitung der Texte einholen. Bei Zeitungsbeiträgen haben diese meist die Autoren, bei Zeitschriftenbeiträgen der jeweilige Verlag.[1]

---

1 Vgl.: Viola Falkenberg, *Im Dschungel der Gesetze*. Leitfaden Presse- und Öffentlichkeitsarbeit, Bremen 2004.

Checkliste: nutzen von Veröffentlichungen

von Medienberichten erfahren	– hausintern sammeln – Internetrecherche – Ausschnittsdienste
quantitative Analyse	– absolute Abdruckquote ermitteln sowie deren Einflußfaktoren – relative Abdruckquote nach Reichweite beziehungsweise Auflagenhöhe
Inhaltsanalyse	– prüfen, ob Änderungen Anregungen für künftige Texte enthalten – Tendenz der Berichterstattung ermitteln – Ursachen ermitteln, wenn die Tendenz sich ändert
Beiträge nutzen	– Urheberrechte klären! – „Schwarzes Brett", Mitarbeiterzeitungen etc. – Pressespiegel, sortiert mit Inhaltsverzeichnis – Geschäftsbericht, Jahresbilanz – Hintergrundmaterial für Journalisten

6 Übungen

Hinweis: Die Lösungen sind – vor allem wenn es um das Abfassen von eigenen Texten geht – Vorschläge. Meist gibt es mehrere richtige Formulierungen.

6.1 Was die Medien interessiert

Übung 1

A) Bei der Lokalredaktion des Stader Tageblattes liegen sieben Ankündigungen von Veranstaltungen für den kommenden Tag auf dem Schreibtisch. Sie als Journalist haben aber nur noch Platz für vier Meldungen. Welche wählen Sie aus und warum?

Absender	Thema
1. Polizei	zur Anti-AKW-Demonstration gegen das AKW bei Stade werden 1000 Teilnehmer erwartet
2. Stader Bürgermeister	besucht das Seniorenheim der Arbeiterwohlfahrt
3. Sozialstation	Tag der offenen Tür zum einjährigen Jubiläum
4. Nachbarschaftshilfe e.V.	feiert ein Straßenfest
5. SPD Stade	ein SPD-Bundespolitiker hält eine Wahlkampfrede

6. Krankenhaus	Prof. Dr. Dr. Schmidt aus Israel redet über Hygiene im Krankenhaus
7. Freiwillige Feuerwehr	macht ihre dreimonatige Übung

B) Sie müssen die Meldungen in der Reihenfolge Ihrer Wichtigkeit veröffentlichen – also die wichtigste zuerst. Welche Reihenfolge wählen Sie? Begründen Sie kurz die gewählte Reihenfolge.

C) In letzter Minute kommt die Meldung von einem Großbrand in Stade auf Ihren Schreibtisch. Sie muß dort untergebracht werden, wo die vier Meldungen erscheinen sollten. Was tun Sie?

Übung 2

A) Bei der Lokalredaktion der Leipziger Zeitung liegen sieben Presseerklärungen. Sie haben in der aktuellen Ausgabe noch Platz für drei komplette Presseerklärungen und eine gekürzte. Welche veröffentlichen Sie – nur die Medienrelevanz berücksichtigend – komplett, welche gekürzt?

Absender	Thema
1. Bürgermeister	ab morgen gelten die vor Monaten festgelegten höheren Parkgebühren in der Altstadt
2. Frauenhaus	fünf Jahre Frauenhaus Leipzig – Bilanz und Perspektiven
3. AKW-Betreiber	erste bundesweite Fachtagung aller AKW-Betreiber zu landschaftspflegerischen Maßnahmen rund ums AKW
4. Sportverein	reduziert die Angebote für Senioren von 20 auf 15
5. Vereinigung der mittelständischen Leipziger Betriebe	fordert neues Steuergesetz für den Mittelstand

6. Volkshochschule	stellt die Kurse der kommenden sechs Monate vor
7. Rheuma-Liga	bietet ab sofort Beratung für Eltern rheumatischer Kinder
8. Besitzer eines Schrottplatzes	warnt vor Krebsgefahr durch Ausdünstungen in alten Autos

B) Was werfen Sie in den Papierkorb und was behalten Sie, um es – sofern es die Nachrichtenlage zuläßt – in der nächsten Ausgabe unterzubringen?

Übung 3

Sie haben für das kommende Jahr mehrere Anlässe Ihres Vereins zusammengestellt, zu denen Sie die regionalen Medien informieren könnten.

Dies sind:

• die Jahresbilanz des Vereins

• der 80. Kurs findet statt

• jetzt werden auch Betroffene beraten

• fünfjähriges Jubiläum

• zwei neue ABM-Kräfte nehmen die Arbeit auf

• ein Faltblatt für Betroffene erscheint

• Sie kooperieren mit einem Schweizer Verein

• die jährliche Mitgliederversammlung

• Sie erhalten Zuschüsse aus einem europäischen Projekt

Zwei Anlässe wollen Sie für die Versendung einer Presseerklärung nutzen. Es steht Ihnen frei, Themen zu einem Anlaß zusammenzufassen. Welche Anlässe sind die medienrelevantesten, welche wählen Sie daher aus?

Übung 4

A) Sie haben ein mittelständisches Unternehmen in einer ländlichen Region. Bis zu viermal jährlich wird über Ihr Unternehmen in der Zeitung berichtet – meist zweimal im Ressort Lokales und zweimal im Wirtschaftsteil.

Im kommenden Jahr sind mögliche Anlässe für Medienberichte:

* Tag der offenen Tür

* Jahresgeschäftsbericht

* Patent wird angemeldet

* Ihr neues Produkt kommt in den Verkauf

* Sie veranstalten eine regionale Fachmesse

* Weihnachtsfest mit Ehrung der Jubilare

* Sie entlassen 100 Arbeitskräfte und damit ein Drittel der Belegschaft

* auf Ihrem Gelände wird ein neues Bürohaus gebaut

Bei welchen zwei Anlässen informieren Sie die Lokalredaktion, bei welchen beiden die Wirtschaftsredaktion?

B) Sie planen Ihre Pressearbeit so frühzeitig, daß Sie die Zeitpunkte, zu denen etwas stattfindet, bestimmen können. Wie verteilen Sie die ausgewählten Anlässe auf das Jahr, um eine möglichst gute Presseresonanz zu haben?

C) Welche Themen übernehmen Sie in die Liste möglicher Anlässe für das folgende Jahr?

6.2 Journalistisch schreiben

Übung 1

Drücken Sie die Inhalte einfacher aus:

1. Die Reparaturarbeiten an den Beleuchtungseinrichtungen wurden schnell zur Durchführung gebracht.
2. Die Kostensteigerung ist zum Stillstand gekommen.
3. Der Ursachenforschung kommt außerordentliche Bedeutung bei.
4. In der Nacht erfolgte ein Wetterumschwung.
5. Die Aussagen sind nicht unumstritten.
6. Man fühlt sich nicht schlecht, wenn man kein Unglück hat.
7. Nicht ohne Zweifel entschloß er sich, keineswegs die Ablehnung zurückzuweisen.[1]

Übung 2

A) Welche fünf Fehler enthält folgende Schreibweise in einem Pressetext für lokale Zeitungen?

Die Vorstandssprecherin von ARLA GmbH & Co. KG, Frau M. Schulze-Kastendiek (38 Jahre, Chemikerin) ...

B) Formulieren Sie den Satzteil ohne diese Fehler.

Übung 3

A) Finden Sie vier Fehler dieser Schreibweise:

Die Veranstaltung findet am 3. 10. 99 statt und beginnt um 19.00 Uhr.

B) Schreiben Sie den Satz ohne diese Fehler.

---

1 Beispiele entnommen aus: Karl-Ernst Jipp, Wie schreibe ich eine Nachricht, Stuttgart 1990, S. 80, 92, 142, 145.

Übung 4

A) Finden Sie die beiden Fehler in diesen Sätzen:
Die Podiumsdiskussion findet im Bürgerhaus statt. Beginn: 20 Uhr, am Freitag, dem 2. März.

B) Schreiben Sie die Angaben inklusive der genauen Ortsangabe fehlerfrei in zwei Sätzen.

C) Formulieren Sie die Angaben in einem Satz.

D) Welche Information fehlt jetzt noch?

Übung 5

A) Welche dieser Schreibweisen ist für Pressetexte richtig?

Der Umsatz stieg von 1991 bis 2001 um 15 Prozent.

Der Umsatz stieg in den vergangenen 10 Jahren um fünfzehn Prozent.

Der Umsatz stieg in den vergangenen zehn Jahren um 15 Prozent.

Der Umsatz stieg in den letzten zehn Jahren um 15 %.

B) Warum sind die anderen Formulierungen falsch?

Übung 6

A) Welche dieser Schreibweisen ist für Pressetexte richtig?

Die Broschüre kostet € 5,–. Nähere Informationen bei Ernst Müller unter Tel. 7 77 77.

Die Broschüre kostet 5 €. Nähere Informationen gibt Ernst Müller unter der Telefonnummer 7 77 77.

Die Broschüre kostet 5,– Euro. Nähere Informationen erhalten Sie telefonisch bei Ernst Müller, 7 77 77.

Die Broschüre kostet fünf Euro. Nähere Informationen gibt Ernst Müller unter der Nummer 7 77 77.

B) Warum sind die anderen Formulierungen falsch?

C) Warum ist die Angabe unsinnig, unter welcher Telefonnummer es nähere Informationen gibt? Welche Angabe ist statt dessen sinnvoll?

Übung 7

A) In welcher Reihenfolge sind die Angaben für die Leser interessant?

Freitag – Podiumsdiskussion – 19.30 Uhr – ermäßigter Eintritt: 3 € – München – Schillergasse 30 – Teilnehmende: Münchner Bürgermeister, Vertreter der örtlichen Parteien, Vorsitzender der Deutschen Bahn und dessen Betriebsrat, Bundesverkehrsminister – Eintritt: fünf € – Thema: Deutsche Bahn 2050 – am 3. Oktober – bundesweites Modellprojekt

B) Formulieren Sie den Text

Übung 8

A) Nennen Sie zwei Gründe, warum dieser Satz schwer zu verstehen ist: Führungspraktiker haben deshalb solche theoretischen Ansätze nur bedingt zur Kenntnis genommen, zumal es mittlerweile eine unüberschaubare Fülle an Führungstheorien gibt, die wiederum jeweils unterschiedliche Folgerungen im Hinblick auf die Gestaltung der organisationsspezifischen Managemententwicklung erlauben.[1]

B) Machen Sie aus diesem Satz drei Sätze.

---

1 Aus: Gunnar C. Kunz, *Führung und Kooperation in der lernenden Organisation*, in: Personalführung, 2/1999, S. 45.

C) Vereinfachen Sie die Formulierungen: theoretische Ansätze, nur bedingt zur Kenntnis nehmen, unüberschaubare Fülle an Theorien, diese erlauben jeweils unterschiedliche Folgerungen, im Hinblick auf die Gestaltung.

D) Formulieren Sie die Sätze neu mit den vereinfachten Formulierungen.

E) Schaffen Sie es noch einfacher – beispielsweise indem Sie es vermeiden, zweimal das Wort Theorien zu verwenden? Versuchen Sie es in einem Satz.

F) Warum bleibt der Inhalt unverständlich? Welche Information benötigen Sie, um einen verständlichen Satz zu formulieren?

6.3 Aufbau

Übung 1

A) Entscheiden Sie, was das Hauptthema Ihres Pressetextes wird: Beschäftigte können Dienstfahrräder privat nutzen – Jahresbilanz der Stahlwerke – Eröffnung der Ausstellung 100 Jahre Stahlwerke – 200 Entlassungen – neue Abgasreinigungsanlage im kommenden Jahr – Standort soll verkleinert werden – Kantine wird geschlossen

B) Wählen Sie zwei dazu passende Aspekte aus, und legen Sie deren Reihenfolge fest.

C) Welche Informationen benötigen Sie, um das Hauptthema zu erläutern?

Übung 2

A) Jahre zuvor hatte Ihr Text zwei Aspekte: 1. Gute Bilanz 2. Kantine wird erweitert

Formulieren Sie drei verschiedene Überleitungen vom ersten zum zweiten Aspekt.

B) Formulieren Sie für die Überleitung zwei verschiedene Zitate.

6.4 Anfang

Übung 1

A) Welche W-Fragen beantwortet dieser Text? „Denkmal mit der Linse" heißt der Fotowettbewerb, den die Deutsche Stiftung Denkmalschutz zum zweitenmal ausschreibt. Junge Leute zwischen 15 und 19 Jahren werden aufgerufen, mit der Kamera auf Spurensuche zu gehen. „Altersspuren" heißt 1999 das Thema, und es geht dabei um Details wie Türen, Fenster oder Inschriften, die etwas über die Entstehungszeit der Gebäude verraten, an denen ihre frühere Nutzung abzulesen ist. Auch Wandrisse können Spuren sein. Die Fotos sollen mit einem selbstverfaßten Kommentar ergänzt werden. Einsendeschluß ist der 31. Oktober. Teilnahmeunterlagen sind bei der Deutschen Stiftung Denkmalschutz, Koblenzer Straße 75, in 53177 Bonn zu erhalten.[1]

B) Welche Anfänge (summarischer Vorspann, Was-Einstieg etc.) sind demnach theoretisch möglich?

C) Formulieren Sie alle diese Anfänge.

D) Welche Anfänge passen zum Thema, welche nicht?

E) Welche Anfänge halten Sie für die besten?

Übung 2

A) Welche W-Fragen beantwortet dieser Text?

Der Forschungseisbrecher „Polarstern" des Alfred-Wegener-Instituts für Polar- und Meeresforschung (AWI) ist jetzt nach über fünfmonatiger Expeditionsreise wieder nach Bremerhaven zurückgekehrt. An Bord waren zahlreiche Proben und ozeanographische Daten sowie mehr als 100 Tonnen Material der Antarktis-Station „Filchner". Wie berichtet, hatten AWI-Techniker die ehemalige Forschungsstation Anfang Febru-

---

1   Entnommen aus: Weser Kurier vom 8. 6. 1999, S. 28.

ar in einer Blitzaktion in der Antarktis abgebaut und zerlegt. Die nur im Sommer genutzte Station war im Oktober 1998 mit einer Eisscholle vom Filchner-Ronne-Schelfeis abgebrochen und trieb monatelang durch das südpolare Weddelmeer.[1]

B) Machen Sie eine Liste möglicher Anfänge.

C) Formulieren Sie alle diese Anfänge.

D) Welche Anfänge passen zum Thema, welche nicht?

E) Welche Anfänge halten Sie für die besten?

Übung 3

Sie haben Auszüge aus einer Rede vorliegen, die Ihre Vorsitzende auf der Frauenwoche halten wird. Sie sollen dazu die Terminankündigung verfassen. Formulieren Sie zwei Zitate, mit denen Sie Ihren Text anfangen könnten. Sie müssen dabei nicht wörtlich zitieren – sinngemäße Zusammenfassungen sind möglich, da Sie diese der Vorsitzenden noch zur Genehmigung vorlegen.

„Frauen machen Schlagzeilen" ist der Titel dieser Veranstaltung. Einige von Ihnen mögen gedacht haben, au ja, einmal mein Projekt in den Schlagzeilen sehen. Aber ist das wirklich sinnvoll? Denn, wann sind Frauen denn in den Schlagzeilen? Sie sind in den Schlagzeilen, wenn sie gegen Gesetze verstoßen und z. B. einem vergewaltigenden Ehemann sein Mittel zum Zweck abschneiden. Frauen sind in den Schlagzeilen, wenn sie Macht haben und dies nicht verstecken, wie Hillary Clinton – oder wenn sie sich beispielhaft und vollkommen auf die Nächstenliebe konzentrieren, wie Mutter Theresa. In Deutschland sind Frauen in den Schlagzeilen, wenn sie massenhaft gegen Gesetze verstoßen und das auch noch veröffentlichen, wie in der Stern-Geschichte „Wir haben abgetrieben", oder wenn sie jemanden ins Jenseits befördern und sich obendrein die Freiheit nehmen, lesbisch zu leben. Und Frauen geraten in die Schlagzeilen, wenn sie in Machtpositionen sind und dann verdächtigt werden, sich die gleichen Rechte herauszunehmen wie ihre Kollegen –

---

1 Entnommen aus: eb (Autorenkürzel), *Forschungsstation ist wieder in Bremerhaven*, in: Weser Kurier vom 8. 6. 1999, S. 16.

beispielsweise Dienstwagen und Bestechungsaffären. Jenseits der Schlagzeilen sind Frauen dafür als Opfer sehr beliebt. Was bis heute viel zu oft entfällt, ist die schlichte Anerkennung ihrer Kompetenz.

Mit meiner Einleitung habe ich den Schluß nahegelegt, daß Sie, liebe Frauen, nicht in die Schlagzeilen und die Medien wollen. Nach Schlagzeilen sollten Sie im Moment vielleicht wirklich nicht schielen. Regelmäßig in den Medien präsent sein schon eher. Denn langfristig müssen Sie regelmäßig in der Presse auftauchen, schon damit ausreichend Teilnehmerinnen zu Ihren Veranstaltungen kommen, die Existenz Ihrer Projekte bekannt ist und Ihre Finanzierung durch Zuschüsse gesichert wird; und um – steter Tropfen höhlt den Stein – mit dafür zu sorgen, daß Frauenkompetenz und Frauenstandpunkte öffentlich wahrgenommen werden – anstatt hauptsächlich als Heilige, Opfer, Brecherinnen von Gesetzen oder männlichen Gewohnheitsrechten in den Medien vorzukommen ...

6.5 Zitieren

Übung 1

A) Welche Fakten aus dieser wörtlichen Mitschrift eines Vortrages sind nachprüfbar?

„Also, ich denke, das war gar nicht mal so schlecht, äh, was wir da gemacht, äh, geleistet haben. Also, ich finde, das war, äh, ist irgendwie schon ein Erfolg, dieses Projekt. Weil wir haben da ja schon was erreicht mit – vor allem, daß das jetzt auch irgendwie ein Thema ist. Und natürlich hoffen wir, daß das weitergeführt wird, also daß es das Projekt weiter gibt, es auch im nächsten Jahr die Wasser-Beratungsstelle gibt. Weil wir hatten ja doch viele, äh, Anfragen; also, bestimmt so zehn am Tag riefen an und fragten, was sie denn tun könnten, um dabei zu helfen, die Umwelt zu unterstützen, also, ich meine, wie sie Wasser sparen können. Und da waren auch Firmen dabei. Also, bestimmt so eine Firma am Tag. Wenn die das wirklich alle machen, also das heißt, daß hier in Bad Laum bestimmt 500 Liter Wasser weniger verbraucht würden jeden Tag. Und das heißt ja auch was für die Umwelt, also, äh, für die Trinkwasseraufbereitung. Die sparen da ja nicht nur Geld mit."

B) Formulieren Sie entsprechend eine Faktenaussage und ein indirektes Zitat für einen Pressetext.

C) Formulieren Sie ein direktes Zitat, mit dem Sie den Text fortsetzen können.

Übung 2

A) Schreiben Sie diesen Text so um, daß die nachprüfbaren Fakten im Text stehen, die Einschätzungen im direkten Zitat:

Experten sähen keinen Zusammenhang zwischen den schweren Erdbeben, die sich innerhalb kurzer Zeit in der Türkei, in Griechenland und in Taiwan ereigneten. Deren zeitliches Zusammentreffen könne man als Zufall bezeichnen, sagte der Seismologe und Geophysiker Nicolai Gestermann von der Bundesanstalt für Geowissenschaften und Rohstoffe in Hannover. Das neue Erdbeben in Taiwan habe erst einmal nichts mit den Erdbeben in Griechenland und der Türkei zu tun; und auch die beiden Erdbeben in der Türkei und Griechenland hätten nicht unbedingt etwas miteinander zu tun. Es sei auch weiterhin weltweit mit schweren Beben zu rechnen, meinte Gestermann. Auch in der Vergangenheit habe es immer wieder schwere Erdbeben gegeben, und die werde es auch in Zukunft geben. Von daher sei das Erdbeben in Taiwan nichts Außergewöhnliches.

B) Formulieren Sie die Zitate prägnanter und mehr an gesprochener Sprache orientiert.

C) Legen Sie eine sinnvolle Reihenfolge der im Text gegebenen Informationen fest und schreiben den Text entsprechend um. Wechseln Sie dabei zwischen Fakten, direktem und indirektem Zitat ab.

6.6 Terminankündigung

Übung 1

Welche Formulierungen sind in Terminankündigungen zulässig?

Sie sind herzlich eingeladen

Gäste willkommen

Interessierte sind herzlich eingeladen

öffentliche Veranstaltung

Informationen erhalten Sie unter

nähere Informationen unter Telefon ...

Übung 2

A) Schreiben Sie nach diesen Angaben einen Satz für die Rubrik Veranstaltungskalender: Murnau – erstes Treffen von Unternehmerinnen und Freiberuflerinnen – allgemeines Ziel: regelmäßiger beruflicher Austausch zwischen Frauen – Ziel des ersten Treffens: Kennenlernen und Namen für Treffen finden – Ort: Bürgerhaus – Westerweg 2 – offen für alle interessierten Frauen – 19.30 Uhr – Donnerstag – 3. März.

B) Schreiben Sie eine einen Absatz lange Ankündigung. Bauen Sie die Fakten in den Text ein. Denken Sie an die korrekte äußere Form (Zahl der Anschläge).

C) Was fehlt Ihnen, um eine längere Terminankündigung zu schreiben?

D) Erfinden Sie die fehlenden Angaben, und schreiben Sie eine zwei Absätze lange Terminankündigung. Bündeln Sie die Fakten am Ende des Textes. Machen Sie einen Überschriftenvorschlag.

E) Welche Fakten benötigten Sie, um anläßlich dieses Treffens eine Presseerklärung herausgeben zu können? Woher könnten Sie diese Angaben bekommen?

Übung 3

Welche Fakten benötigen Sie mindestens, welche bestenfalls, um eine Terminankündigung schreiben zu können für:

A) ein Seminar

B) die Eröffnung einer Ausstellung

C) eine Podiumsdiskussion

Übung 4

Erstellen Sie ein Raster der Mindest- und Maximal-Angaben für die Art öffentlicher Veranstaltung, die bei Ihnen am häufigsten vorkommt. Schreiben Sie dann:

A) einen Text für die Rubrik Veranstaltungskalender

B) eine einen Absatz lange Terminankündigung

C) eine zwei Absätze lange Terminankündigung

D) eine Presseerklärung

6.7 Presseerklärung

Übung 1

A) Nennen Sie fünf Fehler in dieser Presseerklärung:

IG Metall-Aktion „Tatort Betrieb" ein voller Erfolg 19./20. Mai 1989

Als sehr erfolgreich hat sich die von der IG Metall Baden-Württemberg im Herbst 1988 gestartete Aktion „Tatort Betrieb" herausgestellt. Als Zwischenergebnis der Aktion, die das Ziel verfolgt, gefährliche und gesundheitsgefährdende Stoffe aus dem Betrieb und damit auch aus der Umwelt zu verbannen, kann Bezirksleiter Walter Riester rund 60 Betriebe und Unternehmen von Singen bis Tauberbischofsheim und von Ulm bis Mannheim nennen. So viele Unternehmen haben im Zeitraum der

Aktion das Reinigungsmittel Per-Chlorethylen (Per) aus ihrer Produktion entfernt. Dieser Stoff, der in der Industrie zum Reinigen von Produkten genutzt wird, ist nach neuesten Untersuchungen krebserzeugend und gleichzeitig Mitverursacher am Waldsterben.

„Während viele Offizielle nur darüber reden, schützen wir die Gesundheit der Metaller und betreiben gleichzeitig aktiven Umweltschutz", erklärt der baden-württembergische IG Metall-Chef aus Anlaß der 40. Bezirkskonferenz der IG Metall in der Schwabenlandhalle in Fellbach.

In dem vorliegenden Zwischenergebnis aus 18 Verwaltungsstellen des Bezirks Stuttgart wird über eine überraschend hohe Kooperationsbereitschaft der Unternehmer gegenüber ihren Betriebsräten berichtet. In einer ganzen Reihe von Betrieben werden ungefährliche Ersatzstoffe ausprobiert und mit alternativen Reinigungsverfahren Versuche gefahren ...

Walter Riester nennt den dritten Aspekt dieser Aktion: neben Gesundheitsschutz und Umweltschutz werden durch geschlossene Anlagen Neuinvestitionen erforderlich, die insbesondere in der baden-württembergischen Industrie Arbeitsplätze sichern. Nicht zu verkennen ist auch eine Reihe von Schwierigkeiten. Noch immer gibt es nach den Berichten der Verwaltungsstellen eine ganze Anzahl von Unternehmen, die ohne Rücksicht auf die Gesundheit ihrer Mitarbeiter weiterhin an den Gefahrstoffen festhalten wollen. Dies will und kann die IG Metall jedoch nicht tolerieren ... Die IG Metall beabsichtigt, kündigt Riester an, diese „Gefahrstoffsünde" der Öffentlichkeit vorzustellen.

B) Listen Sie das Wichtigste des Textes nach abnehmender Wichtigkeit auf.

C) Der Text hat drei Tendenzen, die sich teilweise inhaltlich widersprechen: Das Eigenlob der IG Metall, das Lob an die Unternehmen und die Schwierigkeiten mit den Unternehmen. Welche Tendenz wäre außerdem möglich?

D) Legen Sie fest, welche dieser Tendenzen und welcher Themenaspekt Schwerpunkt Ihres Textes sein soll. Schreiben Sie den Text neu.

E) Welche weiteren Fakten hätten für den Pressetext recherchiert werden können?

Übung 2

A) Die Reihenfolge der Themenaspekte des folgenden Textes ist: Sponsoring ist neu, gesucht wird, warum Sponsoring, Beratungsstelle. Lesen Sie den Text und entscheiden Sie, welche Reihenfolge günstiger wäre.

Sozialsponsoring nun auch in Weser-Ems   15. 11. 93

Neue Wege geht die Arbeiterwohlfahrt (AWO) Bezirksverband Weser-Ems e.V., um seine sozialen Einrichtungen trotz gekürzter öffentlicher Gelder finanziell abzusichern. Als erster Wohlfahrtsverband im Landkreis setzt er auf Sozialsponsoring und unterschrieb den ersten entsprechenden Vertrag am vergangenen Montag. Die Familienberatungsstelle ... wird nun von der Unternehmerin ... finanziell unterstützt, teilte die AWO mit.

Daß dieses Beispiel andere Unternehmen anregt, sich mittels Sponsoring sozial in der Region zu engagieren, hofft der Vorsitzende des Verbandes Klemens Große-Dartmann. Entsprechende Zusagen gäbe es schon für den Kindergarten ... Sponsoren würden jedoch noch gesucht für die Frauenhäuser, die Schuldner- und Drogenberatungsstelle sowie die Begegnungsstätten ...

„Mit vier Millionen Euro müssen wir jährlich unsere Einrichtungen bezuschussen. Um unser Angebot für Rat-, Hilfe- und Unterstützungssuchende nicht gerade jetzt einschränken zu müssen, wo immer mehr Menschen darauf angewiesen sind, mußten wir neue Finanzierungswege suchen", so Große-Dartmann. Er hoffe nun auf die weitere fruchtbare Zusammenarbeit mit den Unternehmen in Weser-Ems.

„Für die Familienberatungsstelle ... bedeutet der Sponsorenvertrag eine Erleichterung der aktuellen Arbeit", stellte der Leiter des Hauses Jürgen Heemeyer fest. Mit einer verbesserten Grundausstattung könne die Versorgung und Betreuung der Ratsuchenden qualitativ verbessert werden. Dies sei angesichts des gestiegenen Bedarfs bei Kindern, Jugendlichen und Eltern dringend erforderlich.

B) Welche Angaben sind zu allgemein, welche fehlen?

C) Verbessern Sie Satz für Satz den Stil des Textes.

6.8 Überschrift

Übung 1

A) Formulieren Sie möglichst viele Hauptüberschriften für den Fotowettbewerb „Denkmal mit der Linse" der Übung 1 in Kapitel 6.4.

B) Formulieren Sie eine informative Unterzeile.

C) Wählen Sie zur Unterzeile eine passende Hauptüberschrift aus.

D) Welche der unter Lösung A) genannten Hauptüberschriften ist die beste? Warum? Was spricht gegen die anderen Überschriften?

Übung 2

A) Formulieren Sie möglichst viele Hauptüberschriften für den Text „Der Forschungseisbrecher ‚Polarstern'" in der Übung 2 in Kapitel 6.4.

B) Welche der unter Lösung A) genannten Hauptüberschriften ist die beste? Warum? Was spricht gegen die übrigen Hauptüberschriften?

Übung 3

A) Formulieren Sie möglichst viele Hauptüberschriften für die Meldung aus Übung 3 in Kapitel 6.4. Die Meldung wurde begonnen mit „Steter Tropfen höhlt den Stein – auch wenn es darum geht, daß Frauenstandpunkte öffentlich wahrgenommen werden. Für kontinuierliche Öffentlichkeitsarbeit statt schielen nach Schlagzeilen, plädiert deshalb XY in ihrem Vortrag ‚Frauen machen Schlagzeilen'."

B) Formulieren Sie eine informative Unterzeile.

C) Wählen Sie zur Unterzeile eine passende Hauptüberschrift aus.

D) Welche der unter A) genannten Hauptüberschriften ist die beste? Warum? Was spricht gegen die übrigen Hauptüberschriften?

E) Wie wahrscheinlich ist es, daß der Text in der regionalen Tagespresse veröffentlicht wird? Warum?

7 Lösungen

7.1 Was die Medien interessiert

Lösung 1

A) Sie veröffentlichen die Terminankündigungen 1 (AKW-Demonstration), 3 (Jubiläum), 4 (Straßenfest) und 5 (Wahlkampfrede).

Die Ankündigung 2 (Bürgermeister besucht Seniorenheim) lassen Sie weg, weil bei dieser Nachrichtenlage Ausmaß und Bedeutung des Bürgermeisterbesuchs zu gering sind. Schließlich besucht dieser alle paar Wochen eine Einrichtung. Außerdem handelt es sich um die Ankündigung einer nicht-öffentlichen Veranstaltung. Das Straßenfest, an der die Leserschaft teilnehmen kann, ist als öffentliche Veranstaltung relevanter.

Die Ankündigung 6 (Hygiene im Krankenhaus) lassen Sie weg, weil die Bedeutung für die Region zu gering ist.

Die Ankündigung 7 (Übung der Freiwilligen Feuerwehr) lassen Sie weg, weil die Veranstaltung regelmäßig stattfindet, es also keine Neuigkeit ist, daß sie nach drei Monaten auch dieses Mal wieder durchgeführt wird.

B) Reihenfolge:

1. AKW-Demonstration
2. Wahlkampfrede
3. Jubiläum
4. Straßenfest der Nachbarschaftshilfe

Die Reihenfolge orientiert sich am abnehmenden Interesse des Zielpublikums. Die AKW-Demonstration steht an erster Stelle, weil alle Bewohner direkt betroffen sind: Sie wollen beispielsweise wissen, ob sie an dem Demonstrations-Tag mit verstopften Straßen in ganz Stade rechnen müssen. Das Jubiläum ist wichtiger als das Straßenfest, da die Sozialstation eine gemeinnützige Einrichtung ist, die sich an alle Bewohner des Stadtteils richtet, nicht nur an die Anwohner einer Straße.

C) Sie streichen die Ankündigung des Straßenfestes und setzen den Großbrand wegen der hohen Nachrichtenfaktoren „Ausmaß" und „Publikumsinteresse" auf Platz eins. Alle anderen Ankündigungen rutschen dadurch einen Platz tiefer. Die Reihenfolge ist nun:

1. Großbrand
2. AKW-Demonstration
3. Wahlkampfrede
4. Jubiläum

Lösung 2

A) Als vollen Text veröffentlichen Sie Presseerklärung 2 (fünf Jahre Frauenhaus Leipzig), 3 (bundesweite Tagung) und 6 (Volkshochschulprogramm).

Sie kürzen den Text 1 (höhere Parkgebühren) zu einer Meldung, da über die Erhöhung mehrfach berichtet wurde. Die Meldung dient nur der Erinnerung, daß diese ab morgen gelten.

B) Die Texte 4 (Sportverein reduziert Seniorenarbeit) und 7 (Beratung der Rheuma-Liga) verwahren Sie für die kommende Ausgabe.

Den Text 5 (Steuergesetz für den Mittelstand) werfen Sie in den Papierkorb – sofern nicht gerade eine nachrichtenarme Zeit ist. „Ausmaß" und „regionale Nähe" sind zu gering für eine Veröffentlichung, da das Steuergesetz bundesweit gilt und die Forderung nur den Leipziger Mittelstand interessiert. Text 8 (Krebsgefahr) kommt ebenfalls in den Papierkorb. Die Glaubwürdigkeit des Informanten zu diesem Thema ist zu gering. Glaubwürdig wäre eine Information des Bundesgesundheitsamtes gewesen.

Lösung 3

Sie nehmen das fünfjährige Jubiläum und stellen die inhaltliche Arbeit des Vereins im Text in den Vordergrund. Dabei können Sie die Jahresbilanz vorstellen, die Kooperation erwähnen, die ABM-Kräfte und die europäischen Zuschüsse. Als zweiten Anlaß nehmen Sie die Angebote für Betroffene, das neue Beratungsangebot und das Faltblatt für Betroffene.

Denn ein fünfjähriges Jubiläum ist ein größerer Anlaß als eine Jahresbilanz. Auch wenn es das herausragende Ereignis des Jahres für Ihr Haus ist, daß ABM-Kräfte die Arbeit aufnehmen, ist es für die Öffentlichkeit nicht interessant genug, um dazu einen eigenen Text zu veröffentlichen. Denn daß in Ihrer Region ABM-Kräfte zu arbeiten beginnen, findet häufiger statt. Daß Sie, wie andere Organisationen auch, Zuschüsse aus einem europäischen Projekt bekommen, interessiert die Bevölkerung weniger als das konkrete Beratungsangebot für Betroffene.

Lösung 4

A) Lokalredaktion:	regionale Fachmesse
	Tag der offenen Tür
Wirtschaftsredaktion:	Jahresgeschäftsbericht – mit Ausblick auf das neue Produkt, das Patent und das Bürogebäude
	Entlassungen

Über die Entlassungen sollten Sie frühzeitig von sich aus informieren – und dabei die Gründe dafür benennen. Dies reduziert die interne und externe „Gerüchteküche" sowie den Eindruck, Sie hätten etwas zu verbergen. Zudem sind Ihre positiven Informationen glaubwürdiger, wenn Sie souverän auch über Negatives informieren. Hätten Sie Entlassungen und Jahresgeschäftsbericht in einem Text zusammengefaßt, ständen vermutlich die Entlassungen im Mittelpunkt der Berichterstattung.

B) Sie verteilen die Anlässe über das ganze Jahr, beispielsweise:

erstes Quartal: regionale Fachmesse (Lokales)
zweites Quartal: Entlassungen (Wirtschaft)
drittes Quartal: Tag der offenen Tür (Lokales)
viertes Quartal: Jahresgeschäftsbericht (Wirtschaft)

Würden die Anlässe für Lokales bzw. Wirtschaft zu eng zusammenliegen – beispielsweise regionale Fachmesse und Tag der offenen Tür binnen einer Woche –, würde über den einen Anlaß breiter berichtet und der andere nur nebenbei erwähnt.

C) Mögliche Anlässe des Folgejahres:

• Einweihung des Bürogebäudes

• Jahresgeschäftsbericht – inklusive des Erfolges des neuen Produktes

• Weihnachtsfest mit Ehrung der Jubilare

7.2 Journalistisch schreiben

Lösung 1

1. Die Lampen wurden schnell repariert.
2. Die Kosten steigen nicht mehr.
3. Es ist sehr wichtig, die Ursachen zu erforschen.
4. In der Nacht schlug das Wetter um.
5. Die Aussagen sind umstritten.
6. Man fühlt sich gut, wenn man Glück hat.
7. Zweifelnd entschloß er sich, die Ablehnung hinzunehmen.

Lösung 2

A) Unnötige oder nicht zulässige Abkürzungen: GmbH & Co. KG, M.

Nicht erklärte unbekannte Abkürzung oder falsche Hervorhebung durch Großbuchstaben: ARLA

Text in Klammern: Chemikerin

Vorname fehlt, Frau ist nicht zulässig: Frau M. Schulze-Kastendiek

B) Die Vorstandssprecherin von Arla, die 38jährige Chemikerin Marion Schulze-Kastendiek oder: Die 38jährige Chemikerin Marion Schulze-Kastendiek, Vorstandssprecherin von Arla

Lösung 3

A) Der Monat ist nicht ausgeschrieben, die Jahresangabe ist unnötig, der Wochentag fehlt, bei der Uhrzeit enthalten die beiden Nullen keine Information und können weggelassen werden.

B) Die Veranstaltung beginnt am Dienstag, dem 3. Oktober, um 19 Uhr.

Lösung 4

A) Pressetexte werden in ganzen Sätzen formuliert, nicht im Stenogrammstil, die Zeit wird vor dem Ort angegeben.

B) Die Podiumsdiskussion beginnt am Freitag, dem 2. März, um 20 Uhr. Sie findet im Bürgerhaus statt, in der Ostertorstraße 70.

C) Die Podiumsdiskussion beginnt am Freitag, dem 2. März, um 20 Uhr im Bürgerhaus in der Ostertorstraße 70.

D) Der Eintrittspreis für die Veranstaltung. Beispielsweise: Der Eintritt ist frei.

Lösung 5

A) Richtig ist: Der Umsatz stieg in den vergangenen zehn Jahren um 15 Prozent.

B) Zahlen bis zwölf werden ausgeschrieben (zehn Jahre, 15 Prozent), unnötige Zahlenreihen sollen vermieden werden (1991 bis 2001), in Pressetexten heißt es „in den vergangenen bzw. kommenden Jahren" statt „in den letzten bzw. nächsten Jahren", Kurzangaben wie Prozent werden ausgeschrieben.

Lösung 6

A) Richtig ist: Die Broschüre kostet 5 €. Nähere Informationen gibt Ernst Müller unter der Telefonnummer 7 77 77.

B) Kosten werden stets in Zahlen angegeben und nicht ausgeschrieben. Alle unnötigen Zeichen werden gestrichen: Statt 5,– € heißt es daher 5 €. Die Währungsangabe steht hinter der Zahl und nicht davor – entspricht also eher der Sprechweise als der Schreibweise auf Bankformularen. Die meisten Redaktionen schreiben € statt Euro.

Bei der Angabe der Telefonnummer ist die Schreibweise „nähere Informationen erhalten Sie" nicht zulässig, da damit die Lesenden direkt angesprochen werden. „Bei Ernst Müller unter Tel." enthält eine unnötige Abkürzung. Die übrigen Formulierungen sind korrekt und verständlich.

C) Die Menschen wollen direkt erfahren, wie sie die Broschüre bekommen oder bestellen können. Sie wollen nicht unnötig telefonieren, um dann zu erfahren, daß sie die Broschüre beispielsweise schriftlich bestellen müssen. Sinnvoll ist stattdessen die Angabe, auf welchem Weg Menschen die Broschüre erhalten: Also Bestellanschrift oder Hinweis, wo die Broschüre verkauft wird, oder Formulierungen wie „die Broschüre kann bestellt werden bei Ernst Müller, Telefon 7 77 77".

Lösung 7

A) Thema: Deutsche Bahn 2050 – bundesweites Modellprojekt – Podiumsdiskussion – Teilnehmende: Bundesverkehrsminister, Vorsitzender der Deutschen Bahn und dessen Betriebsrat, Münchner Bürgermeister, Vertreter der örtlichen Parteien – Freitag – 3. Oktober – 19.30 Uhr – München – Schillergasse 30 – Eintritt: 5€ – ermäßigter Eintritt: 3 €.

B) Die festgelegte Reihenfolge läßt sich nicht in jedem Fall einhalten, soll der Text lesbar und verständlich sein.

Das bundesweite Modellprojekt „Deutsche Bahn 2050" ist das Thema einer Podiumsdiskussion, zu der der Bundesverkehrsminister nach München kommt.

Außerdem werden der Vorsitzende der Deutschen Bahn, der Betriebsrat und der Münchner Bürgermeister teilnehmen. Die Veranstaltung beginnt am Freitag, dem 3. Oktober, um 19.30 Uhr. Sie findet in der Schillergasse 20 statt. Der Eintritt kostet 5 Euro, ermäßigt 3 Euro.

Lösung 8

A) Der Satz ist zu lang, enthält zu viele Substantive sowie Fachjargon.

B) Führungspraktiker haben deshalb solche theoretischen Ansätze nur bedingt zur Kenntnis genommen. Ein Grund ist: Es gibt mittlerweile eine unüberschaubare Fülle an Führungstheorien. Diese erlauben wiederum jeweils unterschiedliche Folgerungen im Hinblick auf die Gestaltung der organisationsspezifischen Managemententwicklung.

C) Theoretische Ansätze – Theorien; nur bedingt zur Kenntnis nehmen – kaum wahrnehmen; unüberschaubare Fülle an Theorien – sehr viele Theorien; diese erlauben jeweils unterschiedliche Folgerungen – aus diesen können verschiedene Schlüsse gezogen werden; im Hinblick auf die Gestaltung – für die Gestaltung.

D) Führungspraktiker haben deshalb solche Theorien kaum wahrgenommen. Ein Grund ist: Es gibt mittlerweile sehr viele Führungstheorien. Aus diesen können verschiedene Schlüsse gezogen werden für die Gestaltung der organisationsspezifischen Managemententwicklung.

E) Führungspraktiker haben deshalb solche Theorien kaum wahrgenommen – zumal es sehr viele gibt und jede andere Schlüsse zuläßt für die Gestaltung der organisationsspezifischen Managemententwicklung.

F) Der Inhalt bleibt unverständlich, solange unklar ist, was organisationsspezifische Managemententwicklung ist. Eine Definition oder ein konkretes Beispiel könnten dem abhelfen.

7.3 Aufbau

Lösung 1

A) 200 Entlassungen

B) 1. Standort soll verkleinert werden; 2. Jahresbilanz

C) Zu welchem Zeitpunkt wird entlassen, wer ist betroffen, warum und wie wird entlassen (Altersteilzeit, Sozialplan)

Lösung 2

A) Von dieser guten Bilanz profitiert auch die Belegschaft. Der Gewinn wird eingesetzt, um die Kantine zu erweitern. Um auch im kommenden Jahr ein so gutes Ergebnis vorlegen zu können, wird noch in diesem Jahr die Kantine erweitert. „Schließlich sind es die Beschäftigten, die diese Bilanz ermöglicht haben", so ...

B) „Diese Bilanz nutzen wir, um die Kantine zu erweitern", so die Geschäftsführung.
„Durch diese Bilanz kann nun ein langgehegter Wunsch der Belegschaft erfüllt werden: die Erweiterung der Kantine", stellte der Betriebsrat fest.

7.4   Anfang

Lösung 1

A) „Denkmal mit der Linse" heißt der Fotowettbewerb (Was?), den die Deutsche Stiftung Denkmalschutz (Wer?) zum zweitenmal ausschreibt. Junge Leute zwischen 15 und 19 Jahren werden aufgerufen, mit der Kamera auf Spurensuche (Wie?) zu gehen. „Altersspuren" heißt 1999 (Wann?) das Thema, und es geht dabei um Details wie Türen, Fenster oder Inschriften, die etwas über die Entstehungszeit der Gebäude verraten, an denen ihre frühere Nutzung abzulesen ist. Auch Wandrisse können Spuren sein. Die Fotos sollen mit einem selbstverfaßten Kommentar ergänzt werden. Einsendeschluß ist der 31. Oktober. Teilnahmeunterlagen sind bei der Deutschen Stiftung Denkmalschutz, Koblenzer Straße 75, in 53177 Bonn (Wo?) zu erhalten.

B) Wer-, Was-, Wann-, Wie-Anfang, summarischer Vorspann, anonymer Wer-Vorspann, Er- bzw. Sie-Anfang, Bei-Einstieg, Schlagzeilen-Einstieg, szenischer Einstieg, vergleichender Einstieg, Liedzeile/Gedichtzeile/-bekanntes Zitat oder Redewendung, eigenes Zitat.

C) Wer-Anfang: Die Stiftung Deutscher Denkmalschutz schreibt zum zweitenmal den Fotowettbewerb „Denkmal mit der Linse" aus.

Was-Anfang: „Denkmal mit der Linse" heißt der Fotowettbewerb, den die Deutsche Stiftung Denkmalschutz zum zweitenmal ausschreibt.

Wann-Anfang: In diesem Jahr sind „Altersspuren" das Thema des Fotowettbewerbes der Deutschen Stiftung Denkmalschutz.

Wie-Anfang: Mit der Kamera auf Spurensuche gehen junge Leute zwischen 15 und 19 Jahren, um „Altersspuren" an Türen, Fenstern oder Inschriften zu finden.

Summarischer Vorspann: „Denkmal mit der Linse" heißt der diesjährige Fotowettbewerb für Jugendliche zwischen 15 und 19 Jahren, der von der Deutschen Stiftung Denkmalschutz mit Sitz in Bonn jetzt ausgeschrieben wurde.

Anonymer Wer-Vorspann: Für Jugendliche zwischen15 und 19 Jahren hat die Deutsche Stiftung Denkmalschutz einen Fotowettbewerb ausgeschrieben.

Er- bzw. Sie-Anfang: Sie suchen nach Spuren an Türen, Fenstern und Inschriften, nach Hinweisen auf die Entstehungszeit der Gebäude, nach deren früherer Nutzung. Sie fotografieren die Spuren, versehen die Fotoabzüge mit einem Kommentar und nehmen teil am Fotowettbewerb der Stiftung Deutscher Denkmalschutz: Jugendliche zwischen 15 und 19 Jahren, die ...

Bei-Einstieg: Bei einem Fotowettbewerb suchen sie nach Spuren der Vergangenheit: ...

Schlagzeilen-Einstieg: Jugendliche fahnden nach Spuren der Vergangenheit.

Szenischer Einstieg: Geduldig kauert die 15jährige vor der Wand, hält die Fotolinse dicht vor einen Riß – und wartet, daß die Sonne wieder scheint.

Vergleichender Einstieg: Je älter die Gebäude, um so jünger sind in den kommenden Wochen diejenigen, die sie fotografieren.

Liedzeile/Gedichtzeile/bekanntes Zitat oder Redewendung: Schnell fertig ist die Jugend mit dem Wort. Ob sie es auch mit einem Foto ist?

Eigenes Zitat: „Der diesjährige Fotowettbewerb steht unter dem Motto ‚Denkmal mit der Linse‘", kündigte der ... an.

D) Wer-Anfang: Paßt nicht. Die Stiftung Deutscher Denkmalschutz ist erst in zweiter Linie wichtig für die Zielgruppe und sollte deshalb nicht an erster Stelle stehen.

Was-Anfang: Paßt.

Wann-Anfang: Paßt nicht. Die Lesenden gehen davon aus, daß die Medien nichts ankündigen, was nicht aktuell ist.

Wie-Anfang: Paßt.
Summarischer Vorspann: Der klassische Nachrichtenaufbau paßt eher nicht zur Zielgruppe.

Anonymer Wer-Vorspann: Paßt.

Er- bzw. Sie-Anfang: Paßt.

Bei-Einstieg: Paßt nicht. Die Jugendlichen suchen nicht „bei einem Fotowettbewerb", sondern für oder im Rahmen eines Fotowettbewerbs.

Schlagzeilen-Einstieg: Paßt.

Szenischer Einstieg: Paßt.

Eigenes Zitat: Paßt nicht, weil das genannte Zitat nur Fakten enthält.

E) Die besten und interessantesten der oben genannten Anfänge sind meiner Meinung nach: Er- bzw. Sie-Anfang, szenischer Einstieg, Schlagzeilen-Einstieg.

Lösung 2

A) Der Forschungseisbrecher „Polarstern" des Alfred-Wegener-Instituts für Polar- und Meeresforschung (AWI) (Wer?) ist jetzt (Wann?) nach über fünfmonatiger Expeditionsreise wieder nach Bremerhaven (Wo?) zurückgekehrt (Was?). An Bord waren zahlreiche Proben und ozeanographische Daten sowie mehr als 100 Tonnen Material der Antarktis-Station „Filchner" (Wie?). Wie berichtet, hatten AWI-Techniker die ehemalige Forschungsstation Anfang Februar in einer Blitzaktion in der Antarktis abgebaut und zerlegt. Die nur im Sommer genutzte Station war im Oktober 1998 mit einer Eisscholle vom Filchner-Ronne-Schelfeis abgebrochen und trieb monatelang durch das südpolare Weddelmeer (Warum?).

B) Alle 15 Anfänge sind möglich, also:

summarischer Vorspann, Wer-Einstieg, Was-Einstieg, Wann-Einstieg, Wo-Einstieg, Wie-Einstieg, Warum-Einstieg, anonymer Wer-Vorspann, Er- bzw. Sie-Anfang, Bei-Einstieg, Schlagzeilen-Einstieg, szenischer Einstieg, vergleichender Einstieg, Liedzeile/Gedichtzeile/bekanntes Zitat oder Redewendung, Zitat.

Einen szenischen Einstieg zu formulieren ist mit den vorliegenden Angaben jedoch kaum möglich.

C) Summarischer Vorspann: Siehe A)

Wer-Einstieg: Siehe A)

Was-Einstieg: Zurückgekehrt aus der Antarktis ist jetzt der Forschungseisbrecher ...

Wann-Einstieg: Jetzt ist er nach fünfmonatiger Expeditionsreise nach Bremerhaven zurückgekehrt: der Forschungseisbrecher „Polarstern" des ...

Wo-Einstieg: Nach Bremerhaven zurückgekehrt ist jetzt ...

Wie-Einstieg: Mit 100 Tonnen Material der Antarktis-Station „Filchner" an Bord kehrte die „Polarstern" jetzt nach Bremerhaven zurück. Der Forschungseisbrecher ...

Warum-Einstieg: Mit einer abgebrochenen Eisscholle trieb die Forschungsstation „Filchner" monatelang durch das südpolare Weddelmeer. In einer Blitzaktion war sie von Technikern des Alfred-Wegener-Instituts abgebaut und zerlegt worden. Jetzt kehrte die Forschungsstation in Form von 100 Tonnen Material nach Bremerhaven zurück – an Bord des Forschungseisbrechers „Polarstern".

Anonymer Wer-Vorspann: Fünf Monate lebten und arbeiteten die Techniker des Alfred-Wegener-Instituts an Bord des Forschungseisbrechers „Polarstern". Jetzt kehrten sie nach Bremerhaven zurück.

Er- bzw. Sie-Anfang: Er kam mit 100 Tonnen Material von seiner Antarktisexpedition zurück, der Forschungseisbrecher „Polarstern" ...

Bei-Einstieg: Bei seiner Rückkehr aus der Antarktis hatte der Forschungseisbrecher „Polarstern" ...

Schlagzeilen-Einstieg: 100 Tonnen Material an Bord hatte der Forschungseisbrecher „Polarstern", als er jetzt nach fünfmonatiger Antarktisexpedition nach Bremerhaven zurückkehrte.

Vergleichender Einstieg: Vor vier Monaten trieb die Forschungsstation „Filchner" noch auf einer Eisscholle durch die Antarktis, jetzt kam sie an Bord des Forschungseisbrechers „Polarstern" in Einzelteilen in Bremerhaven an.

X Quadratmeter groß war die Forschungsstation „Filchner", als sie in der Antarktis stand. Abgebaut und zerlegt wurden daraus 100 Tonnen Material. Die kamen an Bord des Forschungseisbrechers „Polarstern" jetzt in Bremerhaven an.

Liedzeile/Gedichtzeile/bekanntes Zitat oder Redewendung: Was lange währt, wird endlich gut: Nun ist sie wohlbehalten wieder in Bremerhaven angekommen, die Forschungsstation „Filchner", die vier Monate auf einer Eisscholle durch das südpolare Weddelmeer trieb.

Eigenes Zitat: „In Form von 100 Tonnen Material ist die Forschungsstation Filchner jetzt wieder in Bremerhaven angekommen", so die (Position, Name) des Alfred-Wegener-Instituts.

D) Summarischer Vorspann: Paßt.

Wer-Einstieg: Paßt.

Was-Einstieg: Paßt. Wäre ein Schiff ausnahmsweise nicht zurückgekehrt, wäre dieser Einstieg allerdings passender.

Wann-Einstieg: Paßt; ist jedoch langweilig, da aktuelle Medien in der Regel aktuell berichten.

Wo-Einstieg: Paßt; ist aber noch langweiliger, da die Schiffe üblicherweise nach Bremerhaven zurückkehren.

Wie-Einstieg: Paßt.

Warum-Einstieg: Paßt nicht, da dies bereits berichtet wurde, also mit einer alten Information begonnen wird.

Anonymer Wer-Vorspann: Paßt nicht. Die Lesenden erwarten bei diesem Einstieg, daß sie vor allem etwas über das Leben auf einem Forschungseisbrecher erfahren.

Er- bzw. Sie-Anfang: Paßt.

Bei-Einstieg: Paßt.

Schlagzeilen-Einstieg: Paßt.

Vergleichender Einstieg: „Vor vier Monaten" paßt nicht, da mit einer bekannten Information begonnen wird. „X Quadratmeter groß" paßt, sofern der Vergleich klar vorstellbar ist und ein Überraschungsmoment birgt.

Liedzeile/Gedichtzeile/bekanntes Zitat oder Redewendung: Zumindest der genannte Einstieg paßt nicht, da solche Forschungsexpeditionen immer „lange währen".

Zitat: Paßt nicht, da nur Fakten im Zitat stehen.

E) Die besten und interessantesten Anfänge sind meiner Meinung nach:
Wie-Einstieg, Er- bzw. Sie-Anfang, Schlagzeilen-Einstieg.

Lösung 3

„Wenn sie nicht Mutter Theresa sind, bekommen Frauen im Moment
nur negative Schlagzeilen. Frauenprojekte setzen deshalb besser gleich
auf kontinuierliche Öffentlichkeitsarbeit, statt auf Schlagzeilen", stellt
XY fest. Ihr Vortrag ...

„Frauenprojekte sollten nicht nach Schlagzeilen schielen. Denn Frauen
kommen bis heute nur in die Schlagzeilen, wenn sie Skandale provo-
zieren." Diese These vertritt ...

„Ein Geheimnis erfolgreicher Frauenprojekte ist deren regelmäßige
Präsenz in den Medien mittels kontinuierlicher Öffentlichkeitsarbeit",
so ... Steter Tropfen höhlt den Stein – auch wenn es darum geht, daß
Frauenstandpunkte öffentlich wahrgenommen werden. Für kontinuierliche Öffentlichkeitsarbeit statt schielen nach Schlagzeilen plädiert
deshalb XY in ihrem Vortrag „Frauen machen Schlagzeilen"...

7.5   Zitieren

Lösung 1

A) Nachprüfbare Fakten: Wasser-Beratungsstelle Bad Laum,
                            zehn Anrufe pro Tag, davon eine Firma.

Nicht nachprüfbare Fakten: 500 Liter pro Tag.

B) Täglich zehn Anrufe hatte die Beratungsstelle „Wasser" im vergangenen Jahr. Würden alle Empfehlungen umgesetzt, würden in Bad
Laum täglich 500 Liter Wasser weniger verbraucht, stellte der ... fest.

Sie können die Verneinung herausnehmen und die Angabe aufs Jahr umrechnen, um das Wort täglich nicht zweimal zu verwenden. Dann würden „pro Jahr 180.000 Liter Wasser gespart".

C) „Das schont die Umwelt, den Geldbeutel jedes einzelnen und die Kosten für die Trinkwasseraufbereitung", sagte ...

Zumindest dieses Zitat ist ein schlechtes, da es sich um eine Faktenaussage handelt, die dem Allgemeinwissen entspricht. Ein besseres Zitat ist dem zugrundeliegenden Text jedoch nicht zu entnehmen.

Lösung 2

A) Experten sehen keinen Zusammenhang zwischen den schweren Erdbeben, die sich innerhalb kurzer Zeit in der Türkei, in Griechenland und in Taiwan ereigneten (nachprüfbare Einschätzung). „Deren zeitliches Zusammentreffen kann man als Zufall bezeichnen" (Einschätzung), sagte der Seismologe und Geophysiker Nicolai Gestermann von der Bundesanstalt für Geowissenschaften und Rohstoffe in Hannover (nachprüfbare Tatsache). „Das neue Erdbeben in Taiwan hat erst mal nichts mit den Erdbeben in Griechenland und der Türkei zu tun; und auch die beiden Erdbeben in der Türkei und Griechenland hätten nicht unbedingt etwas miteinander zu tun (Einschätzung). Es ist auch weiterhin weltweit mit schweren Beben zu rechnen", (Einschätzung) meinte Gestermann (nachprüfbare Tatsache). Auch in der Vergangenheit hat es immer wieder schwere Erdbeben gegeben (nachprüfbare Tatsache). „Die wird es auch in Zukunft geben. Von daher ist das Erdbeben in Taiwan nichts Außergewöhnliches" (Einschätzung).

B) Experten sehen keinen Zusammenhang zwischen den schweren Erdbeben, die sich innerhalb kurzer Zeit in der Türkei, in Griechenland und in Taiwan ereigneten. „Daß die Erde so rasch hintereinander bebte, ist Zufall", sagte der Seismologe und Geophysiker Nicolai Gestermann von der Bundesanstalt ... „Es gibt weder einen Zusammenhang zwischen den Erdbeben in Taiwan und Europa noch zwischen denen in Griechenland und der Türkei", meinte Gestermann. Auch vor diesen gab es immer wieder schwere Beben. „Die wird es auch künftig geben. Das Erdbeben in Taiwan ist nicht außergewöhnlich."[1]

C) Es gäbe weder einen Zusammenhang zwischen den Erdbeben in Taiwan und Europa noch zwischen denen in Griechenland und der Türkei, sagte der Seismologe und Geophysiker Nicolai Gestermann von der Bundesanstalt... „Daß die Erde so rasch hintereinander bebte, ist Zufall." Auch vor diesen gab es immer wieder schwere Beben. Die würde es auch künftig geben. „Das Erdbeben in Taiwan ist nicht außergewöhnlich", so Gestermann.

7.6   Terminankündigung

Lösung 1

Zulässig sind: Gäste willkommen, öffentliche Veranstaltung, nähere Informationen unter Telefon ...

Nicht zulässig sind: Sie sind herzlich eingeladen, Informationen erhalten Sie unter, Interessierte sind herzlich eingeladen. Denn in den beiden ersten Formulierungen werden die Lesenden direkt angesprochen. Für die letzte gilt: Interessierte werden per Brief eingeladen, nicht über die Medien.

---

1 Der veröffentlichte Text lautete: „Experten sehen keinen Zusammenhang zwischen den schweren Erdbeben, die sich innerhalb kurzer Zeit in der Türkei, in Griechenland und in Taiwan ereigneten. ‚Das kann man als Zufall bezeichnen', sagte der Seismologe und Geophysiker Nicolai Gestermann von der Bundesanstalt für Geowissenschaften und Rohstoffe in Hannover. ‚Dieses neueste Erdbeben in Taiwan hat erst mal nichts mit den Erdbeben in Griechenland und der Türkei zu tun; und auch die beiden Erdbeben in der Türkei und Griechenland haben nicht unbedingt was miteinander zu tun.' Es sei auch weiterhin weltweit mit schweren Beben zu rechnen, meinte Gestermann. ‚Auch in der Vergangenheit hat es immer wieder schwere Erdbeben gegeben, und das wird es auch in Zukunft geben. Also von daher ist auch das Erdbeben in Taiwan nichts Außergewöhnliches"'; aus: dpa (Agenturkürzel), *„Kein Zusammenhang zwischen den Beben",* in: Weser Kurier vom 22. 9. 1999, S. 12.

A) Das erste Treffen von Murnauer Unternehmerinnen und Freiberuflerinnen findet am Donnerstag, dem 3. März, um 19.30 Uhr im Bürgerhaus im Westerweg 2 statt.

B) Terminankündigung

Zum ersten Mal treffen sich Unternehmerinnen und Freiberuflerinnen
aus Murnau am Donnerstag, dem 3. März, um 19.30 Uhr. Sie wollen sich
künftig regelmäßig treffen, um sich über Berufliches auszutauschen.
Die für alle interessierten Frauen offene Veranstaltung dient dem gegenseitigen Kennenlernen und der Suche nach einem Namen für das Treffen. Das erste Treffen findet im Bürgerhaus im Westerweg 2 statt.

X Zeilen à Y Anschläge

C) Die Information, was genau passieren soll – ist die Gründung eines
Vereins geplant zwecks Austausch und Weiterbildung oder eher eine
Art Stammtisch? Eine Telefonnummer, unter der sich Interessierte
informieren können.

D) Terminankündigung

Bald Murnauer Frauen-Netzwerk?

Ob es um die Anlage von 50.000 Euro geht oder um den Wunsch nach
einem besseren Posten: Männer treffen Männer; am Stammtisch ebenso wie im Sportclub. Nun werden Frauen Frauen treffen: um sich auszutauschen, Erfolge zu feiern und Mißerfolge zu besprechen.

Beim ersten Treffen von Unternehmerinnen und Freiberuflerinnen aus
Murnau steht das Einanderkennenlernen im Vordergrund. Außerdem
soll ein Name für den Zusammenschluß gefunden werden. Ob dieser
Kreis sich künftig zwanglos trifft, intern Vorträge organisiert oder ein
Murnauer Frauen-Netzwerk aufbaut? Alles ist möglich! Das erste Tref-
fen ist am Donnerstag, dem 3. März, um 19.30 Uhr, im Bürgerhaus im
Westerweg 2. Nähere Informationen gibt Silvia Meier unter Telefon ...

X Zeilen à Y Anschläge

E) Nützliche Fakten wären: Wie viele Unternehmerinnen und Freiberuflerinnen gibt es in Murnau? In welchen Bereichen sind diese tätig?
Gibt es Branchen, in denen besonders viele und besonders wenige Frau-

en sind? Was ist das Besondere an Ihrer Situation beziehungsweise was unterscheidet Ihre Situation von der der Männer? Warum soll neben den bestehenden Berufsverbänden für Frauen ein weiterer Zusammenschluß organisiert werden? In welchen Berufsverbänden sind die Murnauerinnen bisher organisiert?

Informationsquellen könnten unter anderem sein: die Initiatorinnen, Industrie-, Handels- und Handwerkskammern, Statistisches Landesamt, Berufsverbände, Berufsverbände für Frauen, einzelne Murnauer Unternehmerinnen und Freiberuflerinnen.

Lösung 3

A) Mindestangaben für eine Seminarankündigung: Thema, von wann bis wann dauert es, wo findet es statt, wie oder wo kann man sich anmelden, wer veranstaltet es.

Im besten Fall informieren Sie außerdem über:

- Name und Qualifikation der Dozenten
- ein bis zwei inhaltliche Kernsätze zum Thema von den Dozenten oder Veranstaltern
- Besonderheiten des Seminars: Ist das Thema zum ersten Mal im Angebot oder aus besonderem Anlaß?
- den Charakter des Seminars: Gibt es eine besondere technische Ausstattung, Didaktik oder Räumlichkeiten?
- die Zielgruppe: An wen richtet sich das Seminar?
- die maximale Teilnehmerzahl
- die Kosten für die Teilnahme
- den Anmeldeschluß
- die Kontaktmöglichkeiten bei weiterem Informationsbedarf

B) Mindestangaben für die Eröffnung einer Ausstellung: Titel der Ausstellung, wann und wo ist die Eröffnung, Name der Künstlerin/des Künstlers. Im besten Fall geben Sie außerdem an:

- bis wann läuft die Ausstellung?

- wann ist sie geöffnet?

- welche Qualifikation haben die Künstler: erhaltene Auszeichnungen, bisherige Ausstellungen, Werdegang, Ausbildung?

- ein bis zwei Sätze zum Thema der Ausstellung oder deren Besonderheit von den Künstlern oder Veranstaltern,

- welchen Charakter hat die Eröffnung: Wird eine Rede gehalten? Gibt es eine musikalische Darbietung oder eine Performance? Von wem (Name, Qualifikation/Position)?

- welche Art von Werken sind zu sehen: Bildhauerei, Linolschnitte, Pastellkreide?

- künstlerische Technik

- künstlerischer Stil

- Besonderheiten der Ausstellung: Thema zum ersten Mal ausgestellt oder aus besonderem Anlaß? Die wievielte Ausstellung des Künstlers? Werden Einnahmen gespendet?

- Charakter der Ausstellung: Einzel- oder Gruppenausstellung, besondere technische Ausstattung, Räumlichkeiten?

- Veranstalter

- Eintrittspreis

C) Mindestangaben für eine Podiumsdiskussion sind: Thema, Datum und Beginn, Ort.

Im besten Fall geben Sie außerdem an:

- wer auf dem Podium sitzt: Name, Position, Qualifikation fürs Thema

- wer sind die Veranstalter?

- ein bis zwei inhaltliche Kernsätze zum Thema von Referierenden oder Veranstaltenden,

- Besonderheiten: Motiv/Grund/Anlaß für die Veranstaltung? Auftakt oder Abschlußveranstaltung?

- den Ablauf: anschließende Diskussion oder begleitende Ausstellung?
- das Ziel der Veranstaltung
- den Eintrittspreis
- die Kontaktmöglichkeiten bei weiterem Informationsbedarf

Lösung 4

Vergleichen Sie Ihre Texte mit denen aus der Übung 2.

7.7 Presseerklärung

Lösung 1

A) Der Text enthält zu viele Unteraspekte (Schutz der Gesundheit, Umweltschutz, Arbeitsplätze). Diese werden durcheinander dargestellt statt nacheinander (1. Gesundheits- und Umweltschutz, 2. Arbeitsplätze, 3. Gesundheitsschutz). Er beginnt mit der alten Information, daß die Aktion seit einem halben Jahr läuft, anstatt mit dem neuen Zwischenergebnis. Die Sätze sind viel zu lang und haben unnötige Einschübe (Als Zwischenergebnis der Aktion, die das Ziel verfolgt ... bis Mannheim nennen).

Quellenangaben fehlen oder sind mißverständlich: Wer gibt den Text heraus? Von wem oder woher stammt die Information, daß Per krebserzeugend ist? Woher die Information, daß es das Waldsterben mitverursacht? Von welcher Organisation und welchem Bezirk ist Walter Riester Bezirksleiter? Wie heißt der baden-württembergische IG Metall-Chef? Korrekt ist – statt IG Metall-Chef – die Angabe: Walter Riester, Bezirksleiter der IG Metall Baden-Württemberg.

Das wörtliche Zitat beinhaltet keine relevante Information oder Einschätzung zum Thema Zwischenbericht – lediglich die wenig überraschende Aussage, daß die IG Metall ihre eigene Aktion gut findet. Ankündigungen und Einschätzungen werden als Faktenaussage wiedergegeben statt in direkter oder indirekter Rede (Nicht zu verkennen ist auch eine Reihe von Schwierigkeiten/Dies will und kann die IG Metall jedoch nicht tolerieren).

B) 60 Betriebe benutzen kein Per mehr ist das Zwischenergebnis der Aktion „Tatort Betrieb" der IG Metall Baden-Württemberg/ Per erzeugt vermutlich Krebs/ viele Unternehmer haben kooperiert aber es gibt auch Schwierigkeiten/ es soll veröffentlicht werden, wer Per weiterverwendet/ Aktion dient dem Gesundheits- und dem Umweltschutz/ Aktion sichert Arbeitsplätze

C) Anerkennung der Arbeit der Betriebsräte.

D) Schwerpunktaspekt des Themas: Schutz der Gesundheit

Tendenz: Lob der Betriebsräte und Schwierigkeiten mit den Unternehmen.

60 Betriebe in Baden-Württemberg entfernten das Reinigungsmittel Perchlorethylen (Per) aus ihrer Produktion. Dies ist das Zwischenergebnis der Aktion „Tatort Betrieb" der Industriegewerkschaft Metall, die im Herbst gestartet wurde. „Vor allem dem Engagement der Betriebsräte ist es zu verdanken, daß dort bereits ungefährlichere Mittel eingesetzt und andere Reinigungsverfahren ausprobiert werden", sagte der Bezirksleiter der IG Metall Baden-Württemberg Walter Riester. Aber noch würden viele Unternehmen Per weiter verwenden. Obwohl, so Riester, in neuen Untersuchungen nachgewiesen wurde, daß dieses Reinigungsmittel Krebs erzeugt. Riester kündigte an: „Wir werden die Namen der Unternehmen veröffentlichen, die mit der Gesundheit ihrer Beschäftigten spielen – nur um ein paar Euro Produktionskosten zu sparen."[1]

---

1 Der Basisdienst Baden-Württemberg der Nachrichtenagentur dpa verarbeitete die Presseerklärung der IG Metall zu diesem Text: „60 Betriebe haben aufgrund einer Umweltaktion der IG Metall das Reinigungsmittel Perchlorethylen (Per) aus ihrer Produktion entfernt. Per, das in der Industrie zum Reinigen von Produkten genutzt wird, steht im Verdacht, Krebs auszulösen. Der baden-württembergische IG Metall-Chef Walter Riester betonte, mit der seit Herbst vergangenen Jahres laufenden Aktion ‚Tatort Betrieb' werde die Gesundheit der Metaller geschützt sowie aktiver Umweltschutz betrieben. In dem vorliegenden Zwischenbericht bilanziert die Gewerkschaft eine ‚überraschend hohe Kooperationsbereitschaft der Unternehmer gegenüber ihren Betriebsräten'"; aus: lsw (Kürzel des Basisdienstes), *IG Metall: Betriebe nach Umweltaktion „Per"-frei*, in: Reutlinger General-Anzeiger vom 19. 5. 1989.

E) Wie viele Betriebe verwenden Per noch in Baden-Württemberg? Wie viele Liter werden dort verbraucht? Wie viele Beschäftigte haben direkten Kontakt mit Per? Wie viele Beschäftigte haben durch die Aktion keinen Kontakt mehr mit Per? Wie viele Liter werden jetzt weniger verbraucht? Seit wann gilt Per als krebserzeugend? Was ist seitdem für den Gesundheitsschutz der Beschäftigten gesetzlich vorgeschrieben? Wann sollen die Namen der Unternehmen veröffentlicht werden? Wieviel Zeit gibt die IG Metall ihnen also, Per aus der Produktion zu entfernen?

Lösung 2

A) Der Aspekt „gesucht wird" stände besser am Ende des Textes.

B) Zu allgemein ist: Mit vier Millionen Euro müssen wir ... (Wer genau ist wir?), mit einer verbesserten Grundausstattung könne die Versorgung ... qualitativ gesichert werden (Was wird an der Ausstattung konkret verbessert? Inwiefern wirkt sich dies auf die Qualität der Versorgung aus?). Es fehlt die Angabe einer Kontaktperson, bei der Sponsoring-Interessierte sich informieren können. Außerdem hätten Themen der Beratungsarbeit genannt werden können und wie viele Menschen dort jährlich Rat suchen.

C) Neue Wege geht die Arbeiterwohlfahrt (AWO) Bezirksverband Weser-Ems (e.V. ist eine unnötige Abkürzung), um ihre (grammatikalischer Bezug ist: die AWO) sozialen Einrichtungen trotz gekürzter öffentlicher Zuschüsse (Zuschüsse ist konkreter als Gelder) finanziell zu sichern (die Silbe ab- kann gestrichen werden, da sie keine Aussage enthält). Als erster Wohlfahrtsverband im Landkreis setze er auf Sozialsponsoring, teilte die AWO mit, (indirekte Rede mit Quellenangabe, um deutlich zu machen, daß die AWO meint, sie sei der erste Wohlfahrtsverband) und unterschrieb den ersten (entsprechenden kann gestrichen werden, da der Zusammenhang eindeutig ist) Vertrag am vergangenen Montag. Die Unternehmerin ... unterstützt nun die Familienberatungsstelle (die aktive Formulierung „unterstützt" ist besser als die passive „wird unterstützt", die Quellenangabe wurde im vorherigen Satz eingefügt und kann daher gestrichen werden).

Daß dieses Beispiel andere Unternehmen anregt, sich mittels Sponsoring sozial in der Region zu engagieren, hofft der Vorsitzende des Verbandes Klemens Große-Dartmann. Zusagen (entsprechend ist unnötig) gibt (die Zusage ist eine nachprüfbare Tatsache, indirekte Rede also nicht erforderlich; besser ist: Zusagen hat die AWO schon für) es schon für den Kindergarten ... Die AWO sucht jedoch noch Sponsoren (nachprüfbare Tatsache, indirekte Rede nicht erforderlich, aktive Formulierungen sind besser als passive) für die Frauenhäuser, die Schuldner- und Drogenberatungsstelle sowie die Begegnungsstätten ...

„Mit vier Millionen Euro muß der Bezirksverband (konkreter als ‚wir‘) jährlich seine Einrichtungen bezuschussen", so Große-Dartmann (Unterbrechung des Zitates, damit die Lesenden früher wissen, wer das gesagt hat). „Trotz dieser Belastung (inhaltliche Überleitung zwischen den Sätzen) sollten die Angebote nicht gerade jetzt eingeschränkt werden, wo immer mehr Menschen Rat, Hilfe und Unterstützung suchen (kurze statt langer Substantive, Verben statt Substantive). Um dies zu vermeiden, haben wir neue Wege der Finanzierung gesucht und gefunden (zwei kürzere Sätze statt eines langen, ‚wir haben gesucht und gefunden‘ ist eine positivere Selbstdarstellung, als ‚wir mußten suchen‘)".

Er hoffe nun auf das Engagement (ist prägnanter als die allgemeine Formulierung „weitere fruchtbare Zusammenarbeit") weiterer Unternehmen aus Weser-Ems (der Appell richtet sich an die örtlichen Unternehmen, aus Weser-Ems ist daher klarer als in Weser-Ems). „Das Sponsoring (direktere inhaltliche Überleitung, das Geld erleichtert die Arbeit, nicht der Vertrag) erleichtert (Verb statt Substantiv) der Familienberatungsstelle ... die Arbeit (nur die aktuelle oder künftige Arbeit kann erleichtert werden, das Wort aktuell ist daher überflüssig)", stellte der Leiter des Hauses Jürgen Heemeyer fest. Es werde für die Ausstattung verwendet, um die Ratsuchenden besser versorgen und betreuen zu können (weniger Substantive, Streichung von „Grund-", da die Silbe nichts aussagt, zweimal das Wort „verbessern" in einem Satz ist einmal zuviel. Deutlicher als bei der ersten Formulierung stellt sich nun die Frage, wieso Ratsuchende „versorgt und betreut" statt beraten werden. Dies ist jedoch ein inhaltliches Problem, das nicht mittels unverständlicher Formulierungen gelöst werden kann). Dies sei schon deshalb notwendig (Vermeidung unnötiger Einschübe), weil immer mehr (kürzer und klarer, als gestiegener Bedarf) Kinder, Jugendliche und Eltern in der Beratungsstelle Unterstützung suchen (konkretere Benennung des Bedarfs).

Hinweis: Durchs Redigieren wird lediglich die Banalität des Inhaltes deutlicher. Sie benötigen mehr Fakten und prägnantere Zitate, um eine interessante Presseerklärung schreiben zu können.

7.8   Überschrift

Lösung 1

A) Mit der Kamera auf Spurensuche
Spuren suchen mit der Kamera
„Denkmal mit der Linse"
Fotowettbewerb „Altersspuren"
Bundesweiter Fotowettbewerb „Altersspuren"
Jugendliche fotografieren „Altersspuren"
„Altersspuren" suchen mit der Linse

B) Bundesweiter Fotowettbewerb der Stiftung Denkmalschutz

C) Da die Worte aus der Hauptüberschrift nicht in der Unterzeile wiederholt werden sollten, passen zu der Unterzeile „Bundesweiter Fotowettbewerb der Stiftung Denkmalschutz" von den genannten Hauptüberschriften: Mit der Kamera auf Spurensuche, Spuren suchen mit der Kamera, „Altersspuren" suchen mit der Linse.

Die komplette Überschrift könnte demnach lauten:

Hauptüberschrift:	Spuren suchen mit der Kamera
Unterzeile:	Bundesweiter Fotowettbewerb der Stiftung Denkmalschutz

D) Die beste Hauptüberschrift ist: Spuren suchen mit der Kamera. Sie enthält kurze Worte, ein Verb, ist – noch am ehesten – verständlich und entspricht der zentralen Aussage des Textes.

Mit der Kamera auf Spurensuche: Enthält ein langes Substantiv mehr anstatt des Verbs.

Denkmal mit der Linse: Es ist unklar, ob das Denkmal eine Linse hat oder ob die Lesenden aufgefordert werden, mal mit Hilfe einer Linse zu denken. Damit ist der Titel des Fotowettbewerbs mißverständlich und als Überschrift nicht geeignet.

Fotowettbewerb „Altersspuren": Enthält kein Verb.

Bundesweiter Fotowettbewerb „Altersspuren": Enthält kein Verb.

Jugendliche fotografieren „Altersspuren" und „Altersspuren" suchen mit der Linse: Was mit „Altersspuren" gemeint ist, wird erst nach Lesen des Textes klar. Damit sind alle Überschriften, die das Wort „Altersspuren" enthalten, zweite Wahl. Da das Wort in Anführung gesetzt ist, wird außerdem der Eindruck erweckt, dies sei der Titel des Wettbewerbs. Der Text wird also verfälscht. Zweite Wahl sind auch Überschriften mit dem Wort „Linse" – schließlich geht es weder um Kontaktlinsen noch um Linsensuppe. Das Wort „Kamera" ist eindeutiger.

Die Redaktion veröffentlichte die Meldung unter der zweizeiligen Überschrift: Mit der Kamera auf Spurensuche. Eine Unterzeile erschien nicht, da dies bei kurzen Meldungen in dieser Redaktion nicht üblich ist.

Lösung 2

A) Forschungsstation ist wieder in Bremerhaven
„Polarstern" brachte 100 Tonnen Material
„Polarstern" hatte Antarktis-Station an Bord
An Bord der „Polarstern": 100 Tonnen der Antarktis-Station
„Polarstern" brachte Antarktis-Station zurück
Antarktis-Station wieder in Bremerhaven
Nach fünf Monaten: „Polarstern" ist zurück

B) Die beste Überschrift ist: Antarktis-Station wieder in Bremerhaven.

Forschungsstation ist wieder in Bremerhaven: Hier wird die zentrale Aussage des Textes nicht wiedergegeben, da der lange Transportweg nicht erkennbar ist. Nach dieser Überschrift könnte die Forschungsstation zuvor auch zehn Kilometer hinter der Bremerhavener Stadtgrenze gewesen sein.

„Polarstern" brachte 100 Tonnen Material: Die Überschrift ist nur für die Lesenden eindeutig, die wissen, daß „Polarstern" ein Schiff ist.

„Polarstern" hatte Antarktis-Station an Bord: Es wird die veraltete Information angekündigt, daß das Schiff die Station an Bord „hatte". Aus dem Text wird dann klar, daß diese Tatsache schon fünf Monate alt ist.

An Bord der „Polarstern": 100 Tonnen der Antarktis-Station: Die Information ist fünf Monate als.

Nach fünf Monaten: „Polarstern" ist zurück: Es gibt keinen Leseanreiz, da das Besondere dieser Rückkehr nicht genannt wird, die an Bord befindliche Forschungsstation. Es wird lediglich vermeldet, wie lang etwas weg gewesen ist. Daß es sich um ein Schiff handelte, ist nur für die Lesenden eindeutig, die wissen, daß „Polarstern" ein Schiff ist.

Die Redaktion veröffentlichte die Meldung unter der zweizeiligen Überschrift „Forschungsstation ist wieder in Bremerhaven".

Lösung 3

A) Steter Tropfen höhlt den Stein
„Frauen machen Schlagzeilen"
Frauen in die Schlagzeilen?
Sollen Frauenprojekte Schlagzeilen machen?
Frauenstandpunkte wahrnehmbar machen
Vor Schielen nach Schlagzeilen wird gewarnt
Nicht nach Schlagzeilen schielen
Plädoyer für kontinuierliche Öffentlichkeitsarbeit
Statt Schielen nach Schlagzeilen: kontinuierliche öffentliche Präsenz

B) Auf der Frauenwoche: Vortrag zu Öffentlichkeitsarbeit

C) Die komplette Überschrift könnte lauten:

| Hauptüberschrift: | Nicht nach Schlagzeilen schielen |
| Unterzeile: | Auf der Frauenwoche: Vortrag zu Öffentlichkeitsarbeit |

D) Die beste der angegebenen Überschriften ist: Nicht nach Schlagzeilen schielen.

Steter Tropfen höhlt den Stein: Gibt die zentrale Information des Textes nicht wieder, da es eine Floskel ist, keine konkrete Aussage. Außerdem beginnt der Text mit derselben Formulierung. Wörtliche Wiederholungen so kurz hintereinander sind für die Lesenden ermüdend.

„Frauen machen Schlagzeilen": Dieser Titel des Vortrages entspricht nicht der zentralen Aussage des Textes, ist mißverständlich und verfälscht den Text.

Frauen in die Schlagzeilen?: Entspricht nicht der zentralen Aussage des Textes, da die Frage dort nicht gestellt, sondern eindeutig beantwortet wird. Die Überschrift enthält zudem kein Verb und ist mißverständlich, da Lesende bei dieser Überschrift eine Fachdebatte erwarten könnten.

Sollen Frauenprojekte Schlagzeilen machen?: Entspricht nicht der zentralen Aussage des Textes, da die Frage im Text beantwortet wird.

Frauenstandpunkte wahrnehmbar machen: Die Worte sind zu lang. Etwas „wahrnehmbar machen" gehört außerdem nur in wenigen Berufsgruppen zum aktiven Wortschatz. Die Formulierung ist nicht leichtfaßlich und bietet kaum Leseanreiz.

Vor Schielen nach Schlagzeilen wird gewarnt: Hat unnötig mehr Worte als „Nicht nach Schlagzeilen schielen" und ist passiv statt aktiv formuliert.

Plädoyer für kontinuierliche Öffentlichkeitsarbeit: Bietet wenig Leseanreiz, hat kein Verb und ist eine Sachinformation – also eher als Unterzeile geeignet. Würde diese Überschrift in einer Zeitung abgedruckt, würde sie über fünf Spalten reichen. Termine werden jedoch nicht fünfspaltig veröffentlicht – schon weil der Text dafür nicht lang genug ist.

Statt Schielen nach Schlagzeilen: Kontinuierliche öffentliche Präsenz: Verb fehlt, ist insgesamt als Überschrift zu lang.

E) Eine Veröffentlichung ist zweifelhaft. Für die Veröffentlichung spricht, daß es sich um die Ankündigung einer öffentlichen Veranstaltung handelt. Dagegen spricht deren Inhalt, da Redaktionen es nicht als ihre Aufgabe ansehen, Medienkritisches zu verbreiten. Außerdem suggeriert der hier ausgewählte Anfang, es würde für weibliche Bescheidenheit plädiert. Das ist auf einer Frauenwoche inhaltlich unglaubwürdig.

Anhang

Literatur

Ahlke, Karola/Jutta Hinkel, *Der Versuchung von Klangformen widerstehen*, in: sage & schreibe, März/April 1999, S. 31.

Ahlke, Karola/Jutta Hinkel, *Oft werden Phrasen daraus*, in: sage & schreibe, März/April 1999, S. 20–33.

Aufermann, Jörg/Victor Lis/Volkhard Schuster (Hg.), Zeitungen in Niedersachsen und Bremen, Handbuch 2000, o. O. 2000.

Bachmann, Cornelia, Public Relations: Ghostwriting für Medien: eine linguistische Analyse der journalistischen Leistung bei der Adaption von Pressemitteilungen, Bern/Berlin/Frankfurt am Main/New York/Paris/Wien 1997.

Baerns, Barbara, Öffentlichkeitsarbeit oder Journalismus? Köln 1985.

Baerns, Barbara, Öffentlichkeitsarbeit oder Journalismus? Zum Einfluß im Mediensystem, Bochum 1985; nach: Kunczik, 1988.

Baerns, Barbara, *Öffentlichkeitsarbeit versus Schleichwerbung – Eine Problemskizze*, in: Schulze-Fürstenow/Martini, Ergänzungslieferung vom 7. 11. 1995, 2.121, S. 1–14.

Becker, Cordelia, *Ideen statt Schreibe*, in: Der österreichische Journalist, 6/1996, S. 30 ff.

Bellwald, Waltraut/Walter Hättenschwiber/Roman Würsch, Blätterwald Schweiz, Zürich 1991.

Bentele, Günter, *Kontaktpflege*, in: journalist, 7/1992, S. 11–14.

Blühm, Elger/Rolf Engelsing, Die Zeitung. Deutsche Urteile und Dokumente von den Anfängen bis zur Gegenwart, Bremen 1967.

Böckelmann, Frank, Die Pressestellen der Organisationen, München 1991.

Böckelmann, Frank, Pressestellen in der Wirtschaft, München 2. Auflage 1991.

Böning, Holger, *Eine kapitale Ente*, in: Die Zeit vom 11. 3. 1999, S. 88.

Braden, Maria, Getting the Message across. Writing for the Mass Media, Boston/New York 1997.

Branahl, Udo, Medienrecht, Opladen 1996.

Bredemeier, Karsten, Medienpower, Düsseldorf/Wien 1993.

Brendel, Matthias/Frank Brendel, Richtig recherchieren, Frankfurt am Main 1998.

Bresser, Klaus, *Sprache, Medien und Politik*, in: Gesellschaft für deutsche Sprache (Hg.), Wörter und Unwörter, Niedernhausen/Ts. 1993, S. 8–17.

Brody, E. W./Dan L. Lattimore, Public relations writing, New York/Westport/Connecticut/ London 1990.

Buschardt, Tom/ Nicole Kidd/ Stefany Krath, Die Pressemitteilung, Starnberg 2000

Dähne, Helmut, *Das Buch als Ware*, in: Kursbuch 133 Das Buch, Berlin September 1998, S. 71–86.

Deutscher Bundesjugendring (Hg.), Reden ist Silber Schweigen ist Schrott, München 1996.

Deutscher Presserat, Jahrbuch 1997, o. O. o. J.

Deutscher Ring Lebensversicherungs-AG (Hg.), Kroll Presse-Taschenbuch Geld, Versicherung und Soziales 1999/2000, Garmisch-Partenkirchen und Seefeld/Obb. 1999.

Ditges, Florian, *Über (Un-)Möglichkeiten der Erfolgskontrolle von Public Relations – Blindflug der Experten*, in: Wirtschaft in Bremen, 12/1996, S. 30–33.

Duisburger Institut für Sprach- und Sozialforschung (Hg.), Medien und Straftaten – Vorschläge zur Vermeidung diskriminierender Berichterstattung über Einwanderer und Flüchtlinge, Duisburg 1999.

dpa (Agenturkürzel), *„Kein Zusammenhang zwischen den Beben"*, Weser Kurier vom 22. 9. 1999, S. 12.

eb (Autorenkürzel), *Forschungsstation ist wieder in Bremerhaven*, in: Weser Kurier vom 8. 6. 1999, S. 16.

Eissler, Kurt R., Goethe. Eine psychoanalytische Studie, Basel/Frankfurt am Main 1984; zitiert nach: Scheidt, 1993.

Falkenberg, Viola, Im Dschungel der Gesetze, Leitfaden Presse- und Öffentlichkeitsarbeit, Bremen 2004.

Falkenberg, Viola, *Evaluation der Qualität von Pressearbeit* in: pr-magazin, 9/2001, S. 35-42.

Falkenberg, Viola, Interviews meistern, Frankfurt am Main 1999.

Falkenberg, Viola, Ist Arbeitsschutz ein Tabuthema der Medien? Untersucht anhand der Aktion „Tatort Betrieb" der IG Metall in Baden-Württemberg, Berlin 1993, unveröffentlichte Abschlußarbeit im Journalisten-Weiterbildungsstudium an der FU Berlin.

Fasel, Christoph, *Aperitif vor dem Hauptgericht*, in: journalist, sage & schreibe Werkstatt, 10/1999, S. 2 ff.

Fasel, Christoph, *Monogramme des Inhalts*, in: journalist, sage & schreibe Werkstatt, 9/1999, S. 2 ff.

Flottau, Jens, *Allgemein gültige Regeln gibt es nicht*, in: journalist, sage & schreibe Werkstatt, 10/1999, S. 10 f.

Förch, Julia, *Amica und ihre Freunde*, in: pr-magazin, 1/1998, S. 43.

Förster, Hans-Peter (Hg.), Kommunikations- und Pressearbeit für Praktiker, Neuwied/Kriftel/Berlin 1997.

Förster, Hans-Peter, Zweitberuf: Pressesprecher, Neuwied/Kriftel/Berlin 1997.

Franck, Norbert, Presse- und Öffentlichkeitsarbeit, Köln 1996.

Frech, Günter, *Von der Verlegeragentur zur Agentur der Kaufleute?* in: menschen machen medien, 8.–9./1999, S. 9–12.

Frey, James N., Wie man einen verdammt guten Roman schreibt, Köln 1993.

Friedan, Betty, Mythos Alter, Hamburg 1997.

Friedrichs, Hanns Joachim, *Vom „Handwerk" der Sprache*, in: Gesellschaft für deutsche Sprache (Hg.), Wörter und Unwörter, Niedernhausen/Ts. 1993, S. 18–23.

Gaßdorf, Dagmar, Das Zeug zum Schreiben – Eine Sprachschule für Praktiker, Frankfurt am Main 1996.

Gerhardt, Rudolf, Lesebuch für Schreiber – Vom journalistischen Umgang mit der Sprache. Ein Ratgeber in Beispielen, Frankfurt am Main 1996.

Gesterkamp, Harald/Peter Lange, *Zwischen Propaganda, Zensur und Kommunikation per Internet. Die vielschichtigen Abhängigkeiten von Medien und Menschenrechten*, in: menschen machen medien, 5/1999, S. 14–20.

Gide, André, Tagebuch; zitiert nach: Peltzer, 1995.

Grote, Christoph, *Sollen Freie Vorspänne mitliefern?* in: journalist, sage & schreibe Werkstatt, 10/1999, S. 11.

Groth, Otto, Die Zeitung. Ein System der Zeitungskunde (Journalistik), Mannheim/Berlin/Leipzig 1929, in vier Bänden, Band 1.

Grunsky, Nina, *Ein Kessel Buntes*, in: pr-magazin, 2/1999, S. 38 f.

Gurn, Petra/Olaf Mosbach-Schulz (Hg.), „Risikokommunikation in den Medien" – Workshopdokumentation der Universität Bremen vom März 1998.

Haller, Michael, *Das Unbekannte nahebringen*, in: journalist, sage & schreibe Werkstatt, 9/1999, S. 10 f.

Hartmann, Frank, *Studie ,Journalismus in Deutschland': Gute Chancen für professionelle PR*, in: Schulze-Fürstenow/Martini (Hg.), Ergänzungslieferung vom 8. 3. 1996, 2.430, S. 1–12.

Häusermann, Jürg, Journalistisches Texten: sprachliche Grundlagen für professionelles Informieren, Aarau/Frankfurt am Main 1993.

Hautsch, Gert, *Zwischen Buch und Börse*, in: menschen machen medien, 10/1999, S. 20–27.

Heibutzki, Henry J., *Kein Kommentar!* in: ManagerSeminare, Oktober–Dezember 1997, S. 118 f.

Henschel, Petra/Uta Klein, Hexenjagd – Weibliche Kriminalität in den Medien, Frankfurt am Main 1998.

Herles, Helmut, *Sprachkritik im Glashaus*, in: Initiative Tageszeitung (Hg.), Redaktion 1997 – Almanach für Journalisten, Bonn 1997, S. 155–158.

Hermann, Carolin, *Die permanente Wiederholung des Immergleichen*, in: Ländlicher Raum, 1.–2./1996, S. 19–23.

Hermann, Carolin, Im Dienste der öffentlichen Lebenswelt – Lokale Presse. Untersuchung des Lokalteils der Zeitung „Fränkischer Tag", Opladen 1993; zitiert nach: Hermann, 1996.

Hintermeier, J., Public Relations im journalistischen Entscheidungsprozeß dargestellt am Beispiel einer Wirtschaftsredaktion (Nürnberger Nachrichten), Düsseldorf 1982; nach: Kunczik, 1988, S. 249.

Hirst, Martin, *MEAA Code of Ethics for Journalists. An historical and theoretical overview*, in: Media International Australia, No. 83 von 2/1997, S. 63–77.

Hoffmann, Walter/Werner Schlummer, Erfolgreich beschreiben – Praxis des Technischen Redakteurs, München 1990.

Huhnke, Brigitta, *Spiegelgefechte*, in: journalist, 8/1995, S. 38–41.

Huhnke, Brigitta, *Macht, Medien und Geschlecht – Sprachliche Inszenierung subtiler Denunziation*, in: menschen machen medien, 3/1995, S. 33–37.

Hundseder, Franziska, *Herrn Milosevics Ohr*, in: menschen machen medien, 5/1999, S. 8.

Illgner, Gerhard, *Neusprech in Babylon*, in: journalist, 4/1999, S. 20 f.

Initiative Tageszeitung (Hg.), Redaktion 1996 – Almanach für Journalisten, Bonn 1996.

Initiative Tageszeitung (Hg.), Redaktion 1995 – Almanach für Journalisten, Bonn 1994.

Initiative Tageszeitung (Hg.), Redaktion 1994 – Almanach für Journalisten, Bonn 1993.

Jaeckel, Ralf, *Ausschnittsdienste*, in: Schulze-Fürstenow/Martini (Hg.), Ergänzungslieferung vom 4. 2. 1995, 2.310, S. 1–13.

Jaeckel, Ralf, *Fachzeitschriften*, in: Schulze-Fürstenow/Martini, 2.200, S. 1–9.

Jaeckel, Ralf, *Pressedienste*, in: Schulze-Fürstenow/Martini (Hg.), 2.300, S. 1–12.

Jäger, Siegfried/Jürgen Link (Hg.), Die vierte Gewalt. Rassismus und Medien, Duisburg 1993.

Jipp, Karl-Ernst, Wie schreibe ich eine Nachricht? Stuttgart 1990.

Jones, Leo, Progress to Proficiency. Student's Book, Cambridge/United Kingdom 2. Auflage 1993.

Jonscher, Norbert, *Notizen aus der Provinz*, in: journalist, 6/1999, S. 12–17.

Kaiser, Josef, *Global Player vor Ort*, in: pr-magazin, 2/1999, S. 22–25.

Kaiser, Ulrike, *Rechtlicher Rahmen: Schutz der Person und Pressefreiheit*, in: journalist, 10/1997, S. 23.

Kaiser, Ulrike, *Schreib-Blockade*, in: journalist, 4/1999, S. 3.

Katthöfer, Ursula, *Seminarreportage. Von Eisbären und Elefanten*, in: ManagerSeminare, 1/1997, S. 33 ff.

Kimmel, Tatjana, *Sex und Crime als Nachrichtenfaktoren – Erfahrungen aus dem redaktionellen Alltag*, in: Dokumentation der Tagung zur Darstellung sexualisierter Gewalt in der öffentlichen Berichterstattung. „Tatort Medien", Mainz 1998, S. 36–42.

Klein, Dora, *Schlagzeilen bringen Spenden*, in: pr-magazin, 1/1998, S. 44 ff.

Kniesburges, Maria, *Der Riß – Armut im Wohlstandsland*, in: Informationen aus dem Gemeinschaftswerk der Evangelischen Publizistik, Info 4/1998 vom Dezember 1998, S. 7.

Koschnick, Wolfgang J., *„Es blüht im Verborgenen"*, in: Copy, Heft 20 vom 17. 10. 1988, S. 50 f.

Koschnick, Wolfgang J., *Kein Grund zur Klage*, in: journalist, 3/1999, S. 24 ff.

Koschnick, Wolfgang J., Medien- und Journalistenjahrbuch, Berlin/New York 1996.

Kruse, Otto, Keine Angst vor dem leeren Blatt. Ohne Schreibblockaden durchs Studium, Frankfurt am Main/New York 5. Auflage 1997.

Krzeminski, Michael, *PR der Nonprofit-Organisationen*, in: Schulze-Fürstenow/Martini (Hg.), Ergänzungslieferung vom 10. 9. 1996, 1.801, S. 1–13.

Kunczik, Michael (Hg.), Geschichte der Öffentlichkeitsarbeit in Deutschland, Köln/Weimar/Wien 1997.

Kunczik, Michael, Journalismus als Beruf, Köln/Wien 1988.

Kunz, Gunnar C., *Führung und Kooperation in der lernenden Organisation*, in: Personalführung, 2/1999, S. 44–59.

Kusenberg, Anja, *„Nicht alle Utopien sterben eines natürlichen Todes": Der Tod von Petra Kelly*, in: Henschel/Klein, 1998, S. 141–158.

Kutzbach, Carl-Josef/Monika Lungmus, *PR braucht Journalismus*, in: journalist, 7/1996, S. 42.

Lang, Hans-Joachim, Parteipressemeldungen im Kommunikationsfluss politischer Nachrichten, Frankfurt am Main/Bern/Cirencester/U. K. 1980.

Lessmann, Ulla, *Der Spiegel und die Dame. Wie die Männermedien es so treiben – streng wissenschaftlich gesehen*, in: Emma, 11.–12./1999, S. 72 f.

Linden, Peter, Wie Texte wirken, Bonn 1998; zitiert nach: Peter Linden, *Kamera im Kopf*, in: sage & schreibe, März/April 1999, S. 34.

Lindner, Wilfried, Taschenbuch Pressearbeit, Heidelberg 1994.

lsw (Kürzel des baden-württembergischen Basisdienstes der Agentur dpa), *IG Metall: Betriebe nach Umweltaktion „Per"-frei*, in: Reutlinger General-Anzeiger vom 19. 5. 1989.

Lühr, Rüdiger, *Online hat sich durchgesetzt*, in: menschen machen medien, 1./2.2003, S. 12.

Luthe, Detlef, Öffentlichkeitsarbeit für Nonprofit-Organisationen, Augsburg 1994.

Maessen, Raimund, *Schreibblockade, Schaffensrausch*, in: Gerhild Tieger/Manfred Plinke (Hg.), Deutsches Jahrbuch für Autoren, Berlin 1998, S. 89–97.

Merten, Klaus, *PR als Beruf. Anforderungsprofile und Trends für die PR-Ausbildung*, in: pr-magazin, 1/1997, S. 43–50.

Meyn, Hermann, Massenmedien in Deutschland, Konstanz 1999.

Meyn, Hermann, *Schleusen-Wärter*, in: journalist, 9/1999, S. 46 f.

Meyn, Hermann, *Korpsgeist der Insel*, in: journalist, 7/1998, S. 36.

Meyn, Hermann, *Seid glaubwürdig*, in: pr-magazin, 6/1997, S. 44–47.

Nissen, P./W. Menningen, *Der Einfluß der Gatekeeper auf die Themenstruktur der Öffentlichkeit*, in: Publizistik, 1977, S. 22; nach: Kunczik, 1988, S. 246.

o. A., *„Nur noch Werbung und Marketing"*, in: menschen machen medien, 5/1998, S. 26.

o. A., Brockhaus Enzyklopädie in 24 Bänden, Band 17, Mannheim 19., neu bearbeitete Auflage 1992.

o. A., *Firmennamen in Großbuchstaben*, in: journalist, 2/2000, S. 8.

o. A., Die publizistischen Grundsätze (Pressekodex) des Deutschen Presserates in der Fassung vom 23. 11. 1994; zitiert nach: Koschnick, 1996.

o. A., Duden Deutsches Universal Wörterbuch, Mannheim/Leipzig/Wien/Zürich 3., neu bearbeitete Auflage 1996.

o. A., *Friedrich Wilhelm IV. und die Entwicklung des preußischen Preßbüros*, in: Kunczik, 1997, S. 83–87.

o. A., Grundsätze für die publizistische Arbeit. Ehrenkodex für die österreichische Presse, zitiert nach: Verband österreichischer Zeitungen, o.O.1999.

o. A., Impressum. Schweizerisches Medienhandbuch, Loseblattsammlung, Leutwil 24. Ausgabe 1997.

o. A., *Irreführende Pressemitteilung*, in: journalist, 8/1999, S. 23.

o. A., *Konzeption für die Presse- und Öffentlichkeitsarbeit des Deutschen Bundesjugendringes*, in: Deutscher Bundesjugendring, 1996, S. 44–64.

o. A., *news: Clippings & Archive*, in: NetScout, Der WWWegweiser für Medienmacher, Verlagsbeilage im journalist, 12/1999, S. 10 f.

o. A., Schweizer PR- & Medienverzeichnis, Zürich 24. Ausgabe 1997.

o. A., Pressekodex des Deutschen Presserates in der Fassung vom 15. 5. 1996; in: journalist 6/1996, S. 55–62.

o. A., *Pressetexte richtig aufbereiten – Eine Denk- und Arbeitsliste*, in: Förster, Kommunikations- und Pressearbeit für Praktiker, 1997, 07172, S. 1–6.

o. A., *Rechtschreibung der deutschsprachigen Nachrichtenagenturen. Beschluß zur Umsetzung der Rechtschreibreform*, in: journalist, 3/1999, S. 61–67.

o. A., *Studie: Journalismus in Europa. Ergebnisse einer Befragung unter europäischen Journalisten*, in: Förster, Kommunikations- und Pressearbeit für Praktiker, 1997, 01401, S. 1–19.

Obert, Mark, *Nicht in beliebigen Bildern sprechen*, in: journalist, sage & schreibe Werkstatt, 9/1999, S. 7.

Oeckel, Albert (Hg.), Taschenbuch des Öffentlichen Lebens 1998/99, Bonn 1999.

Patalong, Frank, *Blind Date*, in: Insight, Mai 1999, S. 42–45.

Peltzer, Karl/Reinhard v. Normann: Das treffende Zitat, o. O. 12., neu bearbeitete Auflage 1995.

Perrin, Daniel, *Werkstatt Kreatives Schreiben*, in: sage & schreibe, 9/1998, S. 25-31; 10/1998, S. 35-41; 11/1998, S. 25-30 sowie 12/1998, S. 27-33.

Peschel, Wolfgang, *Die Klaviatur der Pressearbeit*, in: Deutscher Bundesjugendring, 1996, S. 260–280.

Petersen, Kathrin, *Der Marsch der Pinguine*, in: pr-magazin, 2/1999, S. 42 ff.

Pfeifer, Hans-Wolfgang, *Sicherung journalistischer Qualität verlangt ein Qualitätsmanagement*, in: Initiative Tageszeitung, 1993, S. 37–41.

Pflaum, Dieter/Wolfgang Pieper (Hg.), Lexikon der Public Relations, Berlin 1990.

Platvoetz, Barbara, *Vom Umgang mit „lästigen" Lesern*, in: Initiative Tageszeitung, 1993, S. 195–201.

Posewang, Wolfgang, Wörterbuch der Medien, Neuwied/Kriftel/Berlin 1996.

Pukke, Antje-Susan/Holger Goblirsch, Der gute Draht zu den Medien, Frankfurt am Main 1996.

Pusch, Luise F., Das Deutsche als Männersprache, Frankfurt am Main 1984.

Rager, Günter, *Qualität in der Zeitung – Ergebnisse erster Untersuchungen*, in: Initiative Tageszeitung, 1993, S. 165–170.

Rager, Günther, *Konzepte gefragt*, in: Sonderausgabe 50 Jahre DJV als Beilage im journalist, 12/1999, S. 66 ff.

Ramsauer, Ulrike, *Presse-Service plus Verschwiegenheit?*, in: Copy, Heft 21 vom 2. 11. 1988, S. 91f.

Raue, Paul-Josef, *Interview mit Wolf Schneider*, in: Initiative Tageszeitung, 1994, S. 109–116.

Rehbein, Marcia, *Hauptsache Pressefreiheit*, in: sage & schreibe, 1.–2./1999, S. 40.

Reidl, Michael, *Fluktuation am Zeitschriftenmarkt – Gefährliches Gewässer*, in: journalist, 8/1999, S. 10–14.

Renz, Ulrich, *Vom Kansas City Milkman und anderen Aspekten des Agenturjournalismus*, in: menschen machen medien, 8.–9./1999, S. 8 f.

Roggenkamp, Viola, *Frau kriegt Frau*, in: Die Zeit vom 11. 3. 1999, S. 70.

Rohr, R., Terminjournalimus – und sonst nichts? Tageszeitungen und ihre Berichterstattung über Königstein (Taunus), in: W. R. Langenbucher (Hg.), Lokalkommunikation, München 1980; nach: Kunczik, 1988.

Rombach, T., Lokalzeitung und Partizipation am Gemeindeleben, Berlin 1983; nach: Kunczik, 1988.

Rommel, Manfred, *„Ohne Rücksicht fremde Gedanken stehlen"*, in: Initiative Tageszeitung, 1996, S. 75–80.

Rost, Klaus, Die Welt in Zeilen pressen: Wahrnehmen, gewichten und berichten im Journalismus, Frankfurt am Main 1995.

Ruß-Mohl, Stephan, *Unsichtbare Souffleure*, in: journalist, 3/1991, S. 58 ff.

Ruß-Mohl, Stephan (Hg.), Wissenschaftsjournalismus, München 1986.

Ruß-Mohl, Stephan, *Was ist überhaupt Wissenschaftsjournalismus?* in: Ruß-Mohl, 1986, S. 12–15.

Schatz, Roland/Matthias Vollbracht, *Image-Bildung durch Medien: Themen als Märkte begreifen*, in: Schulze-Fürstenow/Martini (Hg.), Ergänzungslieferung vom 11. 11. 1996, 3.920, S. 1–34.

Scheidt, Jürgen vom, Kreatives Schreiben – Wege zu sich selbst und zu anderen, Frankfurt am Main 1993.

Schlesinger, Paul, *Der Alltag in einem Zeitungskonzern*; zitiert nach: Blühm/Engelsing, 1967, S. 241 ff.

Schneider, Ute, *Im Durchschnitt jährlich fünf*, Kursbuch 133 Das Buch, Berlin September 1998, S. 135–148.

Schneider, Wolf, *Wer liest denn schon noch die Tageszeitung*, Rede in Hannover am 3. 9. 1995, http://www.jonet.org/archiv/texte/schneiderges.html vom 1. 1. 1999, S. 1–9.

Schneider, Wolf, *Für lesefaule Journalisten*, in: Initiative Tageszeitung, 1993, S. 181–186.

Schneider, Wolf/Detlef Esslinger, Die Überschrift, München 1993.

Schneider, Wolf, Deutsch für Profis, Hamburg 4. Auflage 1983.

Schnibben, Cordt, *Eine Art Wahn*, in: spiegel special, 10/1996, S. 72 ff.

Scholl, Armin/Siegfried Weischenberg, Journalismus in der Gesellschaft – Theorie, Methodologie und Empirie, Opladen/Wiesbaden 1998.

Schulze-Fürstenow, Günther/Bernd-Jürgen Martini (Hg.), Handbuch PR, Neuwied/Kriftel/Berlin 2. Auflage 1994.

Schuylenburg, Gaby, *Gibt es eine Diskussionskultur beim Thema „Risiko" in den Medien?* in: Gurn/Mosbach-Schulz, 1998, S. 85–91.

Schwamberger, Astrid, *Gliedern, gestalten, stimulieren*, in: journalist, sage & schreibe Werkstatt, 7/1999, S. 12 f.

Seger, Bernd, *Wenn Sprache das Denken verdirbt*, in: Initiative Tageszeitung, 1993, S. 91 ff.

Sellheim, Armin, *Mehr Lokales auf Seite eins*, in: sage & schreibe, März/April 1999, S. 39.

Shrivastava, K. M., Radio und TV Journalism, New Delhi in India 1989.

Skowronnek, Edelgard/Klaus Dörrbeker, Pressearbeit organisieren, Herne 1972.

Society of Professional Journalists Sigma Delta Chi, *Code of Ethics*, www.cincinnati_spj.org/ethics.html vom 21. 10. 1999, S. 1 ff.

Stamm, Willy (Hg.), Stamm. Leitfaden durch Presse und Werbung, Essen jährlich.

Stengel, Eckhard, *Mitglied oder Mitklit?* in: journalist, 4/1994, S. 48.

Stollorz, Volker, *Panikmacher oder Pannenhelfer? Warum Medien über Risiken schreiben, wenn sie aus Sicht der Wissenschaft schweigen sollten*, in: Gurn/Mosbach-Schulz, 1998, S. 64–73.

Stürzer, Hans Werner, *Durchgeknalltes aus der „Zeit"*, in: journalist, 4/1999, S. 18.

Stürzer, Hans Werner, *Sprache im Entsafter*, in: journalist, 4/1999, S. 14–17.

Thompson, Della (Hg.), The Concise Oxford Dictionary of Current English, New York/USA 9. Auflage 1995.

Trebbe, Joachim, Lokale Medienleistungen im Vergleich: Untersuchungen zur publizistischen Vielfalt an den bayrischen Senderstandorten Augsburg, Landshut und Schweinfurt, München 1998; zitiert nach: o. A., *Mehr als nur Zahlen*, in: in medias res, Neues aus der Publizistik an der FU Berlin, April/Mai 1999, S. 8 f.

Trömel-Plötz, Senta, Vatersprache Mutterland, München 1993.

Trömel-Plötz, Senta, *Weiblicher Stil – männlicher Stil*, in: Senta Trömel-Plötz (Hg.), Gewalt durch Sprache – Die Vergewaltigung von Frauen in Gesprächen, Frankfurt am Main 1984, S. 354–394.

Trömel-Plötz, Senta, Frauensprache: Sprache der Veränderung, Frankfurt am Main 1982.

Trommer, Gerd, *Die Presse-Information*, in: Förster, Kommunikations- und Pressearbeit für Praktiker, 1997, 07100, S. 1–6.

Trommer, Gerd, *Selektion/Verteiler*, in: Förster, Kommunikations- und Pressearbeit für Praktiker, 1997, 05100, S. 1–14.

Tucholsky, Kurt, *Der leidige Rotstift*, zitiert nach: Blühm/Engelsing, 1967, S. 234 f.

Verband österreichischer Zeitungen (Hg.), Pressehandbuch 1999, Wien 1999.

Vogel, Andreas, *Eindrucksvoll, aber mißverständlich*, Leserbrief zu „Fluktuation am Zeitschriftenmarkt", in: journalist, 9/1999, S. 74.

Weischenberg, Siegfried, Nachrichtenschreiben – Journalistische Praxis zum Studium und Selbststudium, Opladen 1988.

Werder, Lutz von, 1995, S. 14, 18; zitiert nach: Sonja Klug, Bücher für Ihr Image – Leitfaden für Unternehmen und Business-Autoren, Zürich 1996.

Westing, Franz, *... aber bitte nicht mehr als 60 Zeilen! Oder: Wie kompliziert darf die Wirklichkeit sein*, in: Initiative Tageszeitung, 1993, S. 71 ff.

Wiebe, Burckhard, *Sozialwissenschaften – zu Unrecht vernachlässigt*, in: Ruß-Mohl, 1986, S. 206–211.

Wissenschaftlicher Rat der Dudenredaktion (Hg.), Duden „Zitate und Aussprüche", Mannheim/Leipzig/Wien/Zürich 1993, Band 12.

Wolz, D., Die Presse und die lokalen Mächte, Düsseldorf 1979, S. 190 ff.; nach: Kunczik, 1988.

Wurm, Horst, *Unternehmen und Produkte als Zielscheibe von Medien – Boulevard-Journalismus bei Wirtschaftsthemen*, in: Schulze-Fürstenow/Martini, Ergänzungslieferung vom 10. 9. 1996, 2.710, S. 1–22.

Zerfaß, Ansgar, *Techniken, Tools, Theorien. Management-Know-how für Public Relations*, in: Medien Journal – Zeitschrift für Kommunikationsberufe (Österreich), 3/1998, S. 3–15.

Zimpel, Dieter, Zeitungen, Zeitschriften, Funk und Fernsehen, München, Loseblattsammlung.

Stichwortverzeichnis

A

Abdruckquote 167
Anfang 103–110, 119, 124, 126
Ansprechpartner 24, 50, 55, 155
Aufbau 98–103, 117, 124
Ausschnittdienst 166

B

Begleitschreiben 52
Belegexemplar 51
Berichtigung 163
Beschwerden 161
Bilder 84
Bildunterschrift 56

D

Definition 12–13, 117

E

E-Mail 156

F

Faxversand 157
Fotos 25, 55–56
Frauen/Männer in der Sprache 87–93

G

Gegendarstellung 163
Glaubwürdigkeit 25, 31, 65–67, 69

H

Hintergrundmaterial 54–55

I

Internet 157, 165
Irreführende Selbstdarstellung 26

L

Leserbevormundung 85

M

Medienrelevanz 58–69, 123

N

Nachrichtenagentur 11, 16, 21, 23–24, 104

P

Postversand 118, 156
Pressefächer 158
Pressespiegel 169–170

S

Satzbau 80–82
Schreibblockade 7, 15, 131–150
Schreibstil 15–16
Schwarzes Brett 74, 169
Sperrfrist 53
Substantive 85

U

Urheberrecht 169

V

Verben 85, 91
Vereine 63, 117
Veröffentlichungen nutzen 74, 165–170

W

Wahrheit 18, 25–27
Werbung 15, 25–30, 55, 117, 129, 157

Z

Zeitplanung 34, 53, 119, 158
Zitate 26, 85, 106, 108, 110–115

Kommunikation

M. Kuhn/G. Kalt/A. Kinter Hg.

Chefsache Issues Management

Ein Instrument zur strategischen
Unternehmensführung –
Grundfragen, Praxis, Trends

2003. 264 Seiten. Hardcover. 33,50 €
ISBN 3-89981-002-3

Gunnar Bender/Lutz Reulecke

Handbuch des deutschen Lobbyisten

Wie ein modernes und transparentes
Politikmanagement funktioniert

2003. 240 Seiten. Hardcover. 33,50 €
ISBN 3-89981-005-8

Eugen Buß/ Ulrike Fink-Heuberger

Image Management

Wie Sie Ihr Image-Kapital erhöhen!
Erfolgsregeln für das öffentliche
Ansehen von Unternehmen, Par-
teien und Organisationen

2000. 328 Seiten. Paperback. 25,90 €
ISBN 3-927282-93-6

Viola Falkenberg

Interviews meistern

Ein Ratgeber für Führungskräfte,
Öffentlichkeitsarbeiter und Medien-
Laien

1999. 260 Seiten. Paperback. 20,90 €
ISBN 3-927282-80-4

Frankfurter Allgemeine Buch
IM F.A.Z.-INSTITUT

Kommunikations-Praxis

Hans-Peter Förster

Texten wie ein Profi

Ein Buch für Einsteiger, Könner und solche, die den Kopf hinhalten müssen. Mit über 5000 Wort-Ideen zum Nachschlagen

2003. 280 S. Paperback. 5. Aufl. 25,90 €
ISBN 3-927282-90-1

Michael Behrens

Wie Unternehmer Reden schreiben

Geistreich und treffend formulieren

2004. 192 Seiten.Hardcover. 24,90 €
ISBN 3-934191-74-6

Matthias Brendel, Frank Brendel

Richtig recherchieren

Wie Profis Informationen suchen und besorgen. Ein Handbuch für Journalisten, Rechercheure und Öffentlichkeitsarbeiter

2002. 5. Aufl. 324 S. Paperback. 25,90 €
ISBN 3-927282-58-8

Albert Thiele

Argumentieren unter Streß

Wie man unfaire Angriffe abwehrt

2003. 200 Seiten. Hardcover. 24,90 €
ISBN 3-89981-017-1

Frankfurter Allgemeine Buch
IM F.A.Z.-INSTITUT

Public Relations

Renée Fissenewert/Stephanie Schmidt

Konzeptionspraxis

Eine Einführung für PR- und
Kommunikationsfachleute – mit
einleuchtenden Betrachtungen
über den Gartenzwerg

2002. 194 Seiten. Paperback. 25,90 €
ISBN 3-934191-59-2

Jürg W. Leipziger

Konzepte entwickeln

Handfeste Anleitungen für bessere
Kommunikation

2004. 224 Seiten. Hardcover. 29,90 €
ISBN 3-89981-023-6

Norbert Schulz-Bruhdoel

Die PR- und Pressefibel

Zielgerichtete Medienarbeit.
Ein Praxislehrbuch für Ein- und
Aufsteiger

2001. 344 Seiten. Paperback. 29,90 €
ISBN 3-934191-48-7

Klaus Dörrbecker/Renée Fissenewert

Wie Profis PR-Konzeptionen entwickeln

Das Buch zur Konzeptionstechnik

2003. 4. Aufl. 320 Seiten.
Paperback. 25,90 €
ISBN 3-927282-54-5

𝔉𝔯𝔞𝔫𝔨𝔣𝔲𝔯𝔱𝔢𝔯 𝔄𝔩𝔩𝔤𝔢𝔪𝔢𝔦𝔫𝔢 Buch
IM F.A.Z.-INSTITUT